Hans-Joachim Lang

»Als Christ nenne ich Sie einen Lügner«

Theodor Rollers Aufbegehren
gegen Hitler

| Hoffmann und Campe |

1. Auflage
Copyright © 2009 by
Hoffmann und Campe Verlag, Hamburg
www.hoca.de
Satz: atelier eilenberger, Leipzig
Gesetzt aus der Warnock und der Gill
Druck und Bindung: C.H.Beck, Nördlingen
Printed in Germany
ISBN 978-3-455-50104-9

HOFFMANN
UND CAMPE

Ein Unternehmen der
GANSKE VERLAGSGRUPPE

Inhalt

Einleitung

Verrückt. Punkt. Kein Fragezeichen. Wer den »Führer« in Frage stellt, kann nur verrückt sein. Theodor Roller schreibt an Adolf Hitler einen Brief. Am 11. Februar 1939 teilt Roller ihm mit, dass er ihn für einen Lügner hält und für den »größten Volksschädling, der je deutsche Erde betrat«. In seiner Rede am 30. Januar 1939 habe er feierlich erklärt, um seines Glaubens willen sei noch keiner verfolgt worden, aber tatsächlich, so hält Roller ihm vor, vergewaltige der Staat den lutherischen Glauben. Und wegen ihres Bekenntnisses zu Gott würden Deutsche »in Gefängnissen und Konzentrationslagern schmachten oder in Irrenhäuser eingeliefert werden«.[1]

Adolf Hitler, gebürtiger Österreicher, seit 1925 staatenlos und seit Februar 1932 deutscher Staatsbürger, steht im Frühjahr 1939 als »Führer und Reichskanzler« unangefochten im Zenit des nationalsozialistischen Regimes. Seit einem Jahr hat er den Oberbefehl über die Wehrmacht, ebenso lange ist Österreich dem Deutschen Reich »angeschlossen«. Am 30. Januar 1939, dem sechsten Jahrestag seiner Machtübernahme, kündet Hitler – nicht zum ersten Mal – fast im selben Atemzug, mit dem er Glaubensfreiheit zusichert, für den Fall eines neuen Weltkriegs die »Vernichtung der jüdischen Rasse in Europa« an. Die Zeichen stehen auf Sturm. Deutsche Soldaten besetzen am 15. März 1939 den noch verbliebenen Rest der Tschechoslowakei. Im Mai wird der Oberbefehlshaber den Generälen der Wehrmacht seine Angriffspläne erläutern, und er wird »Lebensraum im Osten« fordern. Acht Tage nach dem Hitler-Stalin-Pakt beginnt am 1. September 1939 der deutsche Angriff auf Polen und damit der Zweite Weltkrieg.

Theodor Roller arbeitet als Buchhalter in der Tübinger Kreissparkasse. Er ist vierundzwanzig Jahre alt, als ihn am 18. März 1939 die Gestapo vom Arbeitsplatz weg verhaftet. Elf Monate muss er in Stuttgart und in Bad Cannstatt in Haft verbringen, auch ein Hungerstreik vermag das zermürbende Verfahren nicht zu beschleunigen. Die Gestapo verhört ihn mehrfach, zuletzt prüft ein Psychiater in Tübingen seinen Geisteszustand.

Der Psychiater, der im Auftrag des Stuttgarter Sondergerichts ein Gutachten vorlegt, bescheinigt Roller, dass er geistig gesund und für seine Handlungen voll verantwortlich sei. Folglich wird Roller wegen Verstoßes gegen das »Heimtückegesetz« [2] angeklagt. Das Sondergericht spricht ihn jedoch frei. Nicht wegen erwiesener Unschuld oder mangels ausreichender Beweise, schon gar nicht in fürsorglicher Milde gegenüber dem Angeklagten. Alfred Bohn, der Vorsitzende des Sondergerichts, setzt sich über den Gutachter hinweg und erklärt Theodor Roller für verrückt. Auf gerichtlichen Beschluss wird er in einer Heil- und Pflegeanstalt untergebracht.

Mehrere Eingaben, die Roller aus der Anstalt heraus an die Generalstaatsanwaltschaft nach Stuttgart sendet, einmal auch ein förmlicher Protest, bleiben unbeantwortet oder werden abgelehnt. Im Februar 1945 diagnostiziert der Leiter der Heilanstalt »eine beginnende schizophrene Wesensänderung mit gemütlicher Abstumpfung«, Rollers Entlassung könne er darum nicht verantworten.[3] Der Stuttgarter Generalstaatsanwalt entspricht dieser Einschätzung und ordnet die Fortdauer der Unterbringung an. Sie hätte lebenslang dauern können, wenn die Nationalsozialisten an der Macht geblieben wären. Gegen Ende des Krieges entgeht Theodor Roller nur knapp dem Konzentrationslager.

Nach über sechs Jahren Freiheitsentzug und nur wegen des alliierten Sieges über Nazi-Deutschland kommt der politische Patient wieder frei. »Zur weiteren Zurückhaltung ist unter den geänderten politischen Verhältnissen kein Anlass«[4], attestiert ihm nun die Anstaltsleitung auf seinem Passierschein, mit dem er am 23. August 1945 wieder in Tübingen eintrifft.

Heldenposen lehnt Theodor Roller ab. Seinen Auftrag, den er für sich angenommen hat, sieht er im Kampf für die Wahrheit, lebenslang. In den Jahren des NS-Regimes gehört er zu keinem Verschwörerkreis. Er hat keine Gleichgesinnten, die ihn stützen oder wenigstens zu ihm halten. Von außen gesehen sind sein Aufbegehren und sein anhaltender Widerstand völlig auf sich allein gestellt und ohne Aussicht, erkannt, geschweige denn anerkannt zu werden. Nicht einmal seine Mutter, bei der er bis zu seiner Verhaftung wohnt, billigt seine Alleingänge; sie ist Nationalsozialistin aus Überzeugung. Einzig aus Gottvertrauen und in dem klaren Bewusstsein, sein Leben aufs Spiel zu setzen, stellt sich Roller vor die Wahl, die für ihn existenzielle Bedeutung gewinnt: Kreuz oder Hakenkreuz.

Der Tübinger Buchhalter zählt zu den aktiven Widerständlern gegen den allumfassenden Totalitarismus der nationalsozialistischen Ideologie. »Ich war und blieb seit meinem Austritt aus der HJ im Jahre 1935 ein weltanschaulicher Gegner der NSDAP«, schreibt Roller 1949 in den Fragebogen der Entnazifizierungskommission. Diese erklärt ihn zum »Mitläufer«[5], dessen ungeachtet, dass er mehrfach den Eid auf Hitler verweigert hatte. Fast zeitgleich wird Alfred Bohn, der Sonderrichter, als »entlastet« eingestuft. Der unbequeme Bankangestellte muss selbst Widerspruch einlegen, um in höherer Instanz den gleichen Status wie sein Richter zu erlangen. Bohns Urteil gegen Roller wird erst sechs Jahre nach der Befreiung aufgehoben.

Theodor Roller ist ein Einzelgänger und als solcher, wie auch in seinem Mut und seiner eigenwillig verfestigten Obsession, einem Georg Elser vergleichbar, dem erfolglosen Hitler-Attentäter aus dem württembergischen Hermaringen. Eine Bombe hätte er allerdings nicht gebaut. Schon gar nicht eine gelegt. Ein Angriff aus dem Hinterhalt wäre nicht seine Sache gewesen. Sein Prinzip lautete Offenheit, seine Waffe war das Wort, seine Entschlossenheit ruhte in Gott.

Theodor Roller in Tübingen

Ein erster Besuch

»Und Gott der Herr sprach: Es ist nicht gut, dass der Mensch allein sei.« Theodor Roller ist ein gottesfürchtiger Mann. Im Alter von einundneunzig Jahren hat er ein zweites Mal geheiratet, und er versäumt es nicht, diesen Schritt mit einem Vers aus dem Alten Testament zu kommentieren. Der neue Bund, den er als Greis besiegelte, wird in seiner Umgebung gelegentlich belächelt. Ihn kümmert das nicht. Nach der existenziellen Erfahrung von sechs Jahren Freiheitsentzug hatte er im Februar 1945 noch aus der Heil- und Pflegeanstalt, in die er aufgrund des Sondergerichtsurteils eingewiesen war, an seine Mutter geschrieben: »Die wichtigste Entscheidung im Leben eines Mannes sei sein Glaube, die nächstfolgende seine Verehelichung, hörte ich einmal. Ja, es ist nicht gut, daß der Mensch allein sei.« Und: »Wenn Gott mich behütet u. leben läßt, wird auch für mich bald diese Frage endlich eine klare Antwort verlangen.« Zweiundsechzig Jahre später weiß er: Gott hat ihm ein langes Leben geschenkt und nach einer langen ersten Ehe noch eine weitere.

Ein knappes Jahr liegt seine zweite Vermählung zurück, als Theodor Roller mich zu einem von mir erbetenen Interview nach Hause einlädt, um mir aus seinem Leben zu berichten. Es ist ein sonniger, heißer Julitag im Jahr 2007.

Der Gastgeber öffnet die Wohnungstür, er ist klein und schlank, reicht mir die Hand zu einem unerwartet kräftigen Gruß. In seinem Garten hat er Mirabellen geerntet, jetzt steht er in kurzärmligem Hemd, Shorts und Kniestrümpfen vor mir. Ein ernster und klarer Blick aus einem glatten, rosigen Gesicht begegnet dem Besucher. Nicht nur seine Haut wirkt frischer, als ihr Alter vermuten lässt, auch seine Stimme vitaler und sein Gang fester.

Theodor Roller geht voran ins Wohnzimmer. Es wird von zwei Sofas eingerahmt, einem Buffet, einem Klavier, einer Vitrine und einem Fernseher. Auf dem Klavier liegen Noten, auf dem Buffet steht eine Menora, die an einen Israel-Besuch vor zwanzig Jahren erinnert. Licht fällt durch zwei Fenster, Fotos seiner Familie schmücken helle Wände, ebenso ein schlichtes Holzkreuz und ein Psalmspruch. Auf dem runden Tisch stehen zwei Tassen, jede unmittelbar vor einen Sessel gerückt. Roller bittet mich, Platz zu nehmen. Während er aus der Küche heißes Wasser für einen Tee holt, gibt mir im Wohnzimmer der Psalm an der Wand zu denken: »Der Herr ist mein Licht und mein Heil, vor wem sollte ich mich fürchten? Der Herr ist meines Lebens Kraft, vor wem sollte mir grauen?«

»Psalm 27, Vers 1«, sagt er, nachdem auch er Platz genommen hat, und er blickt kurz zur Wand hin. Der Psalm habe ihm stets Kraft gegeben, besonders in schweren Tagen. Und die gab es von Anfang an. »1915 wurde ich in den Ersten Weltkrieg hineingeboren.« Ohne Umschweife beginnt er das Gespräch über sein Leben.

Theodor Roller ist am 22. Februar 1915 in Zuffenhausen bei Stuttgart auf die Welt gekommen, als zweitältestes Kind des Zeitungsredakteurs Robert Roller und dessen Frau Emma, einer geborenen Kalbfell aus Tübingen. Die

Theodor Roller im August 2007 in seiner Derendinger Wohnung.

Eltern – Emma Kalbfell mit einer unehelichen Tochter – hatten am 10. Dezember 1910 geheiratet, doch schon bald nachdem Hilde (28. Oktober 1913), Theodor und Ernst (31. März 1918) geboren worden sind, lässt sich das Paar kurz nach Weltkriegsende wieder scheiden. »Leider Gottes«, sagt Theodor Roller. Wenige Tage vor der Geburt ihres jüngsten Sohnes ist die Mutter am 4. März 1918 mit ihren beiden anderen ehelichen Kindern und deren Halbschwester Lore nach Tübingen gezogen.[1] Sie wohnen bei ihrer Mutter, Luise Kalbfell, die ein kleines Möbelgeschäft betreibt.

Von 1921 bis 1925 besucht Theodor Roller in Tübingen die Volksschule, bis 1931 die Realschule und die Oberrealschule. Es folgen dreieinhalb Jahre kaufmännische Lehre in einer Maschinenfabrik in Dußlingen[2], zeitgleich absolviert er die Handelsschule und beendet sie mit Bestnoten. Ein höherer Bildungsabschluss wäre durchaus möglich gewesen, wenn die Familie in besseren finanziellen Verhältnissen gelebt hätte.

Am 26. November 1934 stellt die Tübinger Kreissparkasse Theodor Roller als Buchhalter ein. Die Voraussetzungen für einen beruflichen Aufstieg und eine einträgliche bürgerliche Existenz sind gut.

Schatten über der Kindheit

»Lebensbeschreibungen stehen immer in der Grundgefahr, dass man die Schattenseiten vermeiden will«, sagt Theodor Roller. »Das Ergebnis klingt ideal, ist aber völlig verlogen.« Davor hat er sich zeitlebens in Acht genommen. »Der Mensch muss die Wirklichkeit, die Realität, die Wahrheit sehen.« Sie könne für den Erzählenden unbequem sein, ihn aber auch entlasten.

Zu den Schatten, die schon auf seine frühe Kindheit fielen, rechnet Theodor Roller die Ehe seiner Eltern. »Deren Scheidung stand als eine Tragödie über meinem ganzen Leben.« Emma Kalbfell und Robert Roller waren bei der Partnersuche nicht erfolgreich gewesen, hatten es wohl auch nicht sein können, weil ihnen Hindernisse im Weg standen. Das Handicap von Theodor Rollers Mutter war die uneheliche Tochter. In der Universitätsstadt suchte mancher Student das schnelle Abenteuer, manche Bürgerstochter hoffte auf stetiges Liebesglück. »Man hat poussiert, und ab und zu ist ein Kind daraus geworden. So ist es meiner Mutter ergangen, und der Kerl hat sie sitzenlassen.«

Eine Ernüchterung mit nachwirkenden Folgen. »Von den Männern aus gesehen war sie damit kein so begehrtes Glied einer Ehe mehr.«

Emma Kalbfell las Heiratsanzeigen. Auf diesem Weg fand sie zu Robert Roller. Ein studierter Mann, Jurist, von Beruf Zeitungsredakteur. Eine gute Partie, so schien es. »Er hat wohl Schwierigkeiten mit Frauen gehabt«, vermutet sein Sohn als Grund, warum der Vater per Annonce eine Partnerin suchte. Und er hat sich, erster großer Vertrauensbruch, als genauso alt ausgegeben, wie er allem Anschein nach aussah. »Im Standesamt ist es herausgekommen, dass er sich zehn Jahre hinzugelogen hatte.« Nicht zweiunddreißig Jahre war er alt, sondern erst zweiundzwanzig. Beinahe wäre es schon vor dem Standesbeamten zum Bruch gekommen, noch bevor die Ehe geschlossen war. Doch offenbar gelang es dem Bräutigam, seine Braut zu beschwichtigen.

Das Möbelgeschäft, das Großmutter Luise Kalbfell in der Tübinger Hafengasse eigenständig führte, hatte sie selbst aufgebaut. Ihr erster Mann, Glasermeister Friedrich Schreiber, war früh gestorben, von Kutscher Carl Kalbfell, ihrem zweiten Mann, hatte sie sich zwei Jahre nach der Hochzeit getrennt. Aus ihrer ersten Ehe lebte ein Sohn bei ihr, Hermann, der nach einer Hirnhautentzündung psychisch labil war. »Er ist hyperempfindlich gewesen und oft bösartig.« Theodor Roller und seine Geschwister hatten Angst vor ihm, wenn er einen Anfall bekam und aggressiv wurde. »Meine Großmutter wollte ihrem Mann, als er mit seinen Brüdern in die USA auswanderte, nicht folgen. Denn dann hätte sie Hermann in eine Anstalt geben müssen. Lieber hat sie auf ihren Mann verzichtet als auf ihren Buben.« Im November 1880 reiste der Sechsundzwanzig-

Links Theodor Roller. Über ihm seine Mutter und seine Stiefschwester Lore. Rechts Ernst, Hilde und die Großmutter Luise Kalbfell. Tübingen 1922.

jährige nach Nordamerika aus, von seinem weiteren Schicksal ist nichts bekannt.[3] Luise, wusste man in der Familie, bedeutet so viel wie »Kämpferin«. »Sie hatte einen Spruch, der lautet: ›Eine treue Kämpferin krönt der Herr als Siegerin. Doch wer kämpft um ew'ge Kronen, darf im Kampf das Fleisch nicht schonen.‹«

Evangelische Erziehung

Tübingen ist eine überwiegend evangelische Stadt und bildete seit der Reformation bis tief ins 19. Jahrhundert ein Zentrum der lutherischen Orthodoxie. Herzog Ulrich eröffnete im 16. Jahrhundert das Evangelische Stift als Ausbildungsstätte des protestantischen Pfarrernachwuchses in Württemberg. Von Ausnahmen abgesehen, ließen sich die Stiftler von den pietistischen Strömungen nur wenig beeinflussen. Insbesondere nach den lebhaft aufgenommenen Ideen der Französischen Revolution orientierte sich der theologische Nachwuchs eher am Gedankengut der Aufklärung. Von den Früchten dieses Baumes zehrten bibelkritische Forscher, deren herausragendster und zugleich umstrittenster Vertreter David Friedrich Strauß mit seinem Hauptwerk »Das Leben Jesu« war.

Abseits der theologischen Gelehrsamkeit, wie überhaupt in einigen Gebieten Württembergs, haben Pietisten traditionell eine starke Basis. Der Pietismus lebt in einer Laienbewegung, die sich zur Bibeltreue bekennt und das Priestertum aller Gläubigen hervorhebt. Das bedeutet, dass auch Gläubige ohne akademische Bildung eine anerkannte Position einnehmen können. Insbesondere leiten sie Hauskreise.

Theodor Roller 1925 zusammen mit seiner Mutter auf der Tübinger Neckarbrücke.

Diese regelmäßigen Zusammenkünfte neben dem sonntäglichen Gottesdienst, in denen man gemeinsam betet und singt, werden im Württembergischen »Stunde« genannt.

Pietistischer Geist bestimmt auch die Familie Roller-Kalbfell in der Tübinger Hafengasse. Nicht weit von ihrem Heim entfernt steht das Evangelische Vereinshaus, in dem sich die Altpietisten zu den »Stunden« treffen. Emma Roller nimmt oft an diesen Zusammenkünften teil, die von den Brüdern Brillinger abgehalten werden, der eine von Beruf Kaufmann, der andere Architekt. Ihr Sohn erinnert sich, dass er sie als Kind manchmal zu den »Stunden« begleiten durfte. Für die Religion wird er empfänglicher als seine Geschwister. Es ist, als sei schon allein der Name zur

Bestimmung geworden: Theodor, ein Geschenk Gottes. Tatsächlich ist aber Theodor Körner der Namenspate.

Als Achtjähriger wird Theodor Mitglied in der Jungschar des Christlichen Vereins Junger Männer. »Das hat mich sehr geprägt«, sagt er. An Einzelheiten erinnert er sich aber nicht mehr. Nur noch, dass er anschließend ins Jungvolk übernommen wird. Genauer: ins Jungvolk des CVJM (nicht zu verwechseln mit dem Jungvolk der Hitlerjugend).

Die wirtschaftliche und die politische Entwicklung in Deutschland beeinflusst die Einstellung der Bevölkerung. Weltwirtschaftskrise, Schwarzer Freitag, Arbeitslosigkeit sind Stichworte für schwere Existenzsorgen im Mittelstand. Die Mehrheit kippt aus der politischen Mitte. Das Bürgertum denkt immer noch verbittert an Versailles, fürchtet den Bolschewismus, rückt nach rechts.

Bei den Reichstagswahlen stürzt in Tübingen die linksliberale Deutsche Demokratische Partei von 25,5 Prozent im Jahr 1928 auf nur noch 5,3 Prozent vier Jahre später. In derselben Zeitspanne klettert der Stimmanteil für die Nationalsozialisten von 2,8 auf 40 Prozent. Vergleichsweise beständig bleibt das Wählerpotenzial für die Sozialdemokraten (15,6/13,6) und die Kommunisten (2,7/6,0). [4]

Die kleinen Selbständigen trifft diese Krise besonders schwer. Theodor Roller: »Liedriger [5] kann es nicht mehr werden, hat man damals gesagt.« Auch die KPD sei immer stärker geworden, erinnert er sich, aber für die kleinen Mittelständler sei sie als politische Alternative nicht in Frage gekommen. »Also hieß es dann: Probieren wir es mit dem Hitler.« Emma Roller, die in der Familie und im Möbelgeschäft ihren Mann stehen muss, schließt sich 1930 der NSDAP an. Auch ihr ältester Sohn sympathisiert nun mit den Nationalsozialisten. Nach der Konfirmation tritt er im November 1930 in die Hitlerjugend ein, bleibt jedoch weiterhin als passives Mitglied im CVJM. Er ist nicht der Einzige in seinem Umfeld, noch eine Reihe weiterer Gleichaltriger ist mit dabei, wohl um ein Dutzend. »Unser Ortsgruppenführer war ein evangelischer Theologiestudent, kein Fanatiker. Oskar Riegraf hat er geheißen. Er war ein Idealist. In diesem Geist und Sinn vollzogen wir auch unsere Zusammenkünfte«, sagt Theodor Roller. »Allerdings erinnere ich mich noch, dass von der SA in einem Lied gesungen wurde: ›Ihr Sturmsoldaten, jung und alt, nehmt die Waffen in die Hand, denn die Juden hausen fürchterlich im deutschen Vaterland.‹ Dann hieß es weiter: ›Wenn das Judenblut vom Messer spritzt, hei, da geht's noch mal so gut.‹ – Das war natürlich extrem.«

Emma Roller: »O wie ist dies eine schlimme Zeit«

Es gab Tage, da erschien Emma Roller ihr Leben wie ausgeträumt. »Sie war gedemütigt durch das Ledigsein«, sagt ihr Sohn. Mit einer verwitweten Freundin konnte sie gelegentlich die Leerstelle füllen. Man tröstete sich gegenseitig, hielt sich an Sprüchen fest wie: »Der Mann war nur die Probe für den Herrgott, wir aber sind das Meisterstück.« Und doch nahm die geschiedene Mutter von vier Kindern einen neuen Mann in ihr Leben auf, vergötterte ihn, weil er Auswege versprach und Zuversicht vermittelte: Adolf Hitler, der »Führer«.

Im Nachhinein hat Theodor Roller Verständnis für seine Mutter. Er zeigt mir das Fragment ihres Tagebuchs, das einige Auskünfte über das Jahr 1931 gibt, die mit schwarzer Tinte in ein Haushaltsbuch eingetragen sind. Ob die Notizen an frühere Texte anschlossen und ob Emma Roller auch später noch ihre Erlebnisse niederschrieb, ist in der Familie nicht bekannt. Die wenigen erhaltenen Blätter zeugen von einer nachdenklichen, aufgrund der materiellen Not oft verzweifelten Frau, die selbstbewusst um Auswege ringt.

7. Januar 1931
Das Leben ist für mich so wie es jetzt ist, trostlos. Wenn ich nur auch einen Lichtblick sehen könnte. Aber alles finster. Kein Geschäft geht, von allen Seiten drängt man uns mit der Zahlung, und keiner von unseren Schuldnern bezahlt. In solcher Zeit, wo man nicht weiß, wie man leben soll, geht dieser hirnverbrannte Hermann von seiner guten Stellung weg, wo er Essen und Trinken in Fülle hatte, und dazu noch 70 Mark Verdienst im Monat. Statt an solch gutem Netz zu bleiben, sitzt er den ganzen Tag bei seiner Mutter und plagt uns auf alle nur erdenkliche Weise. [...] Ich habe am Silvesterabend im Vereinshaus den Spruch gezogen: »Meine Hilfe kommt von dem Herrn.« Wann wird das wahr werden? Nun haben wir noch nicht einmal H. Völter die Miete bezahlen können. Das ist schrecklich.

20. Januar 1931
Nun haben wir Herrn Völter doch einmal 100 Mark bringen können. Schuldig sind wir noch 188 Mark. Soviel haben wir nicht einmal im Monat verdient! Und dann soll man noch davon leben. O wie ist dies eine schlimme Zeit. Jedes Jahr ist es bei uns in Deutschland schlechter geworden. So wie jetzt

21

Ausschnitt aus dem Tagebuch von Emma Roller.

das Geld rar ist, war es nicht einmal nach dem Kriege. Und nun haben wir in dieser so fürchterlichen Zeit das Geschäft in den alten Laden gelegt[6], und nun hat man solche Sorgen. Aber wir sind nicht allein. Die ältesten Geschäfte, die immer eine gute, solide Grundlage hatten, gehen ein. Entweder Geschäftsaufsicht oder aber Konkurs. Nun ist heute der 20., und ich habe kein Geld mehr. Wollte ich von Mutter etwas, was würde das für ein Geschrei geben, wo doch ihr Hermann immer das Geld nachzählt und wo überhaupt ja gar kein übriges Geld da ist. – Vorigen Mittwoch waren wir alle in der Versammlung. Graf Reventlow[7] sprach im Schillersaal und war alles besetzt bis auf den letzten Platz. Ich bin mit Leib und Seele dabei gewesen. War das ein feiner Mensch. Wie hat er alles so treffend gesagt und doch dabei so vornehm. Heute Abend ist grosse Versammlung im Löwen und zwar von der SPD. Hilde wollte absolut hin, ich ging aber nicht. Denn alles mit anhören, was diese frechen Bonzen über unseren genialen Führer Adolf Hitler sagen, nein, das bringe ich nicht fertig. Theodor musste mit seiner HJ hin. Hoffentlich passiert nichts, jedenfalls hats auch Kommunisten dort. Diese Woche habe ich das Buch gelesen, die Storchentante von Lisbeth Burger.[8] Da kann man was lesen. Ich habe ja selber so ein Scheusal von einem Mann gehabt, und kann also auch ein Liedlein singen, wenn man fünf Kinder gehabt hat[9] und nur Rohheit in der ganz schweren Zeit bis zu der Geburt der Kinder. Ich möchte es nicht noch einmal alles erleben. Die Storchentante hat viel erlebt in ihrer vierzigjährigen Praxis, aber für die jungen Mädchen ist es sehr heilsam. Man sollte es allen zum Lesen geben, damit sie erfahren, wie gut es die Herren der Schöpfung meinen, wenn sich einmal eines vergessen hat und nun uneheliche Mutter wird.

Lore hat nun zweimal fortgeschrieben, wegen einer Stellung, nach Würzburg und nach Tirol. Sie möchte aber am liebsten in einen Haushalt, das wäre ja auch viel gesünder für sie. Am besten wäre es halbtags den Haushalt und Mittags dann ihre Bürokenntnisse verwerten.

Nun bekommen wir alle Tage von unserem lieben Parteigenossen Herrn Werner den Völkischen Beobachter. Da kommen auch oft Stellenangebote. Aber viel, viel mehr Stel-

lengesuche kommen, und man zieht beinahe das grosse Los. Immer heisst es, Geduld haben, es tut mir so leid, wenn meine liebe Lore wieder fort geht, und doch, so wie die Geldverhältnisse jetzt liegen, muss man ja froh sein, wenn wieder eines für sich selber sorgen kann [...].

3. Februar 1931

[...] Nun habe ich doch durch Herrn Ruoff ein Amt bekommen. Ich muß für die Evangelischen Spanier[10] Geld einsammeln. Ich habe ja so etwas noch nie getan, und es ist auch alles, nur nicht leicht, aber ich freue mich doch, wenn ich in so vielleicht 15 Familien gewesen bin und habe dann so etwa 16 Mark gesammelt. Es ist merkwürdig, wie arm die reichen Leute sind. Da geht man zu einem grossen Hausbesitzer, der noch nebenher eine Landgerichtsratspension hat, keinen Pfennig habe ich zu verschenken, nichts, nichts. Dann komme ich zu einem älteren Fräulein, das hat fast gar nichts und gibt mir mit freudigem Herzen 1 Mark. O ihr armen Reichen! Wie dauert ihr mich. Was für ein jämmerliches Gefühl muß euch beherrschen, wenn ihr nicht einmal einen Pfennig für etwas gutes übrig habt. Hilde ist nun heute mit Herrn Ruoff nach Nürtingen, hoffentlich bringen die beiden auch eine schöne Summe zusammen. [...]

19. Februar 1931

[...] Diesen Monat war ich fast jeden Mittag fort beim Einsammeln. Ich habe nun bald 200 Mark gesammelt, und da kann man manches erleben, Gutes und Böses. Aber ich will aufrichtig sein und sagen, das Gute überwiegt das Böse. [...]

Gesternmittag, 18. Februar, waren wir in Holzgerlingen mit Herrn Ruoff. Wir fuhren in der Winternacht, alles weiß.

Wunderschön war das. Wir sahen auch im Dunkeln die leuchtenden Augen eines Rehes. Der Vortrag war im Gemeindehaus und war sehr interessant. Herr Ruoff hat wieder sehr gut gesprochen, viel besser als der Herr Pfarrer selbst. Nachher sind wir noch im Adler eingekehrt und haben gevespert.

27. Juli 1931

Nun habe ich diese lange Zeit nicht in mein Buch geschrieben und habe doch seither vieles erlebt. Die Zeiten sind so schlecht, nun leben wir mitten im Sommer und das Geschäft ist so schlecht, dass man oft eine ganze Woche nichts verkauft, und am 1. August soll den Beamten nur die Hälfte vom Gehalt bezahlt werden. Was wird das werden. Wie kann da noch jemand Möbel kaufen. [...]

Was muß ich nur mit Mutter Geduld haben; nun ist sie 84 Jahre alt und hat doch den ganzen Tag von nichts zu sprechen als von dem Geschäft. Es ist mir oft so arg, wenn ein Mensch, der so nahe an seinem Ende ist, sich nicht auch mehr mit himmlischen Dingen befasst.

Nun sind wir seit 1. Juli wieder in der Metzgergasse. Es wäre vielleicht dort gar nicht schlecht, wenn erstens andere Zeiten wären und zweitens der Geßwein nicht in der Collegiumsgasse einen Laden hätte. O wie wäre es mir wohl, wenn ich kein Geschäft mehr hätte. Was hat denn noch ein solches Geschäft für einen Wert. Der Hermann sitzt drüben den ganzen Tag, und wenn er nichts verkauft, dann kann man es nicht aushalten. Aber man muß froh sein, wenn man alle Tage sein Essen noch hat, denn wie viele dürfen sich ja nicht einmal satt essen, und auch wir wissen nicht, wie es noch kommt.

Bei der Hitlerjugend: »In jeder Hinsicht zuverlässig«

Fünf Jahre lang ist Theodor Roller als Hitlerjunge aktiv, überwiegend in der Jugendarbeit. Auch wenn sein Vater fast keinen Kontakt mit ihm hatte, gern gesehen hat er es nicht. Seine politisch gebundene Mutter umso lieber. Er ist aus Überzeugung dabei, will nicht nur Mitläufer sein, sondern auch Verantwortung übernehmen. Am 1. September 1932 wird der siebzehnjährige Roller, der früh eine Begabung für Buchhaltung und Bilanzen entwickelt, in Tübingen ehrenamtlicher Standortgeldverwalter der Hitlerjugend. Seine Haltung wird als »in jeder Hinsicht zuverlässig und gut« gelobt.[11] Nach einer zweiwöchigen Schulung erfolgt die Ernennung zum Scharführer.

Die für sein politisches Engagement ausschlaggebenden Motive schildert er mir im Gespräch aus damaliger Sicht: »Die Liebe zu meinem Volk und Vaterland, vor allem zu dessen Bauern und Arbeitern. Und zum Kämpfen für mein deutsches Vaterland, das durch den Versailler Vertrag moralisch und wirtschaftlich zu Boden gedrückt worden war.« Nicht zuletzt aber, für ihn »ein unheimlich wichtiger Punkt«, wollte Roller »mithelfen im Kampf gegen den bewusst gottlosen Bolschewismus«. Hitler habe ihm den Eindruck vermittelt, er sei entschlossen, diese »Gefahr« zu bekämpfen. »Die bürgerlichen Regierungen dagegen dachten: So schlimm ist das nicht.« Hitler, so seine feste Überzeugung, habe »ein Gegengift gegen den Bolschewismus schaffen wollen«, aber mit unerwünschten Nebenwirkungen: »Er ist dabei ins extrem Antichristliche hineingekommen.« In der ersten Hälfte der dreißiger Jahre rücken in Rollers Leben sämtliche anderen Freizeitbeschäftigungen in den Hintergrund. Im Zentrum stehen Hitler, geradezu als Vaterfigur, und die Hitlerjugend. »Ich war völlig vereinnahmt, von den Mädchen habe ich in dieser Zeit nicht viel wissen wollen.«

Alle zwei Wochen schult der Siebzehnjährige im Sommer 1932 eine Gruppe von acht bis zehn Jungen im Alter von dreizehn bis fünfzehn Jahren »über das politische Geschehen und das sozialistische Wollen der NSDAP«. Bei den Zusammenkünften habe man sich vor allem »mit Morsen, Singen und dem politischen Geschehen an Hand von Zeitungsausschnitten« beschäftigt.[12] Als Scharführer erteilt er außerdem politischen Unterricht von April 1934 bis zu seiner Abkehr ein Jahr später. Nun hat er die Verantwortung für eine Gruppe von dreißig bis fünfunddreißig Jungen. »Als Christ war ich bestrebt, dabei nach bestem Wissen und Gewissen zu reden.«[13] Zwar äußert er diese Selbsteinschätzung erst später, doch keineswegs als Schutzbehauptung. Denn wie gewissenhaft und konsequent er sich prüft, zeigt letztlich sein Austritt aus der Hitlerjugend im November 1935.

Wer las schon das Parteiprogramm der NSDAP? Oder Hitlers in Millionen Exemplaren verbreitete Schrift »Mein Kampf«? Theodor Roller gehört zu den wenigen Zeitgenossen, die sich nicht nur einmal in diese Texte vertiefen. Er sei von jeher peinlich gewissenhaft gewesen, sagt er einmal von sich, er habe alles immer sehr genau genommen. »In dem Parteiprogramm der NSDAP stand, sie vertrete ein positives Christentum«, rekapituliert er. »Darunter verstand ich, nicht nur fromme Sprüche zu machen, sondern möglichst auch fromme Taten. Das ließ mich auf Hitler vertrauen.«

Punkt 24 des »25-Punkte-Programms« der NSDAP lautete: »Wir fordern die Freiheit aller religiösen Bekenntnisse im Staat, soweit sie nicht dessen Bestand gefährden oder gegen das Sittlichkeits- und Moralgefühl der germanischen Rasse verstoßen. Die Partei als solche vertritt den Standpunkt eines positiven Christentums, ohne sich konfessionell an ein bestimmtes Bekenntnis zu binden. Sie bekämpft den jüdisch-materialistischen Geist in und außer uns und ist überzeugt, daß eine dauernde Genesung unseres Volkes nur erfolgen kann von innen heraus auf der Grundlage: Gemeinnutz vor Eigennutz.« Nur wenige nehmen zur Kenntnis, was sich hinter einer Formel verbirgt, die »das Sittlichkeits- und Moralgefühl der germanischen Rasse« über die Glaubensfreiheit stellt.

Hitler bekräftigt, dass er die christlichen Kirchen als »wichtigste Faktoren der Erhaltung unseres Volkstums« ansehe, und gewinnt dadurch im Kirchenvolk enormen Rückhalt. Gerade in der protestantischen Kirche geben starke nationale Stimmen den Ton an, die Christentum und Deutschtum als eine gewachsene, ja gottgewollte Einheit betrachten. Viele protestantische Kirchenführer, Theologieprofessoren und Pastoren verbinden mit der nationalen Begeisterung für den neuen Staat auch eine Neubesinnung auf Christus, werden Mitglied in der NSDAP und engagieren sich in der Glaubensbewegung Deutsche Christen, die den deutschen Protestantismus mit der Ideologie des Nationalsozialismus verschmelzen will. Zur Eröffnung des Reichstags beim Tag von Potsdam am 21. März 1933 rechtfertigt Generalsuperintendent Otto Dibelius die Terrormaßnahmen, mit denen das Regime politische Gegner ausgeschaltet hat. »Wir haben von Dr. Martin Luther gelernt, dass die Kirche der rechtmäßig staatlichen Gewalt nicht in den Arm fallen darf, wenn sie tut, wozu sie berufen ist.

Auch dann nicht, wenn sie hart und rücksichtslos schaltet«, verkündet Dibelius in seiner Festpredigt. Den Tag von Potsdam inszeniert Propagandaminister Josef Goebbels als Bund des alten mit dem neuen Deutschland, als eine Große Koalition konservativen Traditionsbewusstseins und nationalsozialistischen Erneuerungswillens. Der symbolische Händedruck zwischen Reichspräsident Paul von Hindenburg und Reichskanzler Adolf Hitler auf den Stufen der Potsdamer Garnisonskirche besiegelt den Pakt und legalisiert in vieler Augen die nationalsozialistische Bewegung.

In Tübingen beantragen die Theologieprofessoren Karl Fezer, Gerhard Kittel, Hanns Rückert, Ernst Stracke und Arthur Weiser am 1. Mai 1933 ihre Aufnahme in die NSDAP. [14] Fezer, Ephorus [15] im Evangelischen Stift und einer der führenden deutschen Professoren in der Predigtlehre, beteiligt sich aktiv in der Glaubensbewegung Deutsche Christen, plädiert für ein »Ja zu dem im Grunde des Nationalsozialismus lebenden Ernst des Glaubens«. [16]

Theodor Roller erscheint dieser rasche Zulauf als suspekt. Gegenüber den Opportunisten geht er auf Distanz. »Ich hatte in der HJ im Glauben an ein besseres, sauberes, soziales Deutschland gekämpft«, trägt er in den Fragebogen ein, den er 1949 im Entnazifizierungsverfahren ausfüllen muss. »Ich besuchte die Parteiversammlungen, wurde aber durch die Massenaufnahmen neuer Mitglieder und Eingliederung von Verbänden und Vereinen aller Art etwas passiver, da mir dieser Zwang und das nun nach beendeter Kampfzeit massenweise Hereinströmen als unehrlich und größtenteils ohne echte innere Bereitschaft vorkam.«

Ein Stiftler meldet 1936 dem Tübinger Studentenführer, »daß der Prozentsatz der SA- und NSDStB[17]-Kameraden im Stift ein vielfaches von dem in der gesamten Studenten-

schaft« sei, darunter »nicht wenige alte Kämpfer«.[18] Zu den
»alten Kämpfern« gehört Oskar Riegraf, den Roller als HJ-
Führer erlebte. Über den gebürtigen Fellbacher, der 1930 in
Tübingen sein Studium der Evangelischen Theologie aufgenommen hatte, berichteten Kommilitonen, dass er stets in
HJ-Uniform aufgetreten sei, auch im Stift. Wegen Teilnahme an einem verbotenen SA-Aufmarsch 1931 in Kirchheim
wurde er zu einer dreimonatigen Gefängnisstrafe verurteilt,
in der Berufungsverhandlung jedoch freigesprochen. Sein
Theologiestudium unterbrach er am Ende des Sommer-
semesters 1933, um in Stuttgart-Sillenbuch die Gebietsfüh-
rerschule der Hitlerjugend zu leiten, 1934 stieg er zum
Bannführer auf, 1935 verließ er das Stift, 1938 beteiligte er
sich als Nürtinger HJ-Führer an der Misshandlung des
Oberlenninger Pfarrers Julius von Jan, ebenfalls ein Stiftler,
nachdem dieser am Buß- und Bettag von der Kanzel aus
die reichsweiten Zerstörungen von Synagogen als Verbrechen bezeichnet hatte.[19] Riegrafs Radikalisierung gipfelte
am 21. April 1945 in Meßstetten, wo er ohne Auftrag ein
Standgericht abhielt und einen Wirt, der angesichts der
ersten französischen Panzer die weiße Fahne aufgezogen
hatte, mit zwei gezielten Schüssen aus seiner Pistole tötete
und den Altbürgermeister von zwei Soldaten erschießen
ließ.[20]

»Die sogenannten deutschgläubigen Bewegungen«, sagt
Theodor Roller im Rückblick, »schossen nach Hitlers
Machtergreifung wie Pilze nach dem Regen empor.« Dazu
gehört auch die einflussreiche Arbeitsgemeinschaft Deut-
sche Glaubensbewegung, die unter der Federführung des
Tübinger Religionswissenschaftlers Prof. Jakob Wilhelm
Hauer versucht, neben Katholizismus und Protestantismus
noch eine dritte christliche Religionsgemeinschaft zu etab-

lieren. Die Bannführung der Tübinger Hitlerjugend unterhält gute Kontakte zu Hauer. »Gegenwärtig sitzen da zu viele Hauer-Leute«, klagt Riegraf im Sommer 1934 in einem Brief an Roller.

Auch Roller gefällt diese Entwicklung nicht. Zudem bringen ihn Schulungsbriefe in Rage, die im Auftrag Baldur von Schirachs an die HJ-Führer verschickt werden. »Der Inhalt dieser Schulungsbriefe ging weit über Politik hinaus«, erinnert sich Roller. »Baldur von Schirach berührte und vertrat Glauben und Weltanschauung.« Als junger Erwachsener registriert Roller nicht sogleich die Ideologisierung, er nimmt sie als einen allmählichen Prozess wahr. »Dieser weltanschauliche Krieg der NSDAP und der HJ hat langsam, aber sicher 1935 begonnen. Deswegen ist ja unser Volk auf den Hitler reingefallen, weil dessen Zeug mit dem Judenhass und Arierblut und Ariervergottung erst langsam angefangen hat, Form zu kriegen.« Aus den Schulungsbriefen des Reichsjugendführers rezitiert Roller ein Gedicht Baldur von Schirachs – auswendig wie unzählige andere Gedichte, die er ohne Zögern aufsagen kann. Dieses Gedicht ist ihm zu einem Beweisstück für die alle Grenzen überschreitenden Zumutungen geworden:

Nicht in alten Bahnen
ist Gott. Du kannst ihn ahnen,
wo die Fahnen
des Glaubens wehen: am Schafott.
Dort, wo die Teufel rufen:
Schwör ab, Hund, oder falle.
Was sie auch Dome schufen,
uns sind Altar die Stufen
der Feldherrnhalle.

»Das ist doch Glaubens- und Weltanschauung, hundertprozentig!«, empört sich Roller, als müsste er den Kampf noch einmal beginnen. »Ich wollte aber meinen Jungen keinen Unterricht geben über das, was ich nicht selbst glauben und mit gutem Gewissen vertreten konnte.«

Weil er die nationalsozialistische Politik auf einem Irrweg sieht, schreibt er in der ersten Jahreshälfte von 1935 einen Brief an Adolf Hitler.[21] Darin bittet er, ihn von seinem Eid zu entbinden, den er beim Eintritt in die Hitlerjugend geleistet hat, denn er sei sich damals nicht über dessen Tragweite im klaren gewesen. Dem »Führer« könne er zwar Treue schwören, jedoch keinen unbedingten Gehorsam. Sein einziger Herr sei Jesus Christus.

Dass Hitler, dem er sich doch mit dem Eid verpflichtet hatte, sich nicht selbst mit der Angelegenheit befasst und er von Subalternen an eine niedrigere Instanz verwiesen wird, ist für den zwanzigjährigen Grübler schwer zu begreifen. Dennoch sucht er im März 1935 den Tübinger Bannführer Hans Dannemann auf, der ihm als zuständiger Ansprechpartner genannt worden ist. Das Gespräch gipfelt in Dannemanns Bekenntnis zur Hitlerjugend: »Unser Höchstwert ist der Glaube an Deutschland.« Für Roller kommt dies einer »Vergottung des Vaterlandes« gleich. Damit ist für ihn die Grenze des Zumutbaren überschritten. Er habe sein Bekenntnis dagegengesetzt: »Mein Höchstwert ist mein Glaube an Jesus Christus.«

Nun ist aber das eine Credo mit dem anderen nicht vereinbar, und das Unvereinbare nimmt seinen Lauf: »Von April 1935 an ließ ich mich vom Dienst in der HJ beurlauben.« In den Fragebogen seines Entnazifizierungsverfahrens trägt er ein: »Beim Lesen von Hitlers Buch ›Mein Kampf‹ waren Stellen, wo Hitler erklärte, beide Konfessionen als gleich wertvolle Stützen des Staates anzusehen, und andere Bemerkungen, die in Widerspruch zu diesem [seinem] Kampf gegen die christliche Weltanschauung standen, zu finden. Doch erkannte ich auch, dass seine auf der Rassentheorie mit der Rassenmischung als ›Erbsünde‹ erklärte völkische Weltanschauung in ihrem fanatischen Totalitätsanspruch nicht mit der christlichen Weltanschauung zu vereinbaren sei. So erklärte ich auf 1. Nov. 1935 aus weltanschaulichen, Glaubens- und Gewissensgründen meinen Austritt aus der HJ.«

Mit diesem Entschluss stellt der Zwanzigjährige eine entscheidende Weiche, sehr zum Kummer seiner Mutter, aber – auf einer anderen Ebene – auch zu seinem eigenen Verdruss, da ihm bewusst ist, dass er sich auf eine Außenseiterposition einlässt. »Was hättest du für Chancen gehabt!«, muss er sich von seiner Mutter immer wieder anhören. Dabei ist er nicht gegen den Staat eingestellt, nicht einmal gegen den Dienst für den nationalsozialistischen Staat. Und so lässt er sich im April 1936 für den Reichsarbeitsdienst verpflichten. »Dem Kaiser, was dem Kaiser gehört, und Gott, was Gott gehört«, lautet seine aus der Bibel abgeleitete Devise.[22] Aber das Bekenntnis zum Staat bedeutet für Roller nicht die Anerkennung jeglicher Oberhoheit Hitlers. Solchen Anmaßungen widersetzt er sich konsequent.

Beim Arbeitsdienst hat er schon bald nach seinem Eintritt die erste Probe zu bestehen. Mit seinen Kameraden zieht er ins Gelände hinaus, um Kanalarbeiten zu verrichten. »Ein CVJMler und ich hatten beide eine Bibel im Gepäck«, erzählt Roller. »Das sah unser Truppführer, und er befahl uns, die Bibeln wieder nach Hause zu schicken. Ich sagte zu ihm, dass er uns das nicht befehlen könne, so weit sei es noch nicht. Daraufhin versagte er mir die Teilnahme am ersten Ausmarsch nach unserer Grundausbildung. Solange dann die Truppe beim Ausmarsch war, betete ich zu Gott. Als sie zurückkam, sagte mein Truppführer zu mir, die Sache sei erledigt. Ich sei für ihn ein Kamerad wie jeder andere.«

Tatsächlich verhält es sich meist anders. Immer wieder kommt es zu Sticheleien, etwa wenn sich die jungen Männer zum Essen versammeln und Roller für sich ein Tischgebet spricht. Dann muss er sich anhören, dass man das Essen auch ohne Beten bekomme. Weniger harmlos klingen Attacken, die sich auf Rollers HJ-Austritt beziehen. »Einer unserer Truppführer bemerkte mir gegenüber, dass solche Kerle wie ich noch an die Wand gestellt würden.«

Als Ende September 1936 der Arbeitsdienst zu Ende ist, kehrt Roller zur Kreissparkasse zurück. Mit dem freundschaftlich verbundenen Riegraf trifft er sich in Sillenbuch, um die »inzwischen so gespannt gewordene Lage zwischen Glaube und Weltanschauung« zu erörtern. Wirklich helfen kann Riegraf ihm nicht. Der HJ-Oberbannführer gibt ihm aber zu verstehen, dass er mit schlimmsten Konsequenzen rechnen müsse, wenn er seine Einstellung beibehalte.

Auf der Suche nach Orientierung gerät Roller in eine tiefe psychische Krise. Er sieht sich mit einem zentralen Widerspruch zwischen seiner religiösen Einstellung und den nationalsozialistischen Anmaßungen konfrontiert und spürt, dass eine existenzielle Entscheidung auf ihn zukommt, die er aus eigener Kraft nicht bewältigen kann. Eine offene Auseinandersetzung wäre aussichtslos, Alternativen kommen ihm nicht in den Sinn. Fast zwangsläufig gerät er in innere Konflikte, während er um eine klare Haltung ringt. In dem Fragebogen, den er bei der Entnazifizierung ausfüllt, markiert er die Zäsur, nach der keine Umkehr mehr möglich ist: Ungefähr von 1936/37 an »konnte kein Christ, der seinen Glauben und dessen Lehren wirklich ernst nahm, noch Parteimitglied sein und dort Lehren vertreten oder mindestens stillschweigend dulden, die er als Christ niemals mit gutem Gewissen anerkennen konnte«. Seiner Überzeugung nach »war die Einstellung und Haltung der Ev. Kirche gegenüber Hitler, seiner Partei und seinem Staat nicht entschieden genug im Geiste christlichen Glaubens«.[23]

Er sei »noch evangelisch«, gibt er bei seinen Personalien an, als er am 19. November 1936 zur Sprechstunde der Tübinger Nervenklinik kommt und dem Psychiater Dr. Konrad Ernst einen Wunsch vorträgt: Er will krankgeschrieben werden, um bei Seelsorgern in Möttlingen[24] Rat einholen zu können. Bis vor wenigen Wochen sei er ein lauer Christ gewesen. »Nun habe er Christus sein Herz geöffnet und dieser Einzug gehalten. Er merke das an einem tiefen inneren Frieden.« Von einem Aufenthalt in Möttlingen erhoffe er sich Hilfe, seine Nerven zu beruhigen. Wie wenig der Psychiater von diesem Ansinnen hält, geht aus einem späteren Gutachten hervor: »Möttlingen ist ein in der weiteren Umgebung Tübingens gelegenes christliches ›Zentrum‹, in dem Bekehrungserlebnisse hervorgerufen werden sollen und das für unsere Klinik eine gewisse Bedeutung als Lieferant von Schizophrenie hat.« Ernst möchte Roller weiter beobachten und bestellt ihn nochmals zur Sprechstunde. Roller kommt früher als vereinbart, wiederholt jedoch nur seine Bitte. Aber auch Ernst bleibt bei seiner Meinung, rät von Möttlingen ab und verweigert eine Krankschreibung.[25]

Theodor Roller freilich lässt sich nicht von seiner Idee

abbringen und nimmt sich für sein Vorhaben einen Kurzurlaub. Am 4. Januar 1937 kommt er ein drittes und vorerst letztes Mal in die Sprechstunde. »Durch Möttlingen, was ihm gut getan habe, sei er wieder auf den Boden der Tatsachen gestellt worden«, teilt er dem Psychiater mit. Er sagt ihm noch, dass er bei der Bank bereits gekündigt, die Kündigung aber wieder zurückgenommen habe und dort derzeit sogar Überstunden mache. Tatsächlich wirkt Roller auf Ernst »vernünftiger und zugänglicher«, seinen ursprünglich schwach ausgeprägten Verdacht auf eine Prozesspsychose habe er daraufhin »noch weiter abgeschwächt«.[26]

Emma Roller nimmt die neuen politischen Prioritäten ihres Sohnes nicht kommentarlos hin. »Sie klagte öfters, wie schmerzlich es für sie sei, dass ich nicht mehr in der nationalsozialistischen Bewegung sei.« Ihrem Druck kann Roller auf Dauer nicht standhalten. Er wäre besser ausgezogen, wirft er sich später vor. »Stattdessen habe ich eine Dummheit begangen. Um ihr eine Freude zu bereiten, trat ich im Frühjahr 1937 als Anwärter in den Nachrichtensturm der SA-Standarte 125 in Tübingen ein.«[27] Er schüttelt den Kopf, als er davon erzählt, geradeso als könne er die Fehlentscheidung noch im Nachhinein nicht recht begreifen. »Man kann das auch bloß verstehen aus dem Verhältnis von Sohn und Mutter.«

Doch lange geht das nicht gut. Nach vier Monaten soll der Anwärter ordentlich aufgenommen und – die entscheidende Klippe – vereidigt werden. Ein Eid auf Adolf Hitler! »Das konnte und das wollte ich nicht. Also trat ich wieder aus.«

Der Eid beginnt nun zu einem grundsätzlichen Problem zu werden, denn auf Hitler wird man nahezu überall eingeschworen. Am 1. November 1937 erscheint Roller erneut in der Sprechstunde von Psychiater Ernst, nachdem er bereits zwei Wochen zuvor unvermittelt aufgetaucht war, um zu sagen, dass es ihm gutgehe, er zu den Gebirgsjägern eingezogen sei, sich für die Behandlung bedanken und nun verabschieden wolle. Diesmal kommt er in Begleitung seines Bankvorgesetzten. Dr. Konrad Ernst notiert: »Kurz vorher war von dort ein Schreiben eingetroffen, daß Roller am 18. 10. 37 auf der Sparkasse erklärt hatte, er könne sein dem Führer gegebenes Gelöbnis auf Gehorsam nicht mehr aufrecht erhalten aus Gewissensgründen. Er bitte um Entbindung davon u. um Entlassung.« In der Sprechstunde erklärt Roller, dass er künftig »überhaupt keinen Eid mehr« leisten werde. Darauf geben ihm sowohl der Vorgesetzte als auch der Psychiater zu verstehen, »daß er damit beim Heer nicht durchdringen, vielmehr dort die größten Schwierigkeiten haben werde«.[28]

Kein Eid auf den »Führer«

Militärgericht und Nervenklinik

»Ich wäre gerne Soldat geworden wie meine Kameraden«, beteuert Theodor Roller. Bei der Musterung erweist er sich als voll tauglich. Mit gemischten Gefühlen folgt er dem Stellungsbefehl der Wehrmacht. »Anfang November 1937 wurde ich in das 13. Infanterie-Gebirgsjägerregiment nach Bad Reichenhall zum Heeresdienst eingezogen.« Von seinen Bekannten verabschiedet er sich mit Andeutungen, die seine Rückkehr in Frage stellen. Eine »etwas pathetische Form«, wird hinterher Psychiater Konrad Ernst kommentieren, als er davon erfährt. Ernst kann das auffällige Abschiednehmen sogar nachvollziehen, weil er überzeugt ist, dass Roller von vornherein nicht die Absicht hatte, auf Hitler einen Eid abzulegen, und darum »einer für ihn nicht leichten Zukunft entgegengehen würde«. Und: »Von diesem Standpunkt aus ist es wieder verständlich, dass er sich gewissermassen so verabschiedete, als ob er sein Leben abschliessen würde.«[1]

Roller meldet sich am Einsatzort, wird mit den anderen Rekruten eingekleidet, muss dem Hauptmann bald sein Problem offenbaren: den Fahneneid! Bis zum 2. August 1934, Hindenburgs Todesdatum, leisteten alle Soldaten der bewaffneten Streitkräfte in Deutschland einen Eid auf ihren Staat. Nach Hindenburgs Tod übernimmt Reichskanzler Hitler auch das Amt des Reichspräsidenten sowie die Funktion des Oberkommandierenden der Wehrmacht, und alle, die in ihren Diensten stehen, werden von nun an auf die Formel vereidigt: »Ich schwöre bei Gott diesen heiligen Eid, daß ich dem Führer des Deutschen Reiches und Volkes, Adolf Hitler, dem Oberbefehlshaber der Wehrmacht, unbedingten Gehorsam leisten und als tapferer Soldat bereit sein will, jederzeit für diesen Eid mein Leben einzusetzen.« Unbedingten Gehorsam!

Rekruten müssen diesen Fahneneid in einer besonderen Zeremonie ablegen, bei der die entrollte Truppenfahne in Anwesenheit der Mannschaften und Offiziere präsentiert wird. Vor den strammstehenden Soldaten treten jeweils vier neue Rekruten zur Truppenfahne heran, legen ihre linke Hand darauf und sprechen die Eidesformel mit ausgestreckter rechter Hand, dem »Hitlergruß«.

Roller nimmt die Eidesformel wörtlich. »Ich wollte und konnte Hitler keinen unbedingten Gehorsam schwören.« Ausschlaggebend ist der Gedanke: »Wenn ich den Eid leiste, bin ich dran. Dann muss ich tun, was der Führer will.« Aber Hitler erscheint ihm als »die Personifizierung der immer mehr erkennbaren antichristlichen Weltanschauung«. Darum verweigert er sich. »Lieber lasse ich mich jetzt erschießen oder was auch immer sie mit mir tun wollen«, sei seine damalige Überlegung gewesen.

Erschossen wird der Verweigerer nicht. Noch vor der Vereidigung meldet er, warum er den verlangten Eid nicht leisten könne. Der Zweiundneunzigjährige erinnert sich noch genau daran. »An dem Tag, als die Vereidigung stattfinden sollte, meldete ich dem Kompagniechef, Herrn Hauptmann Pfeiffer, daß ich aus weltanschaulichen, Glaubens- und Gewissensgründen den Fahneneid nicht leisten

könne, wolle und werde. Er gab mir zwei Stunden Bedenk-
zeit, nach denen ich meinen Entschluß wiederholte. Darauf wurde ich in Haft genommen.«[2] Die Befehlsverwei-
gerung ist strafbar und zieht ein militärgerichtliches
Verfahren nach sich. Nach einer ersten Vernehmung wird
zu Protokoll gegeben: »Sein einziger Herr sei Jesus Christus, das evangelische Bekenntnis verbiete ihm zu schwören
und er sei auch nicht in der Lage, auf andere Menschen zu
schiessen.«[3]

Am 11. November 1937 bittet Roller in der Gefängnis-
zelle um eine Bibel. Als sie ihm verweigert wird, erklärt er
den Hungerstreik. Nicht vergeblich, wie er noch weiß: »Einen Tag später brachte mir Herr Leutnant Huber meine
Bibel.« Aus den Akten des Militärgerichts geht außerdem
hervor, Roller habe erklärt, »das Hakenkreuz sei ein heidnisches Zeichen, unter diesem Banner werde Deutschland
einen Krieg verlieren müssen«.[4] Wäre der Tübinger Fah-
neneidverweigerer beispielsweise ein Zeuge Jehovas, müsste er jetzt mit der Einweisung ins KZ Dachau rechnen. Die
Äußerungen über das Hakenkreuz könnten auch zu einer
Anklage wegen Verstoßes gegen das »Heimtückegesetz«
vor dem Sondergericht führen. Stattdessen schickt ihn das
Militärgericht am 13. November 1937 nach München in ein
Reservelazarett zur Beobachtung seines Geisteszustandes.

Gewissenhaft schildert Roller dort seine seelischen Nöte.
Ihm sei in den zurückliegenden zwei Jahren zu Bewusstsein
gekommen, »dass er Adolf Hitler gegenüber den Gehorsam
nicht leisten könne, weil er sich ganz Christus verpflichtet
habe«. Bereits vor seiner Einberufung zur Wehrmacht sei
ihm klar gewesen, dass er aufgrund seiner Überzeugung
keinen Fahneneid ablegen werde. Darum sei er gleich zum
Kompaniechef gegangen und habe ihn darüber informiert.

Auch den Ärzten des Standortlazaretts erläutert er, dass er »das Hakenkreuz als heidnisches Zeichen nicht anerkennen« könne. »Er schwöre nur auf Jesus Christus und sonst auf niemand. Es sei ihm gleichgültig, ob man ihn deswegen erschieße oder zerstückle.« Die Ärzte erleben ihn in wechselnder Stimmung, zeitweise »gutwillig und ruhig« oder »voller innerer Ruhe«, dann wieder »ausfällig und zu Widersprüchen geneigt«. Sie fassen zusammen, dass er sich »im klaren« sei »über Ort und Zeit und seine Person«, außerdem seien »Sinnestäuschungen und Wahnideen nicht nachweisbar«. Alles in allem handle es sich »höchstwahrscheinlich« um eine schizophrene Erkrankung.[5]

Faktisch, auch wenn er das nicht so bezeichnen würde, ist Roller ein Wehrdienstverweigerer; obwohl er durchaus seine Pflicht erfüllen würde, genau wie seine Altersgenossen, und nicht einmal ungern. Doch das setzt ebenjenen Eid voraus, den zu leisten er nicht bereit ist. Wie das den Gutachtern begreiflich machen, die nicht in der Lage sind, den Konflikt der Werteordnungen zu erkennen, in dem er verfangen ist? Er fühlt sich allein. Abends, so wird berichtet, kniet er vor seinem Bett und betet und lässt sich von seinen Kameraden, die mit ihm im Schlafsaal untergebracht sind, nicht davon abhalten. Er steht unter Druck, sieht nirgends eine Möglichkeit, den Knoten zu lösen. Im Gegenteil, der Knoten zieht sich weiter zusammen. Das Militärgericht der Gebirgs-Brigade erlässt am 28. November 1937 wegen des »dringenden Tatverdachts des militärischen Ungehorsams« einen Haftbefehl gegen Roller. Dessen Rechtsbeschwerde verwirft das Militärgericht des VII. Armeekorps am 3. Dezember 1937, da »die Gründe für die Anordnung der Untersuchungshaft im Haftbefehl zutreffend aufgeführt sind«.[6]

In den letzten Tagen seines Lazarettaufenthaltes wird Roller immer erregter. Er beklagt, dass er es dort nicht mehr aushalten könne, er habe »eine Unruhe im Kopf, die er auf die hiesige Behandlung zurückführen müsse«. Es kündige sich eine »Explosion« an, die bisher nur deswegen noch nicht eingetreten sei, weil er sich »unmenschlich beherrsche«.[7] Die Militärärzte, die sich außerstande sehen, an der Ursache dieses Zustandes anzusetzen, bekämpfen die Wirkung, indem sie Theodor Roller am 6. Dezember 1937 in die Psychiatrische und Nervenklinik der Universität München[8] einweisen. Als Begründung wird angegeben: »Es handelt sich bei ihm höchstwahrscheinlich um eine schizophrene Erkrankung. In den letzten Tagen zeigt sich bei ihm zunehmende Erregung und es ist das explosionsartige Auftreten eines Erregungszustandes zu befürchten.«[9]

Auf den Eidverweigerer wirkt die Konfrontation mit der Psychiatrie wie ein Schock. »Dort musste ich unter schwer geisteskranken Menschen sein«, erinnert er sich heute. »Einer zum Beispiel hat gemeint, er wäre der Kaiser von China. Oder der andere hat Stimmen gehört. Das war furchtbar. Aber mit Gottes Hilfe habe ich es durchgestanden.« Der Gefahr, von dort nie wieder freizukommen, kann Roller noch sieben Jahrzehnte später nachspüren. Mit dem psychiatrischen Gutachten der Klinik wird Assistenzarzt Dr. Helmut Eisele[10] beauftragt. Dieser sei stets mit einer Gruppe von Studenten zur Visite erschienen, berichtet der ehemalige Patient. Nach seinem Eindruck, den er aus entsprechenden Bemerkungen des Psychiaters gewinnt, ist er von vornherein gebrandmarkt. »Ich wurde behandelt, als wäre ich geisteskrank.« In seinem Wiedergutmachungsverfahren wird er nach dem Krieg angeben, er sei in einer geschlossenen Abteilung untergebracht gewesen. »Der meinen Fall behandelnde Arzt, Dr. Eisele von Stuttgart, der mich einem Hörsaal voll Studenten als Versuchskaninchen vorführte u. dabei von vornherein darstellte, als ob ich verrückt wäre, bearbeitete mich ständig, daß ich den Fahneneid leisten könne.«[11]

Am 17. Dezember 1937 wird der Patient in der Nervenklinik dem Amtsarzt vorgeführt. Obgleich bis jetzt noch kein abschließendes Gutachten vorliegt und nur der vage Verdacht einer Schizophrenie im Raum steht, kommt Obermedizinalrat Wellner vom Städtischen Gesundheitsamt München mit der Zielstrebigkeit eines Fallbeils zu seinem Schluss: »Er ist heute zwar geordnet, kontaktfähig, jedoch sind seine religiösen Vorstellungen merkwürdig blutleer und verschroben. Psychotische Erlebnisse sind z. Zt. nicht aus ihm herauszufragen. Auch für Sinnestäuschungen besteht kein Anhaltspunkt. Die Univ-Nervenklinik hält jedoch an der Diagnose Schizophrenie fest. Antrag auf Unfruchtbarmachung wird gestellt. Demzufolge wird seine Verwahrung nach Art. 1 in der Fassung der 3. Ausf VO.z.G.z.V.e.N. ausgesprochen. Gemeingefährliche Handlungen sind z. Zt. nicht zu befürchten.« Das weitere Verfahren kommt in Gang durch Wellners am selben Tag erlassene Verfügung: »Die Voraussetzungen des Art. 80/II PolStrGB treffen bei Roller Theodor nicht zu. Roller ist aber fortpflanzungsgefährlich und muß deshalb auf Grund des Art. 1 Abs. 2 Abs. 3 der 1. Ausf VO vom 5. 12. 33 (RGBl S. 1021) in der Fassung der 3. Ausf VO vom 25. 2. 35 (RGBl. S. 289) weiterhin in geschlossener Anstalt verwahrt werden.«[12]

Das endgültige Gutachten lässt derweil noch auf sich warten. Als Kriegsgerichtsrat Dr. Schneider vom Militärgericht der Gebirgs-Brigade am 11. Januar 1938 um »möglichst umgehende Zusendung des in Aussicht gestellten Gutachtens über den Jäger Roller« bittet, muss er sich von Psychiater Eisele hinhalten lassen, weil »immer noch gewisse diagnostische Zweifel« bestehen, »sodass sich die Erstattung des angeforderten Gutachtens noch etwas verzögern wird«. In der weiteren Begründung klingt durch, dass der junge Assistenzarzt trotz seines robusten Auftretens Skrupel hat, eine vorschnelle Entscheidung zu treffen, denn: »Bei der Schwere der Folgen, die die Diagnosestellung einer Erbkrankheit nach sich zieht, ist besondere Gewissenhaftigkeit geboten.«[13]

Während seiner Exploration erfährt Eisele von Roller, dass dieser »durch schwere innere Gewissenskonflikte zu seiner jetzigen Überzeugung sich durchgerungen habe, auf Grund deren er den Fahneneid nicht leisten könne«. Auf »Kompromisse und Halbheiten« lasse er sich nicht ein. Im Detail begründet der Zweiundzwanzigjährige, so Eisele später in seinem Gutachten, dass er grundsätzlich keinen Eid leisten wolle, »da in der Bergpredigt stehe, man solle nicht schwören. Das Gleiche stehe auch im Katechismus. An seiner Überzeugung sei nicht zu rütteln, er habe den wahren Weg erkannt und dieser heiße Christus.« Als absolute Bestärkung folgt wieder: »Was jetzt aus ihm werde, sei ihm völlig gleichgültig, er halte an seiner Überzeugung fest.«

Roller wehrt sich, in die Kategorien der Psychiatrie einsortiert zu werden, und wiederholt wie ein Mantra seine Sicht der Welt. Den Psychiater kann er damit nicht beeindrucken. »Ohne nachhaltigen Affekt«, behauptet Eisele, habe sein Proband »bei jeder Visite in einförmiger Weise seine religiöse Meinung« vorgetragen, »gnädig herablassend« habe er sich verhalten, gelegentlich reizbar, mitunter auch ausfällig. Als Beweis der Affektstörung führt der Assistenzarzt an, Roller habe einmal »in fast einem Atemzug« vorgebracht, dass er »Christus treu bleibe« und dass er in der Anstalt »nicht satt zu essen bekomme«.

Der Psychiater räumt ein, dass sich der Fall schwierig darstelle. »Wenn man auf neutrale Gebiete zu sprechen kam, waren seine Angaben und der ganze Gedankengang wohl geordnet. Wenn man dagegen auf seine religiösen Vorstellungen einging, so zeigten sich unklare, verwaschene Gedankengänge.«

Eisele kann oder will den Grundwiderspruch nicht auflösen, in den Roller verstrickt ist, denn dieser Grundwiderspruch ist politisch hochbrisant. Er besteht darin, dass es in dem Führerstaat, entgegen allen offiziellen Beteuerungen, keine wirkliche Religionsfreiheit gibt. Dass man auch an den politischen Verhältnissen verrückt werden kann, schiebt Eisele beiseite, indem er »im Ganzen« den Eindruck vorgibt, es handle sich bei Roller um einen »schizophrenen Prozess«. Er kann keine Psychose diagnostizieren, weil dazu die akuten Symptome fehlen, insbesondere wahnhafte und halluzinatorische Erlebnisse, schwere formale Denkstörungen. Also konstruiert Eisele das »Hereinbrechen einer Psychose«, das »ohne massive Symptome seinen Fortgang genommen zu haben scheint«. Er kommt zu dem Ergebnis, dass es sich »mit allergrößter Wahrscheinlichkeit um eine Schizophrenie mit mehr schleichendem Verlaufe handelt«. Deren Beginn sei »nicht mit unbedingter Sicherheit« festzustellen, gehe aber schon »auf längere Zeit zurück«.[14]

Die Konsequenz für das militärgerichtliche Verfahren: Die Verweigerung des Fahneneids wird als unmittelbarer Ausdruck einer Krankheit interpretiert. Die Krankheit –

hier: die vermeintliche Geistesstörung – bewirke, dass die Fähigkeit aufgehoben sei, das Strafbare der Weigerung einzusehen oder nach dieser Einsicht zu handeln. Und so stellt das Militärgericht nach § 51 Abs. 1 RStGB[15] (verminderte Zurechnungsfähigkeit) aufgrund des psychiatrischen Gutachtens, das am 17. März 1938 schriftlich vorgelegt wird, das Verfahren gegen Roller ein.

Noch ehe der Psychiater seine Befunde zusammengestellt hat, wird Roller zum 18. Februar 1938 wegen Dienstunfähigkeit aus dem aktiven Wehrdienst entlassen – jedoch nicht aus der Nervenklinik.

Knapp vor der Sterilisierung

Die von Amtsarzt Wellner verfügte Verwahrung in der geschlossenen Abteilung der Münchner Nervenklinik hat zur Folge, dass Theodor Roller vollends seine Handlungsfreiheit verliert. Durch Beschluss vom 4. Januar 1938 bestellt das Vormundschaftsgericht Stuttgart Robert Roller, seinen Vater, als Vormund. Der Zeitungsredakteur, der in Stuttgart lebt und arbeitet, hat seinen Sohn seit längerem nicht mehr gesehen. Nun mischt er sich ein. Letztlich will er damit, wie er einmal in einem Brief durchscheinen lässt, auch beweisen, dass seine geschiedene Frau als Erzieherin versagt hat.

In einem ersten Schritt sichtet er das Terrain. »Ich bitte höflich um Auskunft über das derzeitige Befinden meines Sohnes, der sich offenbar in einen religiösen Wirrwarr verrannt hat«, fragt er bei der Klinikleitung an, nachdem er sich im Standortlazarett vergeblich erkundigt hat. Ohne auch nur zu ahnen, mit welchem Nachdruck die Bürokratie den Sohn bereits vereinnahmt hat, schlägt er vor, ihn zu sich nach Hause zu entlassen. Er werde ihn dann schon zu beschäftigen wissen, damit er keine Zeit mehr für »zweckwidriges Grübeln« habe. »Dann ist eine Änderung seiner engstirnigen religiösen Gesinnung eher herbeizuführen als durch ein Internat.«[16]

Psychiater Eisele antwortet, es verhalte sich keineswegs so harmlos; vielmehr könne er »den Verdacht einer schizophrenen Erkrankung, deren Beginn wir schon 1–2 Jahre zurückverlegen, nicht mehr unterdrücken«. Theodor Roller halte »nach wie vor mit starrer Hartnäckigkeit an seinen religiösen Ideen« fest. »Seinen Hochmut, seine geistige Unbeweglichkeit und Starre möchten wir als Folgeerscheinung der Krankheit auffassen.« Zuversichtlich fügt er hinzu, ein weiterer psychischer Abbau sei wohl nicht zu befürchten und es bestehe Hoffnung, »dass mit der Zeit seine wahnhaften Ideen mehr und mehr in den Hintergrund treten«.[17]

Unterdessen spielt Robert Roller seine väterliche Autorität aus, intensiv wie noch nie zuvor. Über die Frucht dieses Einwirkens berichtet er am 17. Februar 1938 in einem Brief an Psychiater Eisele: »Inzwischen hat mir mein Sohn mitgeteilt, daß er die krankhaften Bedenken gegen die Ablegung des Fahneneids fallen gelassen hat u. er bereit ist, den Eid in der vorgeschriebenen Form zu leisten.« Um im katholischen München die religiöse Entwicklung seines Sohnes erklärlich zu machen, fügt er hinzu: »Mein Sohn ist – leider – Anhänger der in Württemberg stark verbreiteten ›echten Gottgläubigen‹ geworden, die ihren Sitz in Möttlingen im Kreis Lahr haben, wo er sich in deren Heim 2 × ›Seelen-Reinigung‹ aufgegeben hat. Fälle von religiösem Irrgang sind in Württemberg bei den Anhängern dieser Richtung nicht selten, jedesmal dann, wenn sich die Betroffenen von der Gesellschaft ausschließen u. Alleingänger werden.« Auch Theodors charakterliche Ausprägung habe ihre reale Ursache: »Der Hochmut u. die Starrköpfigkeit meines Sohnes ist leider ein Erbe von seiner Mutter, die ihn, da meine Ehe mit dieser Frau schon 1920[18] geschieden worden ist, aufgezogen u. in dem Hochmut, dem Besserwissen 20 Jahre lang bestärkt hat.«[19]

Aber hat Theodor Roller tatsächlich bessere Einsicht dazu geführt, seinen Widerstand gegen den Fahneneid aufzugeben? »Durch meine trostlose Umgebung, die Behandlung durch Dr. Eisele und die Beeinflussung meiner Eltern war ich gewillt, nachzugeben«, rechtfertigt er sich im Nachhinein. »Ich wäre dort nicht mehr rausgekommen.« Aber es belastet ihn noch als Zweiundneunzigjährigen. Nach der Episode bei der SA, auf die er sich seiner Mutter zuliebe eingelassen hatte, sei dies »die zweite große Dummheit gewesen«.

Nachdem Theodor Roller am 18. Februar 1938 aus der Wehrmacht entlassen worden war, schickte sein Regiment den Wehrpass – an den Vormund. Robert Roller reagiert entsetzt, als er in dem Dokument den Eintrag liest: »Kommt in eine Heilanstalt.« Er fragt sich, wieso jemand, der nicht als gemeingefährlich gilt, dessen weiterer psychischer Abbau auch nicht zu befürchten ist, in eine Anstalt eingewiesen werden muss. Offenbar hat ihn noch niemand auf die drohende Sterilisierung seines Sohnes aufmerksam gemacht. Und so erneuert er seinen Vorschlag, man solle ihn zu ihm nach Hause entlassen. Er sei der Ansicht, insistiert er gegenüber der Klinik, dass eine Internierung seinem Sohn »überreich Gelegenheit gibt, erst recht in die religiö-

sen Irrgänge sich zu verstricken u. ihn aus der Volksgemeinschaft abzusondern, was nicht eintrifft, wenn er einer geregelten Arbeit zugeführt werden wird«. Er sei gewiss, dass
er Theodor unter seiner Obhut »noch zu einem brauchba-
ren Menschen für die Volksgemeinschaft machen kann«.[20]

Die Klinik antwortet ihm nun mit Klartext: Sie könne
seine Ansicht »leider« nicht teilen. »Wir geben zwar gerne
zu, dass die Verweigerung des Fahneneides auch bei einem
an sich gesunden Menschen lediglich aufgrund einer verschrobenen und falsch verstandenen Religions- und Glaubensauffassung vorkommen kann. Darüber hinaus hat sich
aber auf Grund unserer Untersuchungen und Beobachtungen der Verdacht auf eine schleichend verlaufende Geisteskrankheit (Schizophrenie) ergeben. Da diese Erkrankung
unter das Gesetz zur Verhütung erbkranken Nachwuchses
fällt, haben wir Ihren Sohn dem zuständigen Bezirksarzt
vorgestellt, welcher seine weitere Verwahrung anordnete.«
Viel Ermessensspielraum besteht also nicht, auch nicht im
Hinblick auf den Ort der Verwahrung. Mit der Entlassung
aus der Wehrmacht kommen die Kosten nämlich auf die
Krankenkasse zu, und die ist nicht bereit, die höheren Sätze einer Universitätsklinik zu übernehmen.

Robert Roller, der – »um Missverständnissen vorzubeu-
gen«[21] – auf seine eigene Fronterfahrung im Weltkrieg
1914/18 aufmerksam macht, kämpft nun an mehreren Fron-
ten zugleich. Er korrespondiert mit seinem Sohn, mit den
Ärzten, mit dem Wehrkreiskommando Tübingen, mit dem
Regiment in Bad Reichenhall, mit dem Vormundschaftsgericht Stuttgart, mit der Krankenkasse in Stuttgart, dem Bezirksfürsorgeverband in München und wer weiß, mit wem
noch alles. »Wenn nicht bald eine grundlegende Änderung
in Deinen Angelegenheiten Platz greift u. Du wieder ent-

lassen wirst«, schreibt er seinem Sohn am 2. März 1938,
»dann versage ich u. kann dann mit mehr Grund, als das
für Dich zutrifft, in einer Nervenklinik zur Behandlung gegeben werden.« Er teilt ihm mit, dass er Einspruch gegen
den weiteren Klinikaufenthalt eingelegt habe und dass –
»um Dir auch die materielle Seite Deines Tuns zum Bewußtsein zu bringen« – eine Aufforderung des Bezirksfürsorge-
verbandes München-Stadt eingetroffen sei, »die Kosten
Deines ›Kuraufenthalts‹ in der Universitäts-Klinik München ab 1. Januar 38 mit täglich RM 5,20 u. Nebenkosten
zu bezahlen«. Abgesehen davon, dass er sich »aus rechtli-
chen Bedenken« sowie »aus tatsächlichen Gründen« weigere, die bislang 317 Reichsmark (ohne Nebenkosten) zu
bezahlen, möge der Sohn nun erkennen, »wohin Bocksbei-
nigkeit u. Halsstarrigkeit führt, zumal wenn sie mit Glau-
benshaltung geschmückt wird«. Außerdem fügt er noch
die Abschrift seines Schreibens an das Tübinger Wehrkreiskommando bei.[22] Der Brief wird in München mitsamt
Anlage zu den Akten gegeben, ohne dass der Sohn von ihm
erfährt.

Dem Brief an das Wehrkreiskommando kann man entnehmen, wie Robert Roller den Sohn auf seine Weise ins
Gebet genommen hat. Er habe ihm, schreibt er, »mehrfach
eindringlich [...] schriftlich das Verwerfliche seines Tuns«
vorgehalten.[23] Und er hat ihn offenbar erfolgreich zu der
Bestätigung überredet, nur irrtümlich davon ausgegangen
zu sein, dass er sich durch den Fahneneid auch in Glau-
bensfragen dem »Führer« unterordnen müsse. Kühn hält
der Redakteur in seinem Brief der »zuständigen militärischen Stelle« vor, dass eine bessere Aufklärung ihm und
seinem Sohn »die Schande der Fahneneidsverweigerung
und die weiteren üblen Folgen erspart hätte«. Weil dieser

nun bereit sei, den Fahneneid zu leisten, argumentiert Robert Roller, könne man ihn wieder in den aktiven Wehrdienst übernehmen – oder doch zumindest aus der Klinik entlassen, da der Grund der Einlieferung entfallen sei. »Gemeingefährlich geistig krank ist mein Sohn nicht, an seiner Glaubensauffassung etwas zu verändern vermag keine Klinikbehandlung. [...] Da es sich bezüglich des Glaubens um rein persönliche Belange meines Sohnes handelt, ist die Festhaltung in der Klinik, die auf Veranlassung der Wehrmacht geschehen ist, mir nicht verständlich.« Gäbe es darüber hinaus noch Anhaltspunkte für eine Geistesstörung, hätten sie schon bei der Musterung erkennbar sein müssen. Wäre sie durch den Heeresdienst entstanden, müsse das Militär auch nach seiner Entlassung aus dem Wehrdienst finanziell für die Behandlung aufkommen.

Als Robert Roller kurz darauf einen Brief seines Sohnes erhält, ahnt er beim Lesen, dass seine Post nicht ausgehändigt wurde, und er kann sich auch erklären, warum. Postwendend gibt er Antwort. Vielleicht macht er sich keine Vorstellung davon, dass auch die neue Briefsendung ihren Empfänger nicht erreichen wird – oder er kalkuliert diese Möglichkeit ein in der Absicht, den potenziellen Zensoren sogleich seine Meinung unter die Nase zu reiben. Er schreibt:

Lieber Theodor!
Aus dem Inhalt Deines Briefes vom 5. März ist ersichtlich, daß Du mein Schreiben vom 2. März nicht erhalten hast, da Du mit keinem Wort auch nur andeutungsweise darauf eingehst.
Dein Hinweis darauf, daß der Heeresdienst wahrscheinlich nicht mehr in Frage kommt, ist ein Beweis dafür, daß

Du bezüglich der tatsächlichen Gegebenheiten noch völlig im Unklaren gehalten bist, weshalb sich wohl die Gleichgültigkeit erklären läßt, mit der Du Dich in den Aufenthalt in der Klinik fügst.

Ob diese absichtliche Unklarheit zu den Heil-Maßnahmen der Dich Betreuenden gehört, entzieht sich meiner Kenntnis, wie überhaupt dem gesunden Volksempfinden durch die bei Dir angewandte Methode ein Schlag versetzt ist, der über normales Denkvermögen hinausgeht.

Wo immer ich über diese Angelegenheit gesprochen habe, treffe ich auf die Auffassung, daß Du mit dem Tag Deiner Entlassung aus dem Wehrpflichtdienst, dem 18. Februar 38, zugleich aus der von der Heeresverwaltung angeordneten klinischen Betreuung auszuscheiden hattest, weil mit Deiner Entlassung aus dem Heeresdienst öffentliches Interesse hinfällig geworden, Deine private Glaubensauffassung aber dem öffentlichen Interesse entzogen u. durch klinische Behandlung nicht zu beeinträchtigen ist, ohne daß Du bezw. das Dir gesetzlich zustehende Recht freier Willensbestimmung benachteiligt u. beeinträchtigt wird.

Diese, gesundem Volks- u. Rechtsempfinden entspringende Auffassung ist auch von mir nun schon wiederholt den in Frage kommenden Stellen nachdrücklich zum Ausdruck gebracht worden. Jedenfalls ist ein »Regie«-Fehler irgendwo Tatsache geworden, sonst würde die Angelegenheit weiter als seither gediehen sein; das ist ja beim Auftauchen von Kostenfragen vielfach der Fall.

Wenn Du nach meinem Befinden Dich erkundigst, dann muß ich erst recht annehmen, daß mein letzter Brief nicht in Deine Hände gekommen ist, sonst müsstest Du wissen, daß mich der Verlauf Deiner Angelegenheit bald selbst dahin bringt, wo Du augenblicklich bist, vermutlich dann *mit mehr Berechtigung, als ich diese für Dich einsehen kann.*

Wird Dir auch dieses Schreiben vorenthalten, dann muß ich annehmen, daß Du zu den Insassen der Klinik zählst, die irgendwelcher kriminellen Handlungen wegen Zwangsaufenthalt dort haben u. der Briefwechsel einer Zensur unterliegt, die in Gefängnissen u. ähnlichen Anstalten gehandhabt wird.

Das Vormundschaftsgericht wird nun von mir den vorgeschriebenen »Rechenschaftsbericht« erhalten, der an Deutlichkeit nichts zu wünschen übrig läßt.

Herzlichen Gruß Dein Vater

Robert Rollers Ton in seiner Behördenkorrespondenz wird zunehmend barscher. Die Verweigerung des Fahneneids tritt in den Hintergrund, seit sie eine vorzeigbare Erklärung hat, nämlich die unterbliebene vollständige Aufklärung seines Sohnes durch das Militär. Dem Bezirksfürsorgeverband München-Stadt entgegnet er auf die ihm übermittelte Rechnung, dass das Militär die Kosten bis zum 18. Februar 1938 übernehmen müsse, weil sein Sohn durch das Lazarett in die Klinik eingewiesen worden sei. Dies wäre vermeidbar gewesen, hätte man seinen Sohn vollständig über den Fahneneid aufgeklärt. Erst die Überweisung in die Psychiatrie habe »bei meinem weder körperlich noch geistig kranken Sohn im Lauf des Aufenthalts in der Klinik eine Nervenzerrüttung ausgelöst, deren Heilbehandlung zunächst dem Militärfiskus zur Last fällt«. Indes ende mit der Entlassung aus dem Heeresdienst »auch die weitere Machtbefugnis der Militärdienststellen, den Aufenthalt meines Sohnes zu bestimmen«. Eine Einwilligung, den Aufenthalt in der Klinik zu verlängern, sei weder bei ihm eingeholt noch von ihm erteilt worden, im Gegenteil, er habe mehrfach darum gebeten, den Patienten zu entlassen. Also müsse er für die Kosten nicht aufkommen.

Als der Bezirksfürsorgeverband daraufhin genauere Auskunft haben möchte, gerät die Klinik unter Druck; zudem mahnt am 4. März 1938 das Militärgericht der Gebirgs-Brigade wegen des noch immer nicht eingetroffenen Gutachtens und drei Tage später der immer selbstbewusster auftretende Robert Roller. Eisele, den allem Anschein nach die verlangte Beschleunigung seiner Begutachtung überfordert, hat sich Anfang März einstweilen wegen Krankheit entschuldigen lassen und damit neues Wasser auf Rollers Mühle geleitet. Denn der argwöhnt ohnehin, dass es mit der fachlichen Effizienz der Verantwortlichen nicht weit her sein könne. »Es ist auch anzunehmen«, so Robert Roller, »daß die Periode der ›ärztlichen Beobachtung‹ mit dem 18. Februar aufgehört hat u. die Überführung in die Heil- u. Pflegeabteilung von diesem Zeitpunkt an vollzogen wurde. Die Tatsache, daß mein Sohn, wie er schreibt, zusammen mit 50 Mann in der ›ruhigen Abteilung‹ täglich 5–6 Stunden zu Buchbinderarbeiten herangezogen wird, spricht auch dafür.« Den Brief beschließt er mit der Aufforderung, ihn über die gesetzlichen Bestimmungen aufzuklären, nach denen sein Sohn gegen den väterlichen Willen interniert werde.

Noch vor Abschluss des Gutachtens befasst sich die 2. Kammer des Münchner Erbgesundheitsgerichts [24] mit dem Fall und regt an, dass die »Handhabung der Verwahrung« Theodor Rollers »lockerer gestaltet« werden könne, worauf der Leiter des Gesundheitsamtes am 18. März 1938 verfügt: »Nachdem das geistige Zustandsbild an sich eine Entlassung gestattet und eine Fortpflanzungsgefahr nicht besteht, habe ich gegen die sofortige Entlassung des Obengenannten nichts einzuwenden.«[25]

Am 17. März 1938 legt Psychiater Eisele sein Gutachten beim Militärgericht schriftlich vor, neun Tage später kann Theodor Roller seine Heimreise antreten. Dies ohne genaue Kenntnisse seiner Entlassungsumstände, wie sich sein Vater kurz darauf beschwert; er bitte deshalb um präzise Auskunft.[26] Die Antwort, die er auch noch anmahnen muss, lässt über zwei Wochen auf sich warten, fällt knapp aus und alles andere als höflich. Eisele teilt nur mit, dass er nicht befugt sei, die gewünschte Auskunft zu erteilen. Roller möge sich an die Militärbehörde wenden, für die das Gutachten bestimmt gewesen sei. Weiter heißt es: »Was die Erbgesundheitsfrage betrifft, so haben wir uns mit einer Anzeige wegen Verdachts auf Schizophrenie begnügt.«[27]

Mit der scheinbaren Gnadenbezeugung war Eisele freilich, nach dem Eindruck von Fachkollegen[28], knapp an einer Fehldiagnose vorbeigeschrammt. Und Theodor Roller ebenso knapp an der Zwangssterilisierung.

Wieder daheim: Orientierungskrise

»Die Erbkrankverdächtigkeit«, sagt Roller rückblickend, »hing wie ein Damoklesschwert über mir.« Beruflich wie privat.

Nach wenigen Wochen Aufenthalt bei seinem Vater in Stuttgart kehrt er nach Tübingen in die Wohnung seiner Mutter zurück. Bei seinem alten Arbeitgeber spricht er am 25. April 1938 vor und fragt an, ob er wieder in die Bank aufgenommen werde. Man ist offenbar nicht abgeneigt, erkundigt sich jedoch vorsorglich bei der Münchner Klinik, »ob Roller überhaupt in der Lage ist, einen geregelten Bürodienst auszuüben«. Am 30. April 1938 erhält die Tübinger Kreissparkasse zur Antwort, dass keine Bedenken bestehen, »wenn man einigermassen auf seine charakterlichen Schwierigkeiten, die Ihnen ja von früher her bekannt sind, einzugehen versteht«.[29] Also bekommt der junge Buchhalter eine zweite Chance. Doch er spürt im Betrieb Spannungen und Anfeindungen, »da viele Mitarbeiter Mitglieder der NSDAP und ihrer Gliederungen waren«.

Jahre später wird Roller bedauern, dass er sich damals in seinem Privatleben nicht auf eigene Füße gestellt hat. Er ist dreiundzwanzig Jahre alt und auch nach seiner Selbsteinschätzung reif für eine Beziehung mit einer Frau. »Ich hoffte, mit Gottes Hilfe eine christliche Ehe führen zu können«, sagt er 2007 im Rückblick auf seine Lage nach den traumatischen Erfahrungen in München. »Aber gerade diese behauptete Erbkrankheit, die war dann verdammt schwer für mich.« Er möchte eine Familie gründen, muss aber nach gängiger Gesetzeslage befürchten, eines Tages doch noch sterilisiert zu werden. Das macht ihn in seiner Umgebung nicht gerade zum Wunschpartner. Zudem belastet ihn von Kindheit an die gescheiterte Ehe seiner Eltern. »Ich wollte auf jeden Fall verhüten, dass mir auch so etwas passiert.« Seine Vorstellungen von einer glücklichen Ehe sind so rein und so idealistisch, dass er sich von jedem Abenteuer fernhält. Lieber will er völlig enthaltsam leben. »Ich wollte nicht umeinanderhuren«, sagt er mit Blick auf jene sorgenschweren frühen Mannesjahre. »Darum sagte ich mir, dass ich mir von Gott eine Frau erbitten muss, weil ich selber nicht wusste, welche die richtige ist.«

Aber wie erkennt man Gottes Winke? Vor seiner Einberufung zum Militär und den verhängnisvollen Folgen warb Roller um eine junge Frau, die in Derendingen wohnte, einem Tübinger Stadtteil. Er kannte sie schon aus seiner Lehrzeit in Dußlingen, als ihn der Weg zum Arbeitsplatz durch Derendingen geführt hatte. Um mit ihr ausgehen zu können, hatte er einen Anzug gekauft, einen Siegelring, eine Taschenuhr. Nun raubt die drohende Sterilisation die Perspektive, außerdem ist die Angebetete katholisch.

Rollers religiös, zunehmend aber auch politisch begründete Bedenken gegen das Dritte Reich quälen ihn so sehr, dass er sich nicht einfach wegducken will. Zunächst denkt er über eine berufliche Neuorientierung nach. Das hat er auch früher schon getan, wie etwa aus dem Gutachten des Psychiaters Eisele hervorgeht, der berichtet, dass Roller behauptet habe, die Kaufmannslehre und seine Beschäftigung bei der Bank seien »eigentlich nur Lebensschule gewesen«.[30] Aber welche Alternativen blieben ihm? Für das erträumte Theologiestudium, das auch im Sinne seiner Mutter gewesen wäre, fehlen die finanziellen Mittel. Und hätte er in der evangelischen Kirche überhaupt einen Platz als Pfarrer finden können angesichts ihrer aus seiner Sicht lauen Haltung gegenüber dem NS-Regime? In den Entnazifizierungsfragebogen trägt Roller 1949 rückblickend ein: »Meiner Ansicht nach hätte die Ev. Kirche der Verweigerung des Fahneneids beim Heer bzw. der Wehrmacht aus religiös-weltanschaulichen, d. h. aus Glaubens- und Gewissensgründen gegenüber allgemein, im besonderen aber gerade gegenüber Hitler und seinem Staat eine Einstellung einnehmen müssen, die Verweigerern des Fahneneids Genugtuung und Entlastung gebracht hätte. Ich wollte daher Herrn Dekan Stockmayer, Tübingen, meinen Austritt aus der Ev. Kirche erklären, liess mich aber nach einer

Unterredung mit ihm bewegen, Mitglied der Ev. Kirche zu bleiben.«

Zeitweilig neigt er zur Bekennenden Kirche, beschimpft jedoch kurz darauf einige ihrer Angehörigen als »Klüngel«. Dann fühlt er sich zur Glaubensbewegung Deutsche Christen hingezogen, tritt aber nach einem Monat Mitgliedschaft wieder aus deren Organisation aus. In der an religiösen Laienbewegungen nicht gerade armen württembergischen Landschaft sieht sich Roller vorübergehend als eine Art Reformator, der sich berufen fühlt, die Nationalsozialisten in seinem Sinne zu beeinflussen, doch wendet er sich bald enttäuscht wieder ab, weil sich die Partei zum »Rassengott« und zum Symbol des Hakenkreuzes statt zum Kreuz und zu Jesus Christus bekenne. »Ich fragte mich, wie reimt sich das zusammen, wenn man die jetzige Praxis zugrunde legt? In Hitlers Buch ›Mein Kampf‹ las ich, wie er den unbedingten Totalitätsanspruch seiner völkischen Weltanschauung betonte. Und andererseits erklärte er, in beiden christlichen Bekenntnissen unseres Vaterlandes wertvolle Stützen des Staates zu sehen.«

Als letzter Ausweg aus all diesen Dilemmata erscheint ihm schließlich die Ausbildung zum Missionar. Er möchte die Missionsschule in Basel besuchen und benötigt dafür eine Ausreiseerlaubnis. Anfang 1939 wendet er sich an Adolf Hitler persönlich und legt in einem neun Seiten langen Brief[31] seine Gründe dar. Sie gehen indes weit über den harmlos erscheinenden Anlass hinaus. Denn Roller will zugleich darauf aufmerksam machen, warum er sich von der nationalsozialistischen Politik distanziert, den Adressaten durch einen resoluten, wenn auch weltfremden Appell zu einer Umkehr bewegen. »Wenn überhaupt, konnte nur durch Hitler selbst dieser unheilvolle Weltanschauungskampf entschärft und geklärt werden«, kommentiert der Zweiundneunzigjährige seine damalige Intention. »Aus der Schizophrenie seiner Aussage erkannte ich, dass er bewusst das wahre Christentum, wie es im alten und neuen Bund der Bibel beschrieben ist, radikal ablehnen musste und wollte.«

Briefe an Hitler

»Sie Wahnsinniger mit Ihrem unbedingten Rasseglauben!«

Mit Poststempel vom 25. Januar 1939 geht Theodor Rollers Brief an Adolf Hitler ab, am 31. Januar 1939 wird er in der Reichskanzlei mit dem Eingangsstempel versehen. Roller muss nicht lange auf Antwort warten. »Von der Kanzlei des Führers bekam ich am 8. Februar 1939 die Mitteilung, dass mein Schreiben aus Gründen der Zuständigkeit an das Reichsministerium für kirchliche Angelegenheiten weitergeleitet worden sei.«

Das Ministerium, seltsamerweise nicht schon die Reichskanzlei, übergibt dann den Brief der Gestapo.[1] Diesen Dienstweg seines Anliegens erfährt Roller nicht. Noch nicht. Ihn bringt die Entscheidung der Kanzlei, den Brief nicht Hitler, sondern dem Reichskirchenminister vorzulegen, in Rage. »Wie kann ein Reichskirchenminister in Grundsatzangelegenheiten von dieser Tragweite voll und ganz verantwortlich sein? Es ging also den Hitler nichts an? Das ist eine billige Ausrede. Dann ist der Herr Ober-Führer immer fein raus«, fasst er seine damaligen Überlegungen zusammen. Dies sei für ihn eine »furchtbare, bittere Erkenntnis gewesen«. In seinem Furor formuliert er kurz nach Erhalt der Nachricht aus Berlin einen neuen Brief an Hitler, jetzt mit deutlichen und drastischen Worten. In seinem Fragebogen beschreibt er 1951 als die inhaltlichen

Kernpunkte: »In diesem Brief hatte ich Hitler scharf wegen seiner Unwahrhaftigkeit, die Partei vertrete ein ›positives Christentum‹, angegriffen und ihn vor der Weiterführung des weltanschaulichen Kampfes gegen die christlichen Bekenntnisse ernst gewarnt, da er sonst unser Volk in die von ihm unter Voraussetzungen, die gegeben seien, selbst vorausgesagte Katastrophe führe. Weiter hatte ich bemerkt, dass jeder Christ um seines Glaubens willen ein Staatsfeind sein müsse, ich aber ein Ehrlicher sein wolle und deshalb meine Ansicht und Überzeugung offen und radikal zum Ausdruck bringen wolle.« Daran schließt sich der Vorwurf an: »Als Christ nenne ich Sie einen Lügner und als Deutscher den größten Volksschädling, der je deutschen Boden betrat.«[2]

Im Nachhinein fühlt sich Roller durch die geschichtswissenschaftliche Forschung in seinen damaligen Ahnungen und Beinahegewissheiten, was Hitlers Grundüberzeugung und dessen doppeltes Spiel angeht, bestätigt. Er belegt es mit einem Zitat, das er als Abschrift in seinen Unterlagen aufbewahrt: »Schon im Frühjahr 1933 sagte Hitler vor seinen engsten Mitarbeitern: ›Mit den Konfessionen, ob nun diese oder jene, das ist alles gleich, das hat keine Zukunft mehr. Für die Deutschen jedenfalls nicht. Der Faschismus mag in Gottes Namen seinen Frieden mit den Kirchen machen. Ich werde das auch tun. Warum nicht? Das wird mich nicht abhalten, mit Stumpf und Stiel, mit allen seinen Wurzeln das Christentum aus Deutschland auszurotten. Ob nun Altes Testament oder Neues, ob bloß Jesusworte wie Houston Stewart Chamberlain will: Das ist doch alles derselbe jüdische Schwindel. [...] Eine deutsche Kirche, ein deutsches Christentum ist Krampf. Man ist entweder Christ oder Deutscher. Beides kann man nicht sein.‹«[3]

Rollers Brief an Hitler existiert nicht mehr. Vermutlich lag er zuletzt bei den Akten der Stuttgarter Generalstaatsanwaltschaft, deren Registratur im Krieg zerstört wurde. Die Akten des Sondergerichts, das den Fall Roller verhandelte, wurden von einigen der Richter kurz vor dem Einmarsch der Alliierten verbrannt.[4] Allerdings ist in den Unterlagen des Reichsjustizministeriums eine Korrespondenzakte mit Schriftstücken überliefert, in denen mehrfach ausführlich aus dem zehn Seiten langen Brief Rollers zitiert wird. Die umfangreichsten Passagen sind in der Urteilsbegründung des Sondergerichts enthalten:

Der Brief vom 11. Februar 1939 ist gerichtet an »Herrn Adolf Hitler, Berlin«. Der Angeklagte erklärt, er habe diesmal erwartet, vom Führer persönlich eine Antwort zu erhalten. Er schildert wiederum die Gründe seines Austritts aus der HJ und die Umstände, die ihn zur Verweigerung des Fahneneides veranlasst hätten. Er beklagt sich heftig über die Stellungnahme des Kriegsgerichts, das ihn nicht als Mann, sondern »bubenhaft« behandelt habe. Hierauf fährt er wie folgt fort:[5]

»Ich muss wissen, ob mir vom Staat bezw. der Partei, die ja – nach unserer, der wahren evangelischen Kirche Ansicht – eine Auffassung von ›Christentum‹ haben, die wir klar und deutlich Antichristentum nennen, überhaupt erlaubt wird, diesen Beruf zu ergreifen! [...] Dreimal versuchte ich nun, zu Ihnen persönlich vorzudringen, dreimal war es vergeblich!

Ich konnte und wollte als wahrhafter Deutscher nicht glauben, dass Sie, <u>bewusst</u>, nachdem Sie lange genug gewarnt wurden, das Land der Wahrheit, Deutschland, im Zeichen der Lüge, des Hakenkreuzes, das nicht den Chris-

*tengott, sondern den von Ihnen erfundenen ›Rassengott‹
symbolisiert, seinem Ende entgegenführen wollen. [...] Ich
will Ihnen die Verlogenheit Ihrer Grundlage unbarmherzig
aufdecken und nun deutsch mit Ihnen reden: Als Christ
nenne ich Sie einen Lügner und als Deutscher den grössten
Volksschädling, der je Deutsche Erde betrat! Sie sind kein
Christ! Katholisch erzogen, musste Ihnen die katholische Religion unbewusst Grundlage Ihres ganzen Denkens und
Handelns werden. [...] Nun sind Sie weder bewusst katholisch, noch bewusst evangelisch, aber unbewusst müssen Sie
dem Geist der Falschheit dienen. [...]*

*Luther nannte den Papst Antichristen, weil er sich über
die in Jesus Christus verkörperte Wahrheit stellte. [...] Leider
muss ich aber Sie [...] auch den Antichristen nennen! [...]*

*Sie verlangen von den jungen deutschen Männern, sie
sollen bald heiraten und Kinder zeugen. Warum leben Sie,
als der Vorbild sein soll u. will, keine Ehe vor, damit die*
<u>*wahren*</u> *Früchte Ihres Rasseglaubens an Weibern u. Kindern
zutage treten würden? Sie haben ja überhaupt kein morali-
sches Recht, eine Ehe zu empfehlen! [...]*

*Sie wollen Juda u. Rom, Lüge u. Falschheit mit Ihresglei-
chen vernichten!? Den aber, der von Juda gekreuzigt wurde,
Christus, und den Deutschen, der die römische Falschheit
aufdeckte, als Rebell um Ehre, Martin Luther, wollen Sie
Wahnsinniger mit Ihrem unbedingten Rasseglauben über-
trumpfen? Sie wollen den Juden ausser uns bekämpfen und
sind bis heute zu feige, den Juden in Ihnen selbst und den
Römer in Ihnen selbst durch eine ein für allemal gültige Absage und Einbindung an die Wahrheit, Jesus Christus, tödlich zu treffen! [...]*

*Sie treiben gesetzmässig langsam und sicher das deutsche
Volk dem Bolschewismus in die Arme!*

In Ihrer Rede vom 30. v. M. [vorigen Monats] erklärten Sie feierlich, um seines Glaubens willen sei noch keiner verfolgt worden. Das ist unwahr. Nun, Sie haben natürlich als unfehlbarer Papst immer recht. Ich sage Ihnen aber dies: Wenn der Staat sich anmasst, den wahren evangelisch-lutherischen Glauben zu vergewaltigen, das tut er heute, dann ist dieser Staat nach christlichem Glauben eben ein antichristlicher Staat und alle, die sich Christen nennen, müssen dann um ihres Glaubens willen Staatsfeinde sein. [...]

Wie können Sie sich anmassen, das Wort ›Gott‹ in den Mund zu nehmen, wenn wegen des Bekenntnisses zu ihm <u>wahre</u> Deutsche, die sein heiliger Geist, der Geist der Wahrheit, regiert, in Gefängnissen und Konzentrationslagern schmachten oder in Irrenhäuser eingeliefert werden? [...]

Sie sind geradezu der Magnet, welcher die Falschen, meist katholisch erzogenen Deutschen, anzieht und viele im wahren evangelischen Christenglauben aufgewachsene Deutsche teuflisch irreführt. [...]

Ich will Ihnen als Prophet sagen, dass Sie Deutschland im 7. Jahre Ihrer Regierung [...] in den Abgrund führen müssen! [...]

Sie werden, so wahr Gott lebt, die Seelen der Deutschen, die sich von Ihrem Rasseglauben irreführen liessen und dem verlogenen Satz, die Partei stehe auf dem Boden eines ›positiven Christentums‹ Glauben schenkten, vor dem Fürst der Geister, Jesus Christus, zu verantworten haben! Sie sind mit Ihren Knechten nach dem Gesetz der Lüge angetreten und wollen diesen Weg, wie ich leider glauben muss, zu Ende gehen. [...]

Behandeln Sie mich also, wie Sie es für Recht halten und vor Ihrem Gewissen verantworten können. Einst Ihr tiefster Verehrer und Fanatiker der NS-Idee bin ich nun, wie <u>jeder</u>

wahre Deutsche, um der Wahrheit und Deutschland's willen Ihr grösster Feind, weil ich Ihren Charakter kenne und
Ihre verderblichen Ziele weiss.

Auf Ihren Befehl hin bin ich ›geistesgestört‹, ›erbkrank‹,
›Staatsfeind‹, ›Volksverräter‹ usw., was es sonst noch für billige Titel gibt, um einen _Deutschen_ heute mundtot oder kalt
zu machen.

Eines aber habe ich, was Sie nicht haben können: Ein gutes Gewissen, als Deutscher, soweit es menschenmöglich ist,
meine Pflicht getan zu haben, damit ich nicht mitschuldig
bin am deutschen Untergang, den Sie, nun bewusst, herbeiführen. [...]

Mit deutschem Gruß!

Theodor Roller«[6]

Dieser Anklage fügt Roller zwei Gedichte bei, das eine be-
titelt mit »An Hitler!«, das zweite mit »Juda's Sendung und
Fall! – Deutschland's Sendung und ?«. Ersteres wird die
Stuttgarter Staatsanwaltschaft als besonders verwerflich
empfinden.

An Hitler!

Ein Bube hat sich das Reich erschlichen,
höre es, Deutschland!
Und seitdem ist Gott von Dir gewichen,
du, mein Vaterland.
Ein Römling hatte Dir süss versprochen,
Du Volk der Wahrheit,
für Christus zu kämpfen, doch gebrochen
hat er den Treueid!
Der Antichrist stiehlt sich Kinderseelen,
Väter und Mütter.

Schreiet zu Gott, er mög' ihn zerschellen,
den Teufelsritter.
Deutschland erwache, es ist höchste Zeit,
reif sind die Saaten!
Wehe dem, der jetzt nicht todesbereit,
er ist verraten!

Die Sendung geht am 14. Februar 1939 in der Reichskanzlei ein. Per Schnellbrief des Geheimen Staatspolizeiamtes Berlin wird sie am 13. März 1939 »mit der Bitte um Unterstützung d. Angelegenheit« an die Staatspolizeileitstelle Stuttgart weitergeleitet.

Roller macht sich keine Illusionen über die Wirkung seines Briefs. »Ich habe mit meinem Tod oder mit KZ gerechnet. Ich habe auch angenommen, dass die Entwicklung entweder zu einem Krieg oder zu einer Revolution führen wird. Das kommen müssende Unheil in unserem Vaterland voraussehend, wäre für mich der Tod eine Erlösung gewesen.«

Doch er lässt es nicht bei den direkt an Hitler gerichteten Botschaften bewenden. Am 3. März 1939 schreibt Roller an seinen Onkel Wilhelm Kalbfell, der in Baltimore lebt, einen Brief, in dem er Hitler als einen Antichristen bezeichnet, den er hasse, von dem er aber dennoch hoffe, »dass er noch im Interesse Deutschland's und der ganzen Welt den Weg zu Gott über Christus findet«. Damit dieser Brief auch gewiss nicht der Aufmerksamkeit der Zensur entgeht, sendet er am 5. März 1939 eine Abschrift an das Propagandaministerium mit dem Anschreiben: »Ich stelle Ihnen beiliegende Abschrift, deren Urschrift am gestrigen Tage an meinen Onkel, Herrn Wilhelm Kalbfell, Baltimore, USA, gesandt wurde, zur Verfügung. Hinter jedem Wort stehe ich mit meiner ganzen Person! [...] Der Inhalt des Briefs ist nur als Ganzes verständlich, so dass ich nicht gestatten kann, einzelne Sätze oder Teile zu irgend welchen dunklen Zwecken, die Deutschland nur schaden, auszuschlachten!«[7]

Als Ganzes lässt sich der Brief an den Onkel nicht mehr nachvollziehen, da er nur in wenigen Auszügen in die Urteilsbegründung eingegangen ist. Das Sondergericht indes hatte volle Kenntnis, denn dort lag, zusammen mit der Anklageschrift, das gesamte belastende Material im Original vor.

Verhaftung durch die Gestapo

Am 18. März 1939 wird Theodor Roller um 11.30 Uhr zu Oberrechnungsrat Ludwig Hassberg gerufen, seinem Vorgesetzten in der Giroabteilung der Tübinger Kreissparkasse. Ein Gestapomann in Zivil erwartet ihn und sagt: »Herr Roller, Geheime Staatspolizei, ich muss Sie verhaften.« Zu Fuß führt der Weg von der Kaiserstraße (heute: Doblerstraße) mitten durch die Stadt zur Polizeiwache in der Münzgasse, gerade mal zehn Minuten entfernt. An Einzelheiten kann sich Roller nicht mehr erinnern. Er wird aufgeregt gewesen sein, aber äußerlich gefasst. Schicksalsergeben. Bei seiner ersten Vernehmung wird er gefragt, wieso er Hitler derart beleidigt habe. »Ich antwortete, dass ich doch selbst für ihn gekämpft habe. Aber dass ich nun wegen der unheilvollen Entwicklung nicht hätte schweigen können.«

In der Tübinger Hafengasse wird unterdessen seine Wohnung polizeilich durchsucht. Hinweise auf Querverbindungen, gar auf ein Komplott, werden nicht entdeckt. Roller ist ein Einzelgänger. Die Gestapo, die nach Belastungsmaterial fahndet, hätte seine Bibel mitnehmen müssen, den Quell seines Aufruhrs. »Bei der Durchsuchung meines Zimmers«, trägt Roller in seinen Entnazifizierungsfragebogen ein, »fand sie [die Gestapo] dann noch ein Heft, worin ich verschiedene Aufsätze und Gedanken vom Standpunkt christlicher Weltanschauung aus aufgeschrieben hatte. Weiter standen darin einige Gedichte, worin ich meinem gerechten Hass gegen Hitler und sein Reich der Lüge und Verdummung und meiner Feindschaft und Ablehnung Ausdruck gegeben habe.«

Im Anschluss an die Erstvernehmung und die Hausdurchsuchung wird Roller mit dem Auto nach Stuttgart gebracht und im Polizeigefängnis in der Büchsenstraße inhaftiert. »Büchsenschmiere« wird die Anstalt im Volksmund genannt wegen der schlechten hygienischen Verhältnisse.

»Die wollten mich mürbe machen«, glaubt Theodor Roller und zeigt sich auch heute noch dankbar, dem Druck widerstanden zu haben. »Ich bin von meiner Sache überzeugt gewesen. Allerdings habe ich auch nie gewusst, zu was sie fähig wären.« Wie man diese Belastung aushält? »Ich entsinne mich noch an den Aufenthalt in diesem alten Gefängnis. Ich war mutterseelenallein in einer Zelle. Da tönte von einer nahen Kirche ein Glockenspiel, das mich gewaltig tröstete.«

Das Glockenspiel gehört zur Hospitalkirche. Roller erkennt die Melodie von Konradin Kreutzer und memoriert den Text: »Schon die Abendglocken klangen / und die Flur im Schlummer liegt.« Insbesondere die letzten Verse erfüllen ihn:

Ja, ein ruhiges Gewissen
mög's uns stets der Schlaf versüßen,
dass wenn Gottes Ruf einst schallt
er nicht bang ins Herz euch hallt.

In der Nachbarzelle: Pfarrer Julius von Jan

Wenige Tage nach Theodor Roller sperrt die Gestapo Julius von Jan, den evangelischen Pfarrer von Oberlenningen, in der Büchsenstraße ein. Sie quält in diesem Polizeigefängnis Hunderte von politischen und ideologischen Gegnern des Regimes, den Sozialdemokraten Kurt Schumacher ebenso wie den Kommunisten Hans Gasparitsch oder den Kunstmaler und Widerständler Paul Hahn. Am 27. und 28. Oktober 1938 wurden hier die in Stuttgart und Umgebung lebenden Juden polnischer Staatsangehörigkeit in den Zellen zusammengepfercht, um sie anschließend nach Polen abzuschieben.

Julius von Jan, ein Absolvent des Tübinger Evangelischen Stifts, hatte am 16. November 1938 in seiner Bußpredigt den Terror fanatischer Nazis angeprangert, der gerade eine Woche zuvor, in der Nacht vom 9. auf den 10. November, in reichsweiten Pogromen gegen die Juden eskaliert war. Nur wenige brachten danach den Mut auf, sich darüber auch öffentlich ein Gewissen zu machen. Die meisten im Land schwiegen, entweder aus Furcht, aus Opportunismus oder im stillen Einverständnis – jedenfalls nicht, weil sie von den Ausschreitungen zu wenig mitbekommen hätten. Zumal nicht dort, wo die Kirchenleitung residierte. Die Frau des württembergischen Landesbischofs Theophil

Wurm schrieb in ihr Tagebuch: »In der Stadt scheußliche Judenverfolgungen, die Synagogen haben sie heute nacht angezündet und alle Judenläden demoliert. Alles auf Befehl von Herrn Goebbels wegen des Attentats in Paris. Man schämt sich und sagt: Was wird darauf kommen!«[8] Julius von Jan dagegen, Landpfarrer einer kleinen Gemeinde am Rande der Schwäbischen Alb, ging das Wagnis ein. Der für diesen Bußtag kirchlich vorgeschriebene Predigttext stammt aus Jeremia 22,29: »O Land, Land höre des Herrn Wort.« Wie dort der Prophet die Mächtigen im Land anklagte, weil sie nicht um Recht und Gerechtigkeit besorgt seien, sondern Gewalt gegen die Schwächsten ausübten und den Untergang Jerusalems zu verantworten hätten, knüpfte der Pfarrer an die aktuellen Ereignisse im Land an, die ihn zutiefst empörten. So hörten die Kirchgänger von Oberlenningen im Bußtagsgottesdienst unter anderem:

Ein Verbrechen ist geschehen in Paris. Der Mörder wird seine gerechte Strafe empfangen, weil er das göttliche Gesetz übertreten hat. Wir trauern mit unserem Volk um das Opfer dieser verbrecherischen Tat. Aber wer hätte gedacht, dass dieses Verbrechen in Paris bei uns in Deutschland so viele Verbrechen zur Folge haben könnte? Hier haben wir die Quittung bekommen auf den großen Abfall von Gott und Christus, auf das organisierte Antichristentum. Die Leidenschaften sind entfesselt, die Gebote Gottes missachtet, Gotteshäuser, die den anderen heilig waren, sind ungestraft niedergebrannt worden, das Eigentum der Fremden geraubt oder zerstört. Männer, die unserem deutschen Volk treu gedient haben und ihre Pflicht erfüllt haben, wurden ins KZ geworfen, bloß weil sie einer anderen Rasse angehörten! Mag das Unrecht auch von oben nicht zugegeben werden – das gesunde Volksempfinden fühlt es deutlich, auch wo man nicht darüber zu sprechen wagt. [...] Darum ist uns der Bußtag ein Tag der Trauer über unsere und unseres Volkes Sünden, die wir vor Gott bekennen, und ein Tag des Gebets: Herr, schenk uns und unserem Volk ein neues Hören auf dein Wort, ein neues Achten auf deine Gebote! Und fange bei uns an.

Schicksalsergeben schloss Pfarrer Julius von Jan:

Und wenn wir heute mit unserem Volk in der Buße vor Gott gestanden sind, so ist dies Bekennen der Schuld, von der man nicht sprechen zu dürfen glaubte, wenigstens für mich heute gewesen wie das Abwerfen einer großen Last. Gott Lob! Es ist herausgesprochen vor Gott und in Gottes Namen. Nun mag die Welt mit uns tun, was sie will. Wir stehen in unseres Herrn Hand. Gott ist getreu. Du aber, o Land, Land, Land, höre des Herrn Wort!

Das war sogar dem württembergischen Oberkirchenrat unangenehm, hatte er sich doch gerade erst zu einer Art Burgfrieden mit dem nationalsozialistischen Staat entschlossen. Er wollte sich, wenigstens nach außen hin, demonstrativ aus der Politik heraushalten und hoffte im Gegenzug, dass sich die Nationalsozialisten nicht in kirchliche Angelegenheiten einmischten. Um dieses Friedens willen wies er die württembergischen Pfarrer am 6. Dezember 1938 in einem Erlass an, sich in den Predigten auf die Verkündung des Evangeliums zu beschränken und die Erwähnung politischer Ereignisse zu vermeiden.[9] Das war eine demonstrative Rüge für den Oberlenninger Pfarrer und ein Maulkorb für potenzielle Nachahmer.

In ihrer Grundhaltung von den antijudaistischen Texten des späten Luther geprägt, billigten viele, wenn nicht die meisten Protestanten die Propaganda gegen die Juden. Doch wer an sein Weltbild ethische Maßstäbe anlegte, wem das Prinzip des Rechts als Grundlage für das Zusammenleben im Staat noch nicht entrückt war, den mussten spätestens die außerhalb von Recht und Gesetz inszenierten Exzesse der Pogromnacht erschüttern. So schrieb zwar Bischof Wurm am selben 6. Dezember, an dem der Oberkirchenrat seinen Hirten die Zügel anlegte, in einem Brief an Reichsjustizminister Franz Gürtner: »Ich bestreite mit keinem Wort dem Staat das Recht, das Judentum als ein gefährliches Element zu bekämpfen. Ich habe von Jugend auf das Urteil von Männern wie Heinrich von Treitschke und Adolf Stoecker über die zersetzende Wirkung des Judentums auf religiösem, sittlichem, literarischem, wirtschaftlichem und politischem Gebiet für zutreffend gehalten [...].« Aber er fügt auch hinzu: »Weil wir unserem Volk ersparen möchten, dass es später dieselben Demütigungen und Leiden über sich ergehen lassen muss, denen jetzt andere preisgegeben sind, erheben wir im Blick auf unser Volk fürbittend, warnend, mahnend unsere Hände [...].«[10]

Neun Tage nach der Bußtagspredigt, an einem Freitag, hingen rund ums Oberlenninger Pfarrhaus Plakate mit der Aufschrift »Judenknecht«. Während am Abend Julius von Jan in einem Nachbarort eine Bibelstunde abhielt, fuhren in seinem Pfarrort fünf Lastwagen mit zweihundert SA-Männern aus Kirchheim und Nürtingen vor, angeführt von Oskar Riegraf. Sie stürmten das Pfarrhaus und blieben auf Posten, bis der verhasste Pfarrer eintraf. Sie prügelten mit Fäusten, Riemen und Stahlruten auf ihn ein und spien ihn an. Schließlich erschienen zwei Gendarmen und brachten ihn ins Amtsgerichtsgefängnis nach Kirchheim.

Der Oberkirchenrat reagierte auf diesen Vorfall mit einer Doppelstrategie. Im Sinne des brutal Misshandelten erstattete er Strafanzeige unter anderem wegen Landfriedensbruchs, schweren Hausfriedensbruchs und schwerer Körperverletzung. Zugleich leitete er gegen den unbequemen Pfarrer selbst ein Disziplinarverfahren ein, in dessen Begründung es hieß: »Während es seine Aufgabe war, die am Bußtag im Gottesdienst versammelte Gemeinde zur Buße zu rufen, verfiel er in eine heftige Polemik, die keineswegs auf die Kanzel gehörte. Diese Entgleisung wurde seitens der Kirchenleitung scharf missbilligt.«[11]

Vier Monate verbrachte Julius von Jan in Kirchheim in Polizeihaft. Darüber berichtet er in seinen Erinnerungen:

Am 27. März 1939 (nach viermonatiger Haft) wurde mir mitgeteilt: der Haftbefehl für mich sei aufgehoben durch Beschluss des Sondergerichts Stuttgart. Aber ich wurde nicht frei. Im Gefängnishof stand das Gefangenenauto der Gestapo und brachte mich in das Polizeigefängnis Stuttgart (Büchsenstraße) neben der Hospitalkirche, wo ich direkt der Gestapo unterstellt war, Fingerabdrücke von mir gemacht wurden, usw. Das Aufsichtspersonal dort war sehr streng, tastete mich aber nicht an. Eine Plage waren die Wanzen. Und das Schlimmste war für mich die Nachricht, dass meine Frau nach meiner Überführung in das Polizeigefängnis einen Nervenzusammenbruch erlitt und ins Tropengenesungsheim nach Tübingen gebracht werden musste. Dazu kam, dass mein Zellenkamerad, ein vornehmer Engländer, täglich furchtbare Verhöre vor der Gestapo durchmachen musste und jedes Mal so verstört und verzweifelt in die Zelle zurückkam, dass ich Mühe hatte, ihn an der Ausführung seiner Selbstmordabsichten zu hindern. Man legte ihn nach einigen Tagen in eine Einzelzelle, wo er sich prompt das Leben nahm. Meine Hoffnung auf Freiheit war sehr klein geworden, aber es wurde viel für uns gebetet. Da verfügte zu meiner großen Überraschung die Gestapo Stuttgart am 13. April 1939 meine Entlassung und auf 15. April 1939 meine Ausweisung aus Württemberg-Hohenzollern mit der Auflage, dass ich mich am neuen Niederlassungs-Ort unter Vorlegung dieser Verfügung polizeilich zu melden und diesen Niederlassungs-Ort der Gestapoleitstelle Stuttgart unverzüglich anzuzeigen habe.

Wer einmal zwischen die Mahlsteine von Justiz und Polizei geraten war, kam nur noch schwer daraus frei. Die Entlassung aus der Haft bedeutete keineswegs Sicherheit vor weiterer Verfolgung. Zu den unberechenbaren Schrecken des Systems gehörte die Gestapo mit ihrem Gewaltapparat. Sie nahm mitunter die Entlassenen schon am Gefängnistor in Empfang. Ob sie es dann bei Einschüchterungen beließ oder die Betreffenden in ein Konzentrationslager überwies, war schwer vorauszusehen. Julius von Jan blieb zwar einstweilen von der Gestapo verschont, wurde aber unvermittelt Anfang November zu einer Verhandlung vor das Sondergericht Stuttgart vorgeladen, wo er am 15. November 1939 wegen eines Vergehens gegen das »Heimtückegesetz« – ein spezielles NS-Gesetz, mit dem kritische Äußerungen gegen das Regime oder die Partei kriminalisiert werden konnten – und eines Vergehens gegen den Kanzelparagraphen [12] angeklagt wurde. Die Richter verurteilten ihn zu einer Gefängnisstrafe von sechzehn Monaten, die bereits verbürgten vier Monate Haft wurden angerechnet.

Den couragierten Oberlenninger Pfarrer hat Theodor Roller weder in der kurzen gemeinsamen Haftzeit in der Büchsenstraße noch in späterer Zeit kennengelernt, doch wie von Jan erlebte auch er das Ineinandergreifen von »Schutzhaft« der Gestapo einerseits und Untersuchungshaft der Justiz andererseits. Und genauso erlitt er die Strafverfolgung wegen Vergehens gegen das »Heimtückegesetz« und die Anklage vor dem Sondergericht Stuttgart.

Hungerstreik in der Untersuchungshaft

Am 21. März 1939 schreibt Theodor Roller aus seiner Haft einen Brief an seine Mutter. Lapidar, so scheint es, teilt er ihr mit: »Daß Dein Sohn hier sein muß, tut mir Deinethalben leid. Machen kann man deshalb nichts.« Das Briefformular, ein amtlicher Vordruck, enthält freilich auch allerhand Kleingedrucktes, in dem die Untersuchungshäftlinge unter anderem den Hinweis finden: »Nie von der Strafsache schreiben, sonst wird der Brief nicht weiterbefördert.«

Da der junge Buchhalter nichts bei sich hat als das, was er bei seiner Festnahme trug, bittet er seine Mutter, einige nützliche Utensilien in einem Koffer nach Stuttgart zu schicken, und man irrt gewiss nicht in der Annahme, dass er die Liste zumindest grob nach Wichtigkeit geordnet hat: »1. Taschenbibel (i. schwarzem Karton), 2. Heft: »Kein Tag ohne Gottes Wort«, 3. Liederbuch »Der helle Ton«, 3. Trainings-Anzug (Hose + Bluse), 4. Hausschuhe, 5. Socken (einige Paar), 6. Hemden, 7. Waschlappen, 8. Kamm, 9. Zahnbürste + Pasta.«

Mehr als einen Brief wöchentlich darf man nicht ver-

9. 10 39.

Untersuchungsgefängnis Stuttgart.

Absender: *Theodor Roller*

Anschrift des Empfängers: *Frau Emma Roller*
Tübingen, Gartengasse 7

Man beachte:

1. **Besuche:** Nur Dienstags bis Samstags jeweils vormittags 8 — 11.30 Uhr, sonst ausgeschlossen. Zugelassen: nur nächste Angehörige; sonstige Personen nur in dringenden geschäftlichen Angelegenheiten. Jeweils nur 1 Person.

Zugelassen werden: Kinder oder Personen des anderen Geschlechts, die in keinem Angehörigenverhältnis stehen. Erteilung der Besuchserlaubnis schriftlich: bei Untersuchungsgefangenen durch den zuständigen Richter, bei Strafgefangenen durch den Gefängnisvorstand. Sofern nicht ein Richter beim Amtsgericht Stuttgart-Bad Cannstatt zuständig ist, sind sämtliche Besuchserlaubnisse in Stuttgart zu holen.

Besuche dürfen erhalten: Untersuchungsgefangene einmal wöchentlich; Strafgefangene nur bei Strafen von mindestens 4 Wochen und dann nur alle 4 Wochen einmal.

Wer durch unwahre Angaben eine Besuchserlaubnis erschleicht, oder bei Besuchen zu schmuggeln versucht, hat Festnahme und Strafverfolgung zu gewärtigen.

2. **Schreiberlaubnis:** für Untersuchungsgefangene einmal die Woche, für Strafgefangene alle 4 Wochen einmal. An Untersuchungsgefangene darf nur einmal die Woche, an Strafgefangene nur alle 4 Wochen einmal geschrieben werden. Etwa weiter eingehende Briefe werden entweder nicht angenommen oder zu den Effekten gebracht. Ansichtskarten und dergl. werden nicht ausgehändigt. Keine Briefmarken oder Banknoten in die Briefe legen! Haftung bei Abhandenkommen wird abgelehnt.

3. **Abgegeben werden darf nur: Geld und Wäsche.** Nicht hereingenommen werden: Lebensmittel, Rauchwaren, Kleider, sowie gewisse Gebrauchsgegenstände wie Spiegel, Zahnbürsten, Seifen, Schuhcreme und dergl. Wer Geld hat, kann sich durch das Gefängnis das Benötigte anschaffen.

4. **Wäscheabgabe:** nur zu den Besuchszeiten (s. oben). Dem Wäschepaket ist ein genaues Inhaltsverzeichnis beizulegen. Etwa in den Wäschepaketen enthaltene Lebensmittel werden in der Gefängnisküche verwendet.

Stuttgart, den 9. Oktober 19 39.

Liebe Mutter!

Ich bitte dich, mir zu senden:

1 Unterhose f. Winter,

1 Paar (zu meinem grünen
Trainingsanzug passende)
Sportstrümpfe (nicht halblang)

Ausschnitt aus einem Brief, den Theodor Roller am 9. Oktober 1939 an seine Mutter schickt.

schicken. Roller schreibt erst wieder am 10. April, nun aus dem Polizeigefängnis in Bad Cannstatt. Bis dahin ist er zunächst in das Gefängnis in der Stuttgarter Weimarstraße gebracht und von dort an einigen Tagen zur Vernehmung ins Gestapohauptquartier der Stadt, das berüchtigte »Hotel Silber«, geführt worden. »Die Behandlung durch die Gestapo war (dem scharfen Ton meinem Brief entsprechend), ohne dass ich körperlich misshandelt worden wäre, drohend«, berichtet Roller Jahre später im Wiedergutmachungsverfahren.[13] Es folgt, aufgrund eines Haftbefehls des Amtsgerichts Stuttgart wegen Verdachts der persönlichen Beleidigung des »Führers« (§ 185 RStGB)[14], die Überweisung in das Untersuchungsgefängnis in der Urbanstraße 18a, sodann in das Untersuchungsgefängnis in Bad Cannstatt. »Den erbetenen Koffer mit Wäsche habe ich erhalten«, bestätigt er dankend seiner Mutter. Er ordnet schriftlich seine finanziellen Angelegenheiten, gibt dazu noch einige Anweisungen (»Es wäre mir angenehm, wenn Du mir bald Nachricht gäbst, dass alles erledigt ist«) und bilanziert, dass durch die Verhaftung »weder mein Betrieb noch Du geschädigt« seien. Die wenigen Zeilen, ohne Anrede abgesendet, sind betont unterkühlt gehalten. Ihn verdrießt, dass seine Mutter ihm vorgeworfen hat, seinen Arbeitsplatz aufs Spiel gesetzt zu haben. »Ich kann deshalb Deine Schreiberei wegen ›Unglück‹ usw. nicht begreifen!«, hält er ihr vor.

Die Einzelheiten erinnert Roller nicht mehr. Doch kann man aus der Korrespondenz schließen, dass seine resolute Mutter ans Gericht geschrieben und einen Krankenschein beigefügt hat. Bei seinen Vernehmungen ist ihm dieser Brief anscheinend vorgezeigt worden. Vermutlich hatte seine Mutter gegen seinen Willen versucht, mit einem nervenärztlichen Attest seine Freilassung zu bewirken. »Zur Aufklärung« hält er ihr deshalb entgegen: »Ich bin gesund, was ärztlich festgestellt wurde.« Dabei bezieht er sich auf eine erste Untersuchung durch den Stuttgarter Gerichtsarzt Dr. Jauch, der zu dem Befund kam, dass Roller weder unzurechnungsfähig noch vermindert zurechnungsfähig sei.[15]

Von dieser Beurteilung hat Roller offenbar Kenntnis erhalten, vielleicht ist sie ihm auch mitgeteilt worden. Am Ende seines Briefes an die Mutter gibt er sich dann doch noch als der höfliche Sohn: »Zu Deinem Geburtstag nachträglich noch meine Glückwünsche.«

Auf sein schroffes Schreiben bleibt die Antwort seiner Mutter aus, was Roller mit der nächsten Post zwei Wochen später moniert. Diesmal bittet er, wieder ohne Anrede, dringend um Geld, das er als Zusatz für Nahrungsmittel benötige. Die Begründung, die er angibt, wird von der Briefzensur unleserlich gemacht. Nach dem Krieg fügt Roller sie handschriftlich am Rand wieder hinzu: »Das Essen vom Gefängnis reicht nicht.« Nahe Angehörige dürfen Untersuchungshäftlinge nach Genehmigung des zuständigen Richters einmal pro Woche besuchen. Emma Roller wird jedoch Mitte Mai 1939 von ihrem Sohn angewiesen: »In Deinem u. meinem Interesse bitte ich Dich, von einem Besuch abzusehen. Das möchte ich <u>grundsätzlich</u> betonen!«

Anfang Juli stimmt Roller einen versöhnlicheren Ton an, beginnt seinen Brief erstmals mit der Anrede »Liebe Mutter«. Sie brauche sich, erklärt er, nicht um ihn zu sorgen (»Das ist völlig unnötig«), denn: »Mir geht es, um Deine Frage zu beantworten, gut.« Er berichtet, dass er »Gelegenheit u. Zeit genug« habe, um in sich zu gehen und über sein Leben Rechenschaft abzulegen. Wohl nicht erst aufgrund der Umstände seiner Haft, nun aber durch die Einsamkeit in seiner Zelle verstärkt dazu getrieben, ist er mit sich und seinem Leben ins Reine gekommen – auch was die Folgen seines Schicksals angeht, ohne den von ihm vermissten Vater aufgewachsen zu sein. »Der Riß, den ich durch das Drama Eurer Scheidung tragen mußte, ist in mir durch die Gnade eines Höheren, dem Ihr mich durch die Taufe versprochen habt u. dem ich bewußt dienen will, gelöst.« Es soll vorerst der letzte Brief sein, hat er beschlossen, auch im Bewusstsein des Umstands, dass alle Korrespondenz kontrolliert wird: »Ich bitte Dich, von jetzt an nicht mehr an mich zu schreiben. Auch ich werde nicht mehr an Dich schreiben. Ausgenommen hiervon sind natürlich dringende Gründe. Wir wollen unsere Familien-Angelegenheiten für uns behalten. Ich kann warten, bis meine Zeit hier um ist u. dann kommt, so Gott will, einmal der Tag, wo ich wieder frei bin.«

Auf diesen Tag wird Theodor Roller allerdings noch lange warten müssen.

Weitere Briefe enthalten nur die nötigsten Angaben. Mal bittet er um »etwas Geld für Zehren«, also für zusätzliche Verpflegung, mal teilt er seiner Mutter mit, er sei ins Untersuchungsgefängnis in der Stuttgarter Urbanstraße zurückverlegt worden. Dorthin wird Roller nach der Ankündigung eines Hungerstreiks gebracht, mit dem er dagegen protestieren will, dass sein Verfahren nicht vorangeht. »Deshalb wurde ich am 5. August 1939 wieder in das Untersuchungsgefängnis Stuttgart verbracht, wo ich dann einen zweitägigen Hungerstreik durchführte, ihn aber leider beenden musste, da man mir sonst mit künstlicher Ernährung gedroht hatte.«[16] Fortan wird Roller tagsüber mit Drahtflechten beschäftigt, erwähnt er in einem Brief. So ziehen die Wochen dahin, und im Herbst stößt Emma Roller in einem Brief ihres Sohnes auf eine Andeutung, dass die Haft noch länger andauern wird: Er bittet, »1 Unterhose f. Winter« zu schicken.

Nach über einem halben Jahr Freiheitsentzug beginnt die Untersuchungshaft, seine Kräfte zu mindern. Es gibt nicht immer genug zu essen (»Mein Geld ist wieder auf etwas über eine Mark zusammengeschmolzen«), und Heimweh erfasst ihn: »Wie geht es Euch allen? Ist die Großmutter gesund? Was machen Lore u. Mann u. Söhnchen, Hilde u. Ernst? Hermann wird nun, im Krieg, als Arbeitskraft sehr begehrt sein – oder hat er sich ›pensioniert‹? – Lebt der gute Troll noch u. die Mietze? Mein Kamerad G. Burkhardt wird wohl nicht mehr dort, wohl an der Front sein? Ist Dir etwas von ihm bekannt? Ich wäre Dir dankbar, wenn Du mir hierauf kurz Antwort geben würdest.«

Am 5. Dezember 1939 gibt er der Sehnsucht nach einem näheren Kontakt nach und bittet seine Mutter, ihn nun doch zu besuchen. Eine ausführliche Wunschliste erhellt, wie sehr ihm daran liegt, nach außen hin Haltung und Würde zu bewahren:

Ich möchte meinen Anzug wechseln. Als Ersatz denke ich [an] meinen grünen Kittel. Er ist von dem Anzug, den wir im Herbst 1934 bei Fa. Brillinger gekauft haben. Dazu die weiß gestreifte schwarze Hose, die ich einst, für sich, bei Fa. Bleckmann kaufte. Dann benötige ich neue Hosenträger. Als ich im März fortkam, besaß ich noch ein Paar Neue im Spiegelschrank. Um die bitte ich. Meine Stiefel sind auch durch. Sie müssen gesohlt werden. Der Anstalt fehlt es an Leder, sonst hätte ich sie hier machen lassen können. Als Ersatz kämen die Halbschuhe mit den Lederkappen vorne in Frage. Einer davon hat vorne eine aufgeriebene Stelle. Vielleicht kannst Du das noch machen lassen. – Meine Hausschuhe sind, nachdem ich sie ein paar Mal geflickt habe, nun auch erledigt. Ich wäre Dir dankbar, wenn Du mir ein Paar Neue beschaffen könntest. Die Alten habe ich um 2,50 bei K. Frauendiener gekauft. Diese sind gut u. genügen.

Ich wiederhole also nochmal: Hose – Kittel – Hosenträ-
ger – Halbschuhe – Hausschuhe.

Wir haben nun eine andere Arbeit erhalten: Perldeck-
chen anfertigen nach Mustervorlagen. Eine nette Abwechs-
lung.

Die Anstalt ermöglicht uns den Kauf von Äpfeln, was wir
sehr begrüßen. –

Wenn Du willst, kannst Du mir die gewünschten Sachen
persönlich hierher bringen. Du mußt nur vorher bei meinem
zuständigen Richter, Herrn Amtsger'Rat Eisele, die Besuchs-
erlaubnis einholen.

Ich bitte Dich um baldige Erledigung.

Doch aus dem Besuch wird nichts, denn dies ist der letzte
Brief aus Stuttgart. Theodor Roller kehrt nach Tübingen
zurück, allerdings nicht als freier Mann, sondern auf Beschluss des Sondergerichts Stuttgart. Am 1. Dezember 1939
überweist ihn Staatsanwalt Wacker »auf die Dauer von
höchstens 6 Wochen zur Vorbereitung eines Gutachtens
über seinen Geisteszustand« in die Tübinger Nervenklinik.
Es geht um mehr. »Ich bitte vor allem die Frage der dauern-
den Einweisung zu prüfen«, präzisiert Wacker den Auftrag
an den Psychiater.

»Dauernde Unschädlichmachung des Roller«

Derweil Theodor Roller ungeduldig auf den Fortgang des
Verfahrens wartet, nimmt es im Hintergrund bereits Ge-
stalt an, geräuschlos, effektiv. Eine Akte wird angelegt mit

der Nummer SG. Nr. 333/1939. SG für Sondergericht. Das 333. Verfahren im Jahr 1939. Die »Anzeigesache« gegen den vierundzwanzigjährigen Theodor Roller, »z. Zt. im Gerichtsgefängnis Stuttgart in Untersuchungshaft wegen Verg. gg. d. Heimtückegesetz u. a.«, liegt Mitte August 1939 auf dem Tisch von Oberstaatsanwalt Hermann Bäuchlen. Die Anklagebehörde beim Stuttgarter Sondergericht, für die er tätig ist, hat ihre Geschäftsräume in der Urbanstraße 18. Allem Anschein nach hat Roller mit seinem zweitägigen Hungerstreik nebenan in der Urbanstraße 18a zu einer Beschleunigung des Geschäftsgangs seiner Angelegenheit beigetragen. Ob der Oberstaatsanwalt Bäuchlen selbst den gesetzlich vorgeschriebenen Bericht für den Reichsminister der Justiz fertigt – oder ein untergeordneter Staatsanwalt, und Bäuchlen nur der Form halber unterschreibt –, muss dahingestellt bleiben. Jedenfalls schickt seine Behörde die Ermittlungsakten samt Beilagen am 15. August 1939 »zwecks Entschliessung über die Anordnung der Strafverfolgung« auf dem Dienstweg an die Stuttgarter Generalstaatsanwaltschaft, die ihn dann nach Berlin weiterleitet.

Dieser Umweg in einem Strafverfahren ist neu und betrifft Verstöße gegen das »Heimtückegesetz« in seiner Fassung vom 20. Dezember 1934. Das »Gesetz gegen heimtückische Angriffe auf Staat und Partei und zum Schutz der Parteiuniformen«, so die exakte Bezeichnung, stellte im Paragraph 1 »unwahre oder gröblich entstellte« Tatsachenbehauptungen unter Strafe (bis zu zwei Jahren Gefängnis).

Im Paragraph 2 ging es um Werturteile. Mit einer – im Gesetzestext unbestimmten – Gefängnisstrafe wurde jedem gedroht, der »öffentlich gehässige, hetzerische oder von niedriger Gesinnung zeugende Äußerungen über leitende Persönlichkeiten des Staates oder der NSDAP, über ihre Anordnungen oder die von ihnen geschaffenen Einrichtungen macht, die geeignet sind, das Vertrauen zur politischen Führung zu untergraben«. Wie umfassend die Meinungsfreiheit damit eingeschränkt wird, ergibt sich daraus, dass auch »nichtöffentliche böswillige Äußerungen« gleich streng geahndet werden konnten, »wenn der Täter damit rechnet oder damit rechnen muß, daß die Äußerung in die Öffentlichkeit dringen werde«.[17] Im Paragraph 3 ging es um den Missbrauch von Parteiuniformen und Parteiabzeichen.

Um der Flut von Denunziationen und Strafanzeigen wegen missliebiger Kommentare über den Staat und sein Führungspersonal Herr zu werden, übte die Staatsanwaltschaft eine Filterfunktion aus. Die Fälle, die sie für strafwürdig hielt, sollten mit dem Reichsjustizministerium abgestimmt werden, was auch dem Zweck diente, bei den Anklageschriften eine gewisse Vereinheitlichung zu erzielen. Vollends jenseits aller rechtsstaatlichen Konventionen lag die Praxis, darüber hinaus auf dem Dienstweg noch eine Stellungnahme der Parteikanzlei einzuholen.

Oberstaatsanwalt Bäuchlen berichtet nach Berlin, dass Theodor Roller an seinem Standpunkt festhalte. Der Beschuldigte räume lediglich ein, er habe sich »im Ausdruck vergriffen«. Zwar betrachte er den »Führer« als Lügner und Volksschädling, doch habe er ihn nicht persönlich beleidigen wollen. »Ein Feind der politischen Führung des Dritten Reiches sei er nicht, nur ein Feind der nationalsozialistischen Weltanschauung.«[18]

In rechtlicher Würdigung des Falls schreibt Bäuchlen: »Der Brief vom 11.2.39 enthält unerhörte Beschimpfungen des Führers. Es ist – wie der Haftbefehl des Amtsgerichts Stuttgart annimmt – der Tatbestand der persönlichen Be-

leidigung des Führers im Sinn des § 185 RStGB. erfüllt, da
§ 94 Abs. 2 RStGB. mangels Öffentlichkeit ausscheidet. Es
steht aber auch ein Vergehen gegen § 2 Abs. 2 des Heimtückegesetzes in Frage, insofern der Besch. wusste, dass der
Brief bei seiner kanzleimässigen Bearbeitung in verschiedene Hände kommen werde und da er zweifellos wollte,
dass seine Äusserungen auch auf dritte Personen wirken
sollten, insbesondere auch bei der Weiterleitung an den
Herrn Reichsminister für die kirchlichen Angelegenheiten,
was er wohl auch bei diesem Brief erwartete. Er muss also
mindestens damit rechnen, dass seine gemeinen Äusserungen irgendwie in die Öffentlichkeit dringen werden.«

Während der Oberstaatsanwalt keinerlei strafrechtliche
Bedenken gegen Rollers ersten Brief vom 25. Januar 1939
vorbringt, bewertete er auch dessen Brief an den Onkel in
den USA. Den hält er zwar im Ton für gemäßigter, gleichwohl erscheint ihm »der Tatbestand der Beleidigung und
in erster Linie eines Vergehens gegen § 2 Abs. 2. H. G.
[Heimtückegesetz] erfüllt«. Bäuchlen erwähnt, dass Roller
während seines Verfahrens vor dem Kriegsgericht im Jahr
zuvor psychiatrisch untersucht und jetzt in der Haft dem
Gerichtsarzt vorgeführt worden ist. Von diesem werde Roller indes »nur als ein verbohrter, sturer, religiöser Fanatiker
angesehen«, aber als ein Mann von »guter Intelligenz«, bei
dem laut Gutachten vom 12. Juli 1939 eine Unzurechnungs-
fähigkeit gemäß Paragraph 51 Absatz 1 oder Absatz 2 aus-
scheide. Diesem Befund des Gerichtsarztes widerspricht
Oberstaatsanwalt Bäuchlen in seinem Bericht. Er glaubt,
»dass möglicherweise die Voraussetzungen des § 51 Abs. 2
RStGB gegeben« seien, dass also eine verminderte Zurechnungsfähigkeit nicht ausgeschlossen werden könne. »In
diesem Fall käme gemäss § 42b RStGB. die Anordnung der

Unterbringung in eine Heil- oder Pflegeanstalt in Frage. Dass Roller sobald er könnte, fortfahren würde, seinen gefährlichen und rabiaten Überzeugungen Ausdruck zu geben, ist bestimmt anzunehmen.«[19] Nebenbei erwähnt Bäuchlen noch »hochverräterische Stellen« in der bei Roller beschlagnahmten Aufsatz- und Gedichtsammlung. Als Beleg zitiert er den Satz »So ist der Untergang des 3. Reiches eine Frage der Zeit« und die Zeile »Fege den Tyrann von seinem Thron, den er sich feig erschlichen«.

Zwei Tage später, am 17. August 1939, geht dieser Bericht bei der Generalstaatsanwaltschaft in Stuttgart ein. Generalstaatsanwalt Weber gibt der Einschätzung des Oberstaatsanwalts noch zusätzlichen Nachdruck: »Die Pamphlete des Beschuldigten stellen den Gipfelpunkt dar, was mir an persönlichen Beschimpfungen des Führers durch einen Reichsangehörigen bekannt geworden ist.« Auch Weber befürwortet eine Strafverfolgung gemäß dem Heimtückegesetz. Er ist überzeugt, »wenigstens die Voraussetzungen des § 51 Abs. 2 RStGB« seien erfüllt. »Damit wäre die Grundlage für die Einleitung eines Verfahrens nach § 42b RStGB. [Einweisung in die Heilanstalt] gegeben, dessen Durchführung die dringend gebotene Unschädlichmachung des Beschuldigten ermöglichen würde.«[20]

In Berlin treffen die Unterlagen aus Stuttgart am 26. August 1939 ein. Zuständig im Reichsjustizministerium ist Ministerialrat Gustav Mitzschke, der sich darauf beschränkt, zu ermitteln, auf welchem Weg Rollers Briefe an die Justiz gelangt sind. Dann leitet er die Akten an den Sachbearbeiter Mielke vom Generalreferat weiter, der nach Prüfung der Dokumente empfiehlt, zunächst mit der Reichskanzlei »Fühlung zu nehmen zur Klärung, ob sie etwa eine Strafverfolgung für unerwünscht hält«. Hintergrund dieser

Berlin W8., den 10. Oktober 1939
Voßstraße 4
Fernruf: Ortsverkehr 12 00 54
Fernverkehr 12 66 21

Kanzlei des Führers
der NSDAP.

Amt für Gnadensachen

Aktenzeichen: III h - 19411
Bl.

An den
Herrn Reichsminister der Justiz

B e r l i n W. 8.
Wilhelmstr. 65.

Reichsjustizministerium
14. OKT. 1939
Abt.

Betr.: Gnadensache Theodor Roller, Tübingen, Hafengasse 7.

I.Z.: III g 13 1363/39 vom 12. 9. 1939.

In der Anlage reiche ich die mir übersandten Akten nach Einsichtnahme zurück.

In Übereinstimmung mit dem Generalstaatsanwalt bin ich der Auffassung, daß die Durchführung des Verfahrens gegen Roller unbedingt geboten ist. Roller kann sich nicht darauf berufen, daß ihm ein Schreiben an den Führer keinen Schaden bringen darf, da er sich nicht in irgendwelchen wirklichen oder vermeintlichen Nöten dem Führer anvertraut hat, sondern sich lediglich an den Führer gewandt hat, um ihn mit Beleidigungen zu überschütten.

Die dauernde Unschädlichmachung des Roller ist dringend geboten.

Heil Hitler!
Im Auftrage

Reichsstellenleiter.

Anlagen:
3 Bde. Akten
1 Diarium.

III g 13 1363 39 3 Hefte, 1 Notizbuch, 1 Rückständestelle, 1 Umschlag.

Bericht des Reichsstellenleiters Menschell in der Strafsache gegen Theodor Roller.

Überlegungen ist möglicherweise Rollers frühe Mitgliedschaft in der Hitlerjugend.

Am 12. September 1939 sendet Mitzschke die Unterlagen mit der Bitte um Stellungnahme an die Kanzlei des
Führers der NSDAP, wo sie fünf Tage später mit einem
Eingangsstempel versehen werden. Am 14. Oktober 1939
kommen sie von dort zurück, unterschrieben von Wolf-
gang Menschell, Reichsstellenleiter des Amts für Gnadensachen in der Kanzlei des Führers der NSDAP. Nicht im
Entferntesten sieht man dort Anlass, den Fall in einem mil-
deren Licht zu betrachten, im Gegenteil: »In Übereinstimmung mit dem Generalstaatsanwalt bin ich der Auffassung,
daß die Durchführung des Verfahrens gegen Roller unbedingt geboten ist. Roller kann sich nicht darauf berufen,
daß ihm ein Schreiben an den Führer keinen Schaden bringen darf, da er sich nicht in irgendwelchen wirklichen oder
vermeintlichen Nöten dem Führer anvertraut hat, sondern
sich lediglich an den Führer gewandt hat, um ihn mit Beleidigungen zu überschütten. Die dauernde Unschädlichmachung des Roller ist dringend geboten.«[21]

Zusammen mit einer Abschrift von Menschells Bescheid
schickt Mitzschke die Akten am 28. Oktober 1939 wieder
nach Stuttgart zu Generalstaatsanwalt Weber. Zugleich
ordnet er Strafverfolgung gemäß Paragraph 2 des Heimtückegesetzes an. Ein Verstoß gegen Paragraph 134 b RStGB,
wie es das Amtsgericht Stuttgart erwogen hatte, wird ausgeschlossen. Ein Durchschlag der Anordnung geht an
Oberstaatsanwalt Bäuchlen.[22]

Auf dieser Grundlage reicht der Stuttgarter Staatsanwalt Wendling am 11. November 1939 beim Vorsitzenden
des Sondergerichts Stuttgart die Anklageschrift gegen Roller ein. Sie legt ihm zur Last, er »habe in 3 rechtlich selb-

ständigen Handlungen gehässige, hetzerische und von niedriger Gesinnung zeugende Äußerungen über leitende Persönlichkeiten des Staates und der NSDAP, deren Anordnungen und die von ihnen geschaffenen Einrichtungen gemacht, die geeignet sind, das Vertrauen des Volkes zur politischen Führung zu untergraben, wobei er damit rechnen mußte, daß diese Äußerungen in die Öffentlichkeit dringen werden«. Darauf folgt wörtlich der Text, den Oberstaatsanwalt Bäuchlen dem Reichsjustizministerium vorgelegt hatte.

Psychiatrischer Befund: »In jeder Hinsicht normal«

Am Nachmittag des 11. Dezember 1939 sieht Theodor Roller Tübingen wieder. Von der Nervenklinik aus kann er auf die Altstadt hinunterschauen, seinen Lebensmittelpunkt, dem er auf so sonderbare Weise entrückt ist. Der gegen Roller erlassene Haftbefehl des Sondergerichts besteht weiterhin, in den Klinikakten hingegen wird er aber als Patient geführt. »Pat. kam nachmittags in den C-Saal, verhielt sich ruhig u. geordnet«, lautet der erste Eintrag im Krankenblatt. Roller passt sich schnell an die neue Umgebung an. »Hilft beim Bastschuh machen«, »ist immer anständig«, »ist ordentlich und fleißig«, »hilft im Saal mit«, notieren die Pfleger. Über die Nächte heißt es durchweg: »Pat. schlief gut« oder »Pat. schlief ordentlich«.[23]

Aus dem gleichförmigen Einerlei des Klinikalltags ragt der 21. Dezember heraus. »Pat. [...] hatte mittags Besuch von seiner Mutter, unterhielt sich mit ihr.« Obwohl zehn

Monate seit Rollers Verhaftung vergangen sind und er in dieser Zeit keine vertrauten Personen getroffen hat, wühlt ihn das Treffen offenbar nicht sonderlich auf. In der Nacht vorher wie in der Nacht danach heißt es: »Pat. schlief gut.« Nur Weihnachten beinflusst ihn nachhaltig. Der Eintrag im Krankenblatt vom 25. Dezember lautet: »Pat. ist heute heiterer Stimmung, spricht mehr, spricht auch öfters über Politik, sonst überall hilfsbereit.« Und am Neujahrstag 1940 heißt es: »Pat. ist ruhig, zufrieden u. hilfsbereit.« Zwei weitere Male hat er Besuch, am 9. Januar (ohne nähere Angabe, von wem) und am 15. Januar von seiner Mutter.

Auch nach seiner Entlassung aus der Nervenklinik bleibt Roller in Tübingen. »Am 20. Jan. wurde ich in das Amtsgerichtsgefängnis hier gebracht, wo ich mich bis heute noch befinde«, schreibt er am 2. Februar an seine Mutter und erteilt ihr neue Aufträge:

Die restlichen Kleider usw. wirst Du inzwischen in der Nervenklinik geholt haben.
Ich bitte Dich, mir frische Wäsche zu bringen:
1 warme Unterhose
1 Hemd u.
1 Paar dicke Socken mit Sockenhaltern.
Ein paar Mark bringe bitte auch mit.
Kannst Du auch eine Seife mit Waschlappen besorgen?

Inzwischen hat der mit dem fachärztlichen Gutachten befasste Psychiater Dr. Wilhelm Ederle seinen Auftrag beendet. Er ist der Ansicht, dass bei Roller »eine geistige Störung nicht vorliegt«. Dabei stützt sich Ederle auf eigene Explorationen sowie auf frühere Begutachtungen Rollers nach dessen verweigertem Fahneneid, jedoch widerspricht er größtenteils den Schlussfolgerungen der bayerischen Kollegen.

Ederles Argumentation erscheint schlüssig und nachvollziehbar. Roller sei, hebt er hervor, durch die Scheidung seiner Eltern, die er als kleines Kind erlebt habe, nachhaltig geprägt worden. Der nachdenkliche, träumerische Junge habe zwar Kontakt zu seinem gut sechzig Kilometer entfernt lebenden Vater gehabt, doch sei die Beziehung zu ihm sehr oberflächlich geblieben und er fühle sich bis heute nicht von ihm verstanden. Zur alleinerziehenden Mutter, bei der er bis zu seiner Verhaftung gelebt habe, bestehe eine intensive, allerdings ambivalente Gefühlshaltung. In einer längere Zeit anhaltenden Orientierungsphase nach der Pubertät sei er, hin- und hergerissen zwischen politisch-weltanschaulichen und religiösen Bindungen, auf der Suche gewesen, bestrebt, seinem Leben eine sinnvolle Richtung zu geben, und habe sich dabei auch wider besseres Wissen von seiner Mutter beeinflussen lassen. Wegen des sich zuspitzenden seelischen Konflikts sei er 1936 und 1937 hin und wieder zur ambulanten Beratung in der Universitätsnervenklinik erschienen, doch habe der behandelnde Arzt »in diagnostischer Hinsicht noch kein klares Bild« gewinnen können und »zwischen der Diagnose einer schizophrenen Erkrankung und einer psychopathischen Reaktion« geschwankt. Soweit ihm Rollers Lebensgeschichte bekannt sei, so Ederle, fehle »jeder sichere pathologische Einschlag«. Und: »Es besteht kein zwingender Anhaltspunkt, diese damalige Erlebnisphase anders als eine allerdings stark konfliktbetonte innere Krise eines von religiösen und weltanschaulichen Zweifeln befallenen Menschen zu betrachten.«

Mit dieser Einordnung des Lebensweges seines Klienten deutet der Tübinger Psychiater, anders als seine Münchner Kollegen, die Verweigerung des Fahneneids nicht als Symptom einer Prozessschizophrenie, sondern als Ausdruck einer schon früher entwickelten Haltung. Dies zumal, weil weder während der Behandlung 1936/37 noch während der Aufenthalte im Standortlazarett und in der Münchner Psychiatrischen Klinik eindeutige Anzeichen von Schizophrenie festgestellt worden seien. Die in den Münchner Gutachten beschriebenen Gefühlsschwankungen Rollers sieht Ederle in ihrem Kontext, darum wertet er sie eher als normal denn als pathologisch. »Dass R. damals erregt war, ist im Hinblick auf die Konsequenzen, die sich aus seiner Haltung für ihn ergaben, nicht abnorm. Er selbst erklärte hier, es sei keineswegs so, dass ihm die evt. Folgen einer Eidesverweigerung gleichgültig gewesen seien, er sei damals auch im Hinblick auf die möglichen Folgen, wobei er ein Todesurteil durchaus in Rechnung stellte, innerlich manchmal verzagt gewesen und habe sich durch Beten wieder aufrichten wollen. Auch dass er, wie es in dem Krankenblatt heisst, ›ausserordentlich stark von sich überzeugt‹ war, ist natürlich bei einem Menschen, der in vollem Bewusstsein sehr schwerwiegende Folgen für eine Handlung auf sich nimmt, nicht besonders verwunderlich.«

Die Argumentation des Tübinger Psychiaters legt nahe, dass er die medizinischen Schlüsse seiner Münchner Kollegen für an den Haaren herbeigezogen hält. Auf der Suche nach verwertbaren Symptomen habe man sich auf eine »affektive Störung« konzentriert, doch die dafür genannten Belege seien »ziemlich verschwommen und nicht sehr charakteristisch«. Ederle: »Als besonderes Merkmal wird angeführt, dass er mit dem gleichen Affekt in fast einem Atemzug davon habe sprechen können, dass er Christus

treu bleibe, und sich gleich danach über das Essen habe be-
schweren können. R. selbst gibt dazu an, er habe damals
gar keine andere Möglichkeit gehabt, als seine Beschwerden bei der Visite vorzubringen, wo er oft gefragt worden
sei, ob er seine Meinung noch nicht geändert habe, und wo
er dann, ehe der Arzt sich einem anderen Patienten zuge-
wendet habe, eben notgedrungen auch nach einer solchen
Äusserung evt. Beschwerden habe vorbringen müssen. Er
erinnere sich noch sehr gut an diese seine Äusserung.«

Aus der Zusammenschau aller ihm vorliegenden Einzelheiten folgert Ederle, dass sich Theodor Roller »in vielen
Punkten als Anhänger der nationalsozialistischen Weltanschauung« betrachte und zunächst davon überzeugt gewesen sei, seine politische Haltung mit seinem religiösen
Standpunkt vereinen zu können, wenn er auch bereits damals geglaubt habe, dass er in einem krassen Gegensatz
zum Kurs der nationalsozialistischen Führung stehe. In
»subjektiver Überschätzung seiner Fähigkeiten« sei Roller
der Ansicht gewesen, einen entscheidenden Einfluss aus-
üben zu können. Aus dieser Selbstüberschätzung habe er
den Anspruch hergeleitet, dass Hitler die an ihn adressier-
ten Briefe auch persönlich beantworten würde. Nach dem
Verweis an eine andere Dienstbehörde habe er jedoch »aus
der rationalen Erkenntnis gehandelt [...], dass für ihn eben
jetzt nur noch eine glatte Absage möglich sei«. So habe
Roller einen Vergleich seines Verhaltens mit dem eines
Liebhabers, dessen immer und immer wieder einer Frau
gemachten Anträge nicht angenommen werden und dessen Liebe darauf in Hass umschlägt, entschieden zurück-
gewiesen. »Sicher ist jedenfalls«, schreibt Ederle, »dass
weder aus den Briefen [an Hitler] selbst noch aus den in
den letzten Jahren von ihm verfassten Gedichten, sei es

dem Inhalt oder der Form nach, auf eine schizophrene Denkstörung geschlossen werden kann.«

Unter körperlichen und neurologischen Gesichtspunkten, bewertet Ederle seinen Befund, sei Roller »in jeder Hinsicht normal«. Psychisch sei er »stets geordnet, orientiert« gewesen, »formale oder inhaltliche Denkstörungen« hätten nicht festgestellt werden können. »In affektiver Beziehung wirkte er kühl, selbstbewusst, war aber sonst in jeder Hinsicht unauffällig. Er hielt unbeirrbar an seinen religiösen Anschauungen fest. und jede Diskussion endete in der bei diesen Leuten bekannten dialektischen Spitzfindigkeit.«

Zumindest im Abstand von beinahe sieben Jahrzehnten hält man bei der abschließenden Charakterisierung Rollers in Ederles Gutachten verblüfft inne. »R. wirkt als ein verschrobener, schizoid kühler und innerlich unreifer Psychopath, eine Wesensanomalie, die man sehr häufig oder fast regelmässig bei den in fanatischer, unbeirrbarer und unbelehrbarer Weise irgendeinem bestimmten religiösen Bekenntnis oder einer Sekte anhängenden Menschen beobachtet.« Muss das nur für Sekten gelten? Handelt es sich nicht um ein weitverbreitetes, das enge Verständnis von Religiosität überschreitendes Phänomen, das auch die auf Hitler eingeschworene Gefolgschaft einschließt, insbesondere die fanatischen Eiferer in SA und SS?

Vom gerichtsärztlichen Standpunkt aus sieht Ederle keinen Grund, dem Angeklagten Paragraph 51, Absatz 1 oder 2 zuzubilligen. Aus seiner Sicht ist Roller keineswegs wegen Bewusstseinsstörung, wegen krankhaften Ausfalls der Geistestätigkeit oder wegen Geistesschwäche unfähig gewesen, das Unerlaubte der Tat einzusehen oder nach dieser Einsicht zu handeln (Paragraph 51,1) – auch nicht vorübergehend zum Zeitpunkt der Tat (Paragraph 51,2). Scharf und präzise pointiert Ederle abschließend, was ihm in dieser Konsequenz eigentlich nicht zusteht: »Ich gehe davon aus, dass Gegenstand der Anklage nicht seine religiös weltanschauliche Überzeugung ist, sondern die Tatsache, dass er diese Überzeugung in der von ihm gewählten Form geäussert hat.« Zwischen den Zeilen lässt sich angesichts dieser Zuspitzung herauslesen, dass Ederle genau davon nicht überzeugt ist, sondern vielmehr unterstellt, dass hier eine Überzeugung angeklagt ist und nicht eine Tat.

Der Eröffnung der mündlichen Hauptverhandlung gegen Theodor Roller vor dem Sondergericht Stuttgart steht nun nichts mehr im Wege. Gut eine Woche vor seinem fünfundzwanzigsten Geburtstag, am 22. Februar 1940, wird der Fall im Schwurgerichtssaal des Tübinger Landgerichts zur Verhandlung aufgerufen. Als Vorsitzender Richter amtiert Dr. Alfred Bohn, der stellvertretende Vorsitzende des Stuttgarter Sondergerichts.

Vor dem Sondergericht

Justiz im Ausnahmezustand

Sondergerichte sind keine Erfindung der Nationalsozialisten. Bereits im Herbst 1931 hatte Reichspräsident Paul von Hindenburg eine Notverordnung erlassen. Damit befugte er die Reichsregierung, zeitlich befristete Sondergerichte zu bilden, um politische Ausschreitungen zu bekämpfen. Zu einer dauerhaften Institution wurden sie erst durch einen Erlass vom 21. März 1933, der für jeden der sechsundzwanzig Oberlandesgerichtsbezirke ein Sondergericht bestimmte, und diesem wurde noch am selben Tag mit »Verordnung des Reichspräsidenten zur Abwehr heimtückischer Angriffe gegen die Regierung der nationalen Erhebung« (»Heimtückeverordnung«) sein künftiges Hauptbetätigungsfeld zugewiesen.

Jedes Sondergericht bildete eine Einheit aus sechs Richtern. Als Spruchkörper bestand es aus einem Vorsitzenden und zwei Beisitzern. Richter eines Sondergerichts sollten Berufsrichter des Landgerichtsbezirks sein, dem es unmittelbar zugeordnet war. Im Gegensatz zu den weisungsgebundenen Staatsanwälten, die die Anklagen vorbereiten mussten und ideologisch gefestigte Beamte sein sollten[1], scheint es keine spezifisch politische Richterauslese gegeben zu haben.[2] Die Dienstaufsicht hatte der zuständige Landgerichtspräsident. Diese äußere Struktur vermittelt auf den ersten, freilich nur oberflächlich bleibenden Blick den Eindruck einer Spezialstrafkammer des betreffenden Landgerichts, vergleichbar dem Schwurgericht.

Indes unterschieden sich die Verfahren an den Sondergerichten gravierend von denen der herkömmlichen Strafgerichte. Weder mussten die Haftbefehle von einem Richter ausgestellt werden, noch fand überhaupt eine gerichtliche Voruntersuchung statt. Die Staatsanwaltschaft konnte also allein dadurch, dass sie Anklage erhob, auch die Eröffnung der Hauptverhandlung herbeiführen. Nicht einmal Beweise mussten erbracht werden, falls das Sondergericht die Auffassung vertrat, dass dies für »die Aufklärung der Sache nicht erforderlich«[3] sei. Die Urteile traten mit ihrer Verkündung sofort in Kraft, Rechtsmittel dagegen konnten nur in wenigen Ausnahmefällen eingelegt werden.[4]

Allmählich vergrößerte der NS-Staat die Zahl der Sondergerichte und erweiterte auch deren Befugnisse. Nicht immer residierten sie in den Hauptstädten der Länder. Dem sächsischen Freiberg beispielsweise, einer Kommune von damals etwa 35 000 Einwohnern, war der größte Sondergerichtsbezirk im Deutschen Reich zugeordnet worden. Im Sondergericht Freiberg, zuständig für die gesamte Einwohnerschaft Sachsens, fiel so viel Arbeit an, dass dort 1936 eine zweite und 1937 eine dritte Kammer eingerichtet werden musste.[5] Im März 1940 wurde es aufgelöst, an seine Stelle traten nun Sondergerichte in Dresden, Leipzig und 1942 in Chemnitz.

Die Nationalsozialisten schufen die Sondergerichte als ein scharfes Instrument, um die freie Meinungsäußerung – durch die Weimarer Verfassung als Grundrecht verankert – zu unterdrücken. Mit der »Heimtückeverordnung« vom 21. März 1933 begann in der nationalsozialistischen Justiz eine Entwicklung, die sich im Wortlaut der Rechtsvorschriften allein noch nicht vollständig zu erkennen gibt, sondern meist erst durch die Auswertung der konkreten Rechtsprechung selbst.[6] Der Kanon der Zuständigkeiten wurde rasch erweitert. Bald gehörten Sprengstoff- und Giftanschläge dazu, spezielle Formen der Brandstiftung, Verstöße gegen Devisengesetze, Verbreitung staatsgefährdender Druckschriften, spektakuläre Kriminalfälle, verbotener Umgang mit Kriegsgefangenen, Verstöße gegen die Rassengesetze und dergleichen mehr.

Aus der Literatur ergibt sich eindeutig, dass Verstöße gegen das »Heimtückegesetz«, das am 20. Dezember 1934 die »Heimtückeverordnung« ablöste, zumindest quantitativ einen Schwerpunkt der Sondergerichtsbarkeit ausmachten. Unter den Strafzwecken stand Abschreckung an oberster Stelle, schnelle Verfahren hielt man für äußerst hilfreich. Die Nationalsozialisten wollten mit Straftätern »kurzen Prozess« machen.[7] Der Leiter der Strafrechtspflegeabteilung im preußischen Justizministerium definierte es als Aufgabe der Sondergerichte, »in Zeiten politischer Hochspannung durch schnelle und nachdrückliche Ausübung der Strafgewalt darauf hinzuwirken, daß unruhige Geister gewarnt oder beseitigt werden und daß der reibungslose Gang der Staatsmaschinerie nicht gestört wird«.[8] Auslegungen wie diese, zumal solche, die in der Zeitschrift *Deutsche Justiz* veröffentlicht wurden, einem zentralen Organ der Rechtspflege, wirkten auf das zeitgenössische Rechtsverständnis. Heutigen Lesern, die in einem Rechtsstaat leben, offenbaren sie ein grundsätzlich anderes Verständnis von Strafrecht. Im Mittelpunkt des Nazi-Staats stand die nach Kriterien der Rassenideologie definierte Volksgemeinschaft. »Gemeinschädliche« Individuen, zum

Beispiel Straftäter, durften an ihr nicht teilhaben. Sie sollten mit Hilfe des Strafrechts ausgesondert werden. Solchermaßen aus der Volksgemeinschaft ausgeschlossenen Personen stand damit auch kein Recht auf Resozialisierung zu, da sich nach verbreiteter Ansicht in ihrer Straftat ihre substanzielle Minderwertigkeit offenbare. Daraus schloss die einschlägige Justiz, dass nicht nur voll verantwortliche Straftäter – so die damalige Terminologie – »auszumerzen« seien, sondern auch alle, die entsprechend dem Paragraphen 51 des Strafgesetzbuches[9] schuldlos handelten. Somit hatte Strafe, im Sinne der herrschenden Ideologie, auch die Funktion von »Rassenhygiene«.[10]

Mit Beginn des Zweiten Weltkriegs übernahmen die Sondergerichte Zuständigkeiten der Strafkammern, und sie urteilten strenger. Sie entsprachen damit den zentralen Vorgaben aus Berlin, insbesondere auch der passend zum 1. September 1939 erlassenen »Vereinfachungsverordnung«, die es den Staatsanwaltschaften erlaubte, jedes Vergehen vor das Sondergericht zu bringen, wenn »durch die Tat die öffentliche Ordnung und Sicherheit besonders schwer gefährdet« wurde.[11] Eine Verschärfung vor allem des politischen Strafrechts bedeutete die am 26. August 1939 in Kraft getretene Kriegssonderstrafrechtsverordnung[12], deren Paragraph 5 den Straftatbestand »Zersetzung der Wehrkraft« einführte und dafür schlimmstenfalls die Todesstrafe androhte. In minder schweren Fällen konnten auch Zuchthaus- oder Gefängnisstrafen verhängt werden. Laut dieser Verordnung schwächte jemand die Wehrkraft, der beispielsweise »öffentlich den Willen des deutschen oder verbündeten Volkes zur wehrhaften Selbstbehauptung zu lähmen oder zu zersetzen sucht«. Entsprechend inkriminierte Äußerungen konnten Staatsanwälte und Sonderrichter aufgrund der ungenauen Abgrenzung entweder als »wehrkraftzersetzend« im Sinne des Paragraphen 5 der Kriegssonderstrafrechtsverordnung oder als »staatsabträgliche« Bekundung nach Paragraph 2 des »Heimtückegesetzes« bewerten.[13] Der auf diese Weise entstandene Ermessensspielraum konnte für die Betroffenen gravierende Folgen haben.

Während einer Tagung aller Sondergerichtsvorsitzenden im Oktober 1939, zu der das Reichsjustizministerium eingeladen hatte, rüstete Staatssekretär Roland Freisler, der spätere Präsident des Volksgerichtshofs, die Sondergerichte zu einem Kampfverband der Rechtspflege auf: »Sie müssen ebenso schnell sein wie die Panzertruppe, sie sind mit ebenso großer Kampfkraft ausgestattet.«[14] Mit anderen Worten: Es wurden schnellere Verfahren gefordert sowie härtere und abschreckendere Strafen.

Wie stark die Machthaber auf den Abschreckungseffekt des »Heimtückegesetzes« bauten, zeigten die umfassenden Kriminalisierungsmöglichkeiten, die der weit ausholend und vage formulierte Gesetzestext bot. Die »pauschale Kriminalisierungsoption«[15] förderte massenhafte Denunziationen und somit ein Klima der permanenten Unsicherheit vor eventuellen Ermittlungsverfahren. Die Gestapo erhöhte die staatliche Willkür noch, indem sie nach oder sogar ohne Einschaltung der Justiz Tausende von »Heimtücke«-Verfolgten in Konzentrationslagern einsperrte.[16]

Die aktenkundig gewordenen Äußerungen, die zu Anklagen wegen Verstoßes gegen das »Heimtückegesetz« geführt haben, zeugen von einem breiten Spektrum potenzieller Beschuldigungsanlässe, das vom Stammtischgelalle zur gezielt öffentlich vorgetragenen politischen Kritik reicht. In Berlin dauerte ein solches Sondergerichtsverfahren durchschnittlich vier Monate. Den etwa einmonatigen polizeilichen Ermittlungen schlossen sich zwei Monate staatsanwaltlicher Ermittlungen an, der Rest war die Wartezeit bis zur Hauptverhandlung.[17]

Sonderrichter Bohn: »Human, objektiv und unparteiisch«

Das Sondergericht im Oberlandesgerichtsbezirk Stuttgart, vor dem Theodor Roller wegen dreier Vergehen gegen das »Heimtückegesetz« angeklagt wird, war erstmals am 21. März 1933 zusammengetreten. Das Präsidium des Stuttgarter Landgerichts hatte zu diesem Zweck sechs Richter – davon vier Mitglieder der NSDAP – bestellt, die ihre Aufgaben zunächst neben ihrer Tätigkeit am Landgericht und vom 1. Januar 1935 an hauptamtlich wahrnahmen. Einer dieser Richter, die von der ersten Stunde an am Sondergericht amtierten, war der parteilose Dr. jur. Alfred Bohn, geboren am 30. April 1888 als Sohn eines Stuttgarter Amtsgerichtsschreibers. Bohn studierte in Tübingen Jura, promovierte in Würzburg und wurde 1915 in Stuttgart in den Richterdienst eingestellt. Nach dem Ersten Weltkrieg, an dem er ein halbes Jahr lang als Soldat teilgenommen hatte, setzte er – unterbrochen von drei Jahren als Regierungsrat im Finanzministerium – die Richterlaufbahn fort. Vor seiner Ernennung zum Richter am Sondergericht war Bohn Mitglied der Strafkammer am Stuttgarter Landgericht. Zum 1. Januar 1937 wurde er stellvertretender Vorsitzender des Sondergerichts. Dass dafür seine langjährige Berufserfahrung ausschlaggebend war, belegt nicht nur seine

Alfred Bohn, von 1937 bis 1945 stellvertretender
Vorsitzender des Sondergerichts Stuttgart.

Darstellung in seiner 1947 verfassten Verteidigungsschrift.
»Landgerichtsrat Dr. Bohn [...] ist einer der besten und leistungsfähigsten Richter des Landgerichts. [...] Er weiß immer, worauf es ankommt«, beurteilte ihn 1939 Landgerichtspräsident Rieger, sein Dienstherr.[18] Immerhin wusste auch NSDAP-Gauleiter Wilhelm Murr, worauf es Bohn ankam: »Es besteht kein Zweifel, daß sich Bohn jederzeit rückhaltlos für den nationalsozialistischen Staat einsetzt.«[19] Die Position des stellvertreteten Vorsitzenden des Stuttgarter Sondergerichts bekleidete er, zuletzt im Rang eines Landgerichtsdirektors, bis zur Besetzung Stuttgarts durch die Truppen der Alliierten.

101

Alfred Bohn sah sich, wie so viele, nach dem Untergang des Nazi-Reichs rückblickend in kritischer Distanz zum NS-System. Dafür benannte er in seinem Entnazifizierungsverfahren eine überwältigende Anzahl von Zeugen. Kritische Distanz bedeutete freilich nicht, dass er sich als ein Gegner empfand. Er war ein nationalkonservativer Jurist, hatte sich nach der Abdankung der Monarchie, wenn auch erfolglos, um die Stelle eines Kanzleidirektors beim Landtag beworben und arbeitete drei Jahre im württembergischen Finanzministerium. Den Aufstieg Hitlers erlebte er also sicher nicht aus der Warte eines Gegners der Weimarer Demokratie. Gleichwohl plädierte er für den autoritären Staat einschließlich des Einsatzes von Sondergerichten. In seiner Verteidigungsschrift für die Spruchkammer rechtfertigte er 1947 deren Existenz und sah sie grundsätzlich auch als rechtsstaatliche Institution: »Die Sondergerichte waren keine Femegerichte, welche das Licht der Oeffentlichkeit zu scheuen gehabt hätten, sondern Gerichte, die wie alle anderen Strafgerichte streng an die Gesetze und an die schon seit 1879 geltende Strafprozessordnung gebunden waren, und die nur besondere Aufgaben zu erfüllen hatten. Der Zweck, der mit der Einrichtung der Sondergerichte in Deutschland verfolgt wurde, war nach dem Wortlaut einer Amtsverfügung des Reichsjustizministeriums: ›Die ruhige und planmässige Aufbauarbeit des deutschen Volkes zu sichern, den inneren Rechtsfrieden zu gewährleisten, die Kraft der deutschen Volkswirtschaft zu erhalten und heimtückische Angriffe staatsfeindlicher Elemente abzuwehren.‹« Bohn erinnerte an die Vorläufer aus der Weimarer Zeit und betonte: »Jede Staatsform bedarf einer starken Hand, die in Notzeiten verbrecherische Angriffe auf den Bestand des Staates unterbindet.«[20]

Sodann schilderte Bohn den Ablauf des üblichen Verfahrens vor dem Sondergericht aus seiner Sicht. Jeder Fall sei vor der Anklage »gründlich untersucht« worden, zuerst von der Polizei und dann von der Staatsanwaltschaft. Dass es keine *gerichtliche* Voruntersuchung gab, scheint für ihn also keine Minderung der Gründlichkeit bedeutet zu haben und das Gebaren der Gestapo bei Verhören keine Disqualifikation der Untersuchungsresultate. »Lag dann das Ergebnis der Ermittlungen mit ausreichendem Schuldbeweis (ein vager ›Verdacht‹ genügte niemals) fertig vor, so musste der Staatsanwalt erst noch die Akten dem Reichsjustizminister unterbreiten zur Prüfung der Frage, ob der Fall mit einem blossen Verweis abgemacht werden könne oder ob der Reichsjustizminister die Strafverfolgung anordnen wolle.« Nur auf eine solche Anordnung hin sei Anklage erhoben und vom Gericht ein Verhandlungstermin bestimmt worden. Jeder Angeklagte habe, »selbst bei einem geringfügigen Fall«, von einem Verteidiger vertreten werden müssen, gegebenenfalls auf Staatskosten von einem Pflichtverteidiger. Die Verhandlungen seien »in aller Oeffentlichkeit« durch den gesetzlichen Richter und auf Grundlage einer Anklageschrift geführt worden. Was die verhandelten Delikte betrifft: »Es galt genau das zu betreuen, was auch die heutigen Militär- und deutschen Strafgerichte im Interesse der friedlichen Entwicklung des Staatslebens schützen. Daneben hatte das Sondergericht verleumderische Angriffe auf die Regierung zurückzuweisen durch Bestrafung von Vergehen gegen das Heimtückegesetz (Höchststrafe war 2 Jahre Gefängnis).«[21] Verständnisvoll kommentierte Bohn die Ausweitung der Zuständigkeit auf schwerere Kriminalität »aus dem einfachen Grunde wohl, weil es als Gericht, gegen dessen Entscheidungen kein Rechtsmittel gegeben war, am raschesten die Prozesse zu Ende führen konnte. Früher hatten ja die sogen. Monstreprozesse mit dem Durchlaufen von drei Instanzen oft jahrelang gedauert, bis sie zum Schluss glücklich zerplatzten und die Verbrecher triumphierten.« Die im Krieg strenger abgeurteilten Fälle herausgreifend, fügte er hinzu: »Es darf nicht übersehen werden, dass die scharfen Strafbestimmungen im Kriege eine Notwehr des Staates gegen die schweren Rechtsbrecher in der Kriegszeit darstellten.«[22]

Mit der zuletzt zitierten Bemerkung knüpft Sonderrichter Bohn nahtlos an seinen Aufsatz an, der am 23. Januar 1940 im Stuttgarter *NS-Kurier* erschien, drei Wochen vor der Verhandlung gegen Theodor Roller. Die Kernaussage dieses Beitrags lautete: »Wenn einmal ein Urteil dem Leser auf den ersten Blick etwas hart erscheint, so bedenke er, dass schwächliche Rücksichtnahme auf einen Volksschädling in einer Zeit weniger denn je am Platze ist, wo Tausende von anständigen und ehrlichen Volksgenossen als Soldaten tagtäglich ihr Leben für ihr Vaterland einsetzen.«[23]

Sich selbst schätzte Alfred Bohn als Sonderrichter wie folgt ein: »Ich habe mein Amt human, objektiv und unparteiisch ausgeübt, ohne Ansehen der Person, Religion oder Rasse, und insbesondere ohne Bevorzugung von Parteigenossen als Angeklagte oder Zeugen. Deshalb haben die Verteidiger es immer begrüsst, wenn ich den Vorsitz in einer Verhandlung hatte.« Dass er sich zweimal erfolglos um die Mitgliedschaft in der NSDAP beworben hatte, stellte er in seinem Entnazifizierungsverfahren als Beweis seiner inneren Distanz gegenüber der herrschenden Politik dar. Warum er sich jedoch überhaupt darum bemüht hatte, überging er geflissentlich. Sein Aufnahmegesuch vom 4. November 1933 wurde, wie aus seiner Personalakte beim Reichsjustizministerium hervorgeht, ohnehin nur wegen einer Aufnahmesperre nicht bearbeitet. Dass sein Antrag 1937 nicht akzeptiert wurde, hängt wohl damit zusammen, dass er 1936 die ihm angebotene Stelle eines Landgerichtsdirektors in Heilbronn nicht angenommen hatte.[24]

Medizinisch gesund, strafrechtlich ungesund

Am 14. Februar 1940 eröffnet das Sondergericht Stuttgart die mündliche Hauptverhandlung gegen Theodor Roller. Sie findet im Schwurgerichtssaal des Tübinger Landgerichts statt. Durch Verhandlungen außerhalb seines Sitzes unterstreicht das Sondergericht seine Absicht, über die von ihm verkündeten Sanktionen hinaus auch durch Präsenz an verschiedenen Orten generalpräventiv zu wirken. Dieser Nebeneffekt ist erwünscht und wird im gesamten Deutschen Reich entsprechend genutzt. In ausgesuchten Fällen berichtet auch die Presse, allerdings nicht in diesem Fall.

Theodor Roller kann sich bei unseren Gesprächen nur noch an den Sitzungssaal, jedoch nicht an die Einzelheiten des Prozesses erinnern. Drei Richter wirken an der Verhandlung mit, Dr. Alfred Bohn als Vorsitzender sowie als Beisitzer Landgerichtsrat Alfred Payer und, zusätzlich als Berichterstatter, Landgerichtsrat Dr. Werner Azesdorfer. Diese Besetzung entspricht derjenigen, die Julius von Jan verurteilte – mit Ausnahme des Vorsitzes, den bei jenem Verfahren Senatspräsident Dr. Hermann Cuhorst innehatte. Hier wie dort wirkt Staatsanwalt Wacker als Sitzungsvertreter der Staatsanwaltschaft. Er trägt die Anklage vor, ein Verteidiger ist nicht bestellt worden.[25]

»Herr Präsident Bohn erklärte«, ist durch Emma Roller übermittelt, »so ein krasser Fall sei ihm noch nicht vorgekommen. Dann wurden meinem Sohn noch von ihm selbst angefertigte Gedichte, in denen er seiner Gegnerschaft gegen Hitler Ausdruck gab, als ›Vorbereitung zum Hochverrat‹ zur Last gelegt.«[26] Wahrscheinlich wird in der Verhandlung von Hochverrat gesprochen, möglicherweise auch mit einer Verurteilung in diesem Sinne gedroht. Doch findet sich dieser Straftatbestand weder in der Anklage, noch geht er ins Urteil ein.

»In der Verhandlung selbst war ich anwesend bis zur Erstattung meines Gutachtens«, berichtet der Psychiater Dr. Wilhelm Ederle 1951 im Wiedergutmachungsverfahren. »Ich erinnere mich noch, dass antinationalsozialistische Gedichte, die sich gegen die Person von Hitler richteten, als besonders erschwerende Umstände aufgefasst wurden. Bei den Plädoyers und bei der Urteilsverkündung war ich nicht mehr anwesend.«[27] In seinem Schlusswort, das durch die schriftliche Urteilsbegründung überliefert ist, erklärt Roller, er wolle nichts widerrufen, sondern bedaure lediglich, »dass die ganze Entwicklung solche Formen angenommen habe, dass er genötigt gewesen sei, sich wie geschehen zu verhalten – komme, was da wolle«.[28] Als Zuhörer ist auch NSDAP-Kreispropagandaleiter Alfred Göhner bei der Verhandlung anwesend.[29]

»Heimtücke«-Verfahren endeten in den meisten Fällen mit der Verurteilung zu einer Gefängnisstrafe. Nur selten kamen die Angeklagten mit Geldstrafen davon.[30] Das Sondergericht Stuttgart soll »überwiegend Gefängnisstrafen zwischen vier Monaten und einem Jahr« verhängt haben[31],

freilich beruhen diese Zahlen nicht auf einer systematischen Auswertung. Ohnehin zählt das Stuttgarter Sondergericht zu den wenigen Sondergerichten, deren Spruchpraxis noch nicht systematisch wissenschaftlich untersucht
worden ist. Unter drei Prozent lagen die Strafurteile in
»Heimtücke«-Fällen, in denen die Sondergerichte in Freiburg und München mehr als ein Jahr Gefängnis aussprachen.[32] Am Sondergericht in Frankfurt am Main bewegte
sich das Strafmaß in der Mehrheit der Fälle zwischen einem und sechs Monaten Gefängnis.[33] Mit Freiheitsstrafen
über zwei Jahren mussten dort vor allem einschlägig Vorbestrafte rechnen, die insbesondere den Tod Hitlers gewünscht oder sich über die Kriegsentwicklung besonders
abfällig geäußert hatten.[34] Als Höchststrafe hat dieses Gericht – insgesamt zwei Mal – vier Jahre Gefängnis verhängt.[35]

Nach Paragraph 4 der »Volksschädlingsverordnung«
vom 5. September 1939 konnten in »Heimtücke«-Fällen
auch Zuchthausstrafen ausgesprochen werden, doch sollen
sich die Sondergerichte dieser Verschärfungsmöglichkeit[36]
nur zu einem geringen Prozentsatz bedient haben.[37] Todes-
strafen sind generell nur für die von Deutschland besetzten
Gebiete in Osteuropa nachweisbar.[38]

Um 17.20 Uhr verkündet der Vorsitzende das Urteil gegen Theodor Roller: »Der Angeklagte wird wegen Zurechnungsunfähigkeit freigesprochen. Er ist in einer Heil- oder
Pflegeanstalt unterzubringen und hat die Kosten des Verfahrens zu tragen.«[39] In der schriftlichen Urteilsbegründung – es muss dahingestellt bleiben, ob sie in ähnlichem
Umfang mündlich vorgetragen wurde – hebt das Gericht
hervor, dass der nicht vorbestrafte Angeklagte »seit mehreren Jahren« unter dem Einfluss »verschrobener religiöser

Gedanken« stehe. Insbesondere wird dabei die Rolle der, so Bohn, »berüchtigten Möttlinger Bewegung (Rettungs- arche)« betont, »eine religiöse Sekte, die sich mit ›Bekeh- rungserlebnissen‹ und Gesundbeten befasste und die durch Erlass des Reichsführers SS vom 30. Oktober 1938 aufgelöst und verboten ist«. Die religiöse Bindung, die aus einer psy- chischen Krise in der Jugendzeit erwachsen sei, habe dem Angeklagten »einen festen Halt und die innere Freiheit« ge- geben, ihn jedoch zugleich »immer wieder in einen Gegen- satz zu den Erfordernissen des täglichen Lebens gebracht«. Gemeint sind damit, wie auch im Einzelnen aufgeführt, die ihm abverlangten Diensteide bei der Arbeitsstelle, der Hit- lerjugend, der SA und der Wehrmacht. Es wird daran erin- nert, wie er, nachdem er zunächst »mit Leib und Seele für Adolf Hitler gekämpft« hatte, »nach der Machtübernahme sich enttäuscht abgewendet habe, weil das im Parteipro- gramm angekündigte Versprechen einer positiven Einstel- lung zum Christentum nicht erfüllt worden sei, die Partei sich vielmehr zum ›Rassengott‹ und zum Symbol des Hakenkreuzes, statt zum Kreuze und zu Jesus Christus be- kannt habe«. Und: »In schwülstigen, tiefschürfend sein wollenden, vielfach aber geradezu kindlichen Ausführun- gen legt er diese Gedankengänge immer wieder dar und behauptet aus tiefster Überzeugung, die ablehnende Stel- lung des Führers und der Partei zum christlich-evangeli- schen Glauben müsse zum Untergang des Dritten Reiches führen.«

Eingehend wird insbesondere aus dem letzten Brief Rol- lers an Hitler zitiert, ehe die Beweise rechtlich abgewogen werden. »Der Angeklagte ist geständig, sowohl diese Briefe als [auch] die weiteren bei ihm beschlagnahmten Gedichte und sonstigen Auslassungen verfasst zu haben.« Und er halte »seine sämtlichen Behauptungen mit grösster Hartnäckigkeit aufrecht«. Damit wird es für Roller gefährlich. Denn sein Verhalten wird als strafbar eingeschätzt, und es ist nicht abzusehen, dass er sich künftig anders verhalten will. Wenn dann noch – nach den Voraussetzungen der Nationalsozialisten – keinerlei Einsicht in schuldhaftes Verhalten angenommen werden kann, von Reue keine Spur zu erkennen ist, sind gravierende Konsequenzen unausweichlich.

In ihrer Urteilsbegründung fahren die Richter fort: »Es bedarf keiner näheren Darlegung dafür, dass besonders der Brief an den Führer vom 11. Februar 1939 an Gehässigkeit kaum zu überbieten ist. Auch der Brief an den Onkel des Angeklagten ist ein Produkt des von dem Angeklagten genährten Hasses und dazu bestimmt, hetzerisch zu wirken. Selbstverständlich ist auch, dass derartige hemmungslose Auslassungen geeignet sein können, das Vertrauen des Volkes zur politischen Führung zu untergraben. Schliesslich musste der Angeklagte damit rechnen, dass seine Äusserungen in die Öffentlichkeit dringen werden, und zwar gilt dies auch insbesondere von dem Brief an den Führer, der, wie der Angeklagte voraussah, bei seiner kanzleimässigen Bearbeitung durch viele Hände gehen musste. Der Angeklagte hat daher den Tatbestand des § 2 des Heimtückegesetzes erfüllt. Es handelt sich bei allen diesen Äusserungen des Angeklagten um eine auf einheitlichem Vorsatz beruhende und daher fortgesetzte Handlung.«[40]

So weit entspricht die Argumentation des Sondergerichts auch der Anklage, der es in weiten Passagen sogar wörtlich folgt. Es schließt sich der Staatsanwaltschaft auch in den zwei wesentlichen Fragen an, inwieweit der Angeklagte verantwortlich gemacht werden könne und welche

Möglichkeiten es gebe, sein staatsfeindliches Treiben künftig zu unterbinden. In der Formulierung seiner Begründungen entwickelt das Gericht hingegen eigene Kreativität. Anhand von Einschätzungen (»sein Gesamtverhalten in den vergangenen Jahren«), die sich zum großen Teil am früheren Gutachten des Münchner Psychiaters Helmut Eisele orientieren, konstruieren die Richter des Sondergerichts »erhebliche Zweifel daran, ob der Angeklagte für seine Tat verantwortlich gemacht werden kann«. Sie schieben das aktuelle, eigens für das Sondergericht angefertigte Gutachten zur Seite, weil es angeblich »weder die den Gegenstand der Anklage bildenden Handlungen noch das sonstige Gebaren des Angeklagten zu erklären« vermöge. »Jedenfalls kann bei den gegebenen Umständen das Gutachten der Psychiatrischen Klinik München, in welchem das Bestehen einer Geisteskrankheit festgestellt wurde, durch die Ausführungen des jetzigen Sachverständigen nicht als widerlegt angesehen werden.« Und darauf folgt die entscheidende Pirouette: »Die Tatsache, dass bei dem Angeklagten eine Krankheit in engerem (medizinischen) Sinne nicht festgestellt worden ist, ist kein Beweis dafür, dass er in strafrechtlicher Beziehung als gesund angesprochen werden kann.« Es handle sich »nach der Überzeugung des Sondergerichts« um eine »starke Störung des Willens- und Gefühllebens«, weshalb er als »krankhaft, und zwar mindestens als geistesschwach im Sinne des § 51 RStGB« angesehen werden müsse. »Diese geistigen und seelischen Störungen bei dem Angeklagten äussern sich allerdings nur auf dem beschränkten Gebiet des religiösen Erlebens und damit zusammenhängend auf dem Gebiet der Weltanschauung.« Einerseits nehme der Angeklagte auf »hemmungslose und unsinnige Art [...] in Fragen der

Religion und der Weltanschauung« gegen den »Führer« Stellung, andererseits erkenne er »in vollem Umfang [...] die politischen und sozialen Erfolge des Dritten Reiches« an: Darin erweist sich nach Ansicht des Richterkollegiums, dass Roller »infolge seiner krankhaften Störung ausserstande ist, das Unerlaubte seiner Tat einzusehen, mindestens aber nicht in der Lage ist, nach dieser Einsicht zu handeln«. Damit seien Voraussetzungen erfüllt, die – subsumiert unter Paragraph 51 Absatz 1 RStGB – zu dem Schluss führten, dass keine strafbare Handlung vorliege. »Der Angeklagte war daher freizusprechen.«

Schließlich gehen die Richter noch auf die zuvor schon von anderen Instanzen vorgetragenen Anstöße ein, ähnliche Aktionen nachhaltig zu unterbinden. Erinnert sei an die Bemerkung aus der Reichskanzlei: »Die dauernde Unschädlichmachung des Roller ist dringend geboten.« Dazu das Sondergericht: »Der Angeklagte würde, wenn er in Freiheit gesetzt werden würde, in gleicher Weise fortfahren, seine Anschauungen zu vertreten, und es wäre zu befürchten, dass er mit gleichartigen Angriffen künftig in verstärktem Masse an die Öffentlichkeit treten würde. Unter diesen Umständen erfordert es die öffentliche Sicherheit, den Angeklagten an einer Fortsetzung zu verhindern. Dies kann nur durch Einweisung in eine Heil- und Pflegeanstalt geschehen.«

So geschah es, und das Sondergericht konnte sich dabei auf Paragraph 42b RStGB berufen, das »Gesetz gegen gefährliche Gewohnheitsverbrecher und über Maßregeln der Sicherung und Besserung« vom 24. November 1933 (»Gewohnheitsverbrechergesetz«), das am 1. Januar 1934 in Kraft getreten war. Es beinhaltet: »Hat jemand eine mit Strafe bedrohte Handlung im Zustand der Zurechnungsunfähigkeit (§ 51 Abs. 1, § 58 Abs. 1) oder der verminderten Zurechnungsfähigkeit (§ 51 Abs. 2, § 58 Abs. 2) begangen, so ordnet das Gericht seine Unterbringung in einer Heil- und Pflegeanstalt an, wenn die öffentliche Sicherheit es erfordert. Bei verminderter Zurechnungsfähigkeit tritt die Unterbringung neben die Strafe.«

Wann und wie häufig Sondergerichte in »Heimtücke«-Fällen den Maßregelvollzug anordneten, ist ein Desiderat der Forschung. Angesichts der Masse der Verfahren spielen Einweisungen in Heil- und Pflegeanstalten zumindest prozentual wohl nur eine geringe Rolle.[41] Wesentlich häufiger sind die Einweisungen durch die Strafkammern der Landgerichte.

Maßregelvollzug im Nationalsozialismus

Strafgerichte können auch heute psychisch kranke Rechtsbrecher in psychiatrische Anstalten einweisen. Wenig bekannt ist, dass dieser sogenannte Maßregelvollzug in der Zeit des Nationalsozialismus eingeführt wurde. Zuvor war es lediglich Verwaltungsbehörden möglich, Personen gegen deren Willen bzw. gegen den Willen ihrer Angehörigen in Heil- oder Pflegeanstalten unterzubringen, wenn sie für sich oder andere gefährlich wurden. Diskussionen, ob ein solcher schwerwiegender Eingriff in die Persönlichkeitsrechte nicht besser gerichtlich zu erfolgen habe, gab es schon in der Weimarer Republik. Seit 1927 lag sogar ein entsprechender Gesetzesentwurf vor, der Bestandteil einer Strafrechtsreform werden sollte. Vor diesem Hintergrund verwundert es nicht, dass das am 24. November 1933 eingeführte »Gesetz gegen gefährliche Gewohnheitsverbrecher und über Maßregeln der Sicherung und Besserung« wegen seiner rechtsgeschichtlich unverdächtigen Vergangenheit auch nach der NS-Zeit weitgehend[42] beibehalten wurde.

Dadurch mag der Eindruck eines unproblematischen Gesetzes entstehen, das selbst in Zeiten der Diktatur noch Raum gelassen hätte für einen sozialtherapeutisch motivierten, dem Wohl und der Menschenwürde des Individuums gerecht werdenden Strafvollzug. Doch der Schein trügt. Schon der Gesetzesentwurf von 1927, in dem auch von »Maßregeln der Besserung und Sicherung« sowie von »Strafverschärfung« die Rede war, hatte zu kontroversen Diskussionen geführt. Noch waren dort hohe Hürden vor einer »Sicherungsverwahrung« aufgerichtet und regelmäßige richterliche Überprüfungen vorgesehen. Gemäß den Prioritäten nationalsozialistischer Kriminalpolitik, die den Schutz des totalitären Staates, von Rasse und Volkstum über alles stellte, wurde jedoch aus dem ursprünglich geplanten Reformgesetz eine Waffe geschmiedet, die sich überdies nicht nur schonungslos gegen Straftäter richtete, sondern auch, mit »rassenhygienischer« Intention, gegen »Volksschädlinge«, »Gemeinschaftsfremde«, »Minderwertige«.

Psychiatrische Einrichtungen, die heutzutage für den Maßregelvollzug zuständig sind, müssen nicht nur den Schutz der Bevölkerung vor gefährlichen Patienten gewährleisten, sondern die eingewiesenen Personen auch therapieren. Für die Entscheidung des Gerichts, einen Angeklagten, der im Zustand der Schuldunfähigkeit (Paragraph 20) oder der verminderten Schuldfähigkeit (Paragraph 21) eine Straftat beging, in einem psychiatrischen Krankenhaus unterzubringen, bildet der Paragraph 63

StGB die Grundlage. Ihm zufolge ist die Voraussetzung für eine solche Einweisung gegeben, »wenn die Gesamtwürdigung des Täters und seiner Tat ergibt, dass von ihm infolge seines Zustandes erhebliche rechtswidrige Taten zu erwarten sind und er deshalb für die Allgemeinheit gefährlich ist«. Er beinhaltet also, dass ein Zusammenhang bestehen muss zwischen dem Delikt und der psychischen Störung. Die Unterbringung in einem psychiatrischen Krankenhaus ist gegenwärtig die einzige unbefristete freiheitsentziehende Maßnahme im deutschen Strafrecht. Sie unterliegt der gerichtlichen Überprüfung, zuständig ist die Strafvollstreckungskammer.

Rechte und Bedürfnisse des Straftäters spielten in der NS-Zeit eine untergeordnete Rolle. Im Mittelpunkt stand die »öffentliche Sicherheit«, was auch immer damit gemeint war. Wenn ein Gericht diese gefährdet sah, konnte es seit dem 1. Januar 1934 Personen, die im Zustand der Zurechnungsunfähigkeit (Paragraph 51 Absatz 1 RStGB) oder der verminderten Zurechnungsfähigkeit (Paragraph 51 Absatz 2 RStGB) eine Straftat begingen, in einer Heil- und Pflegeanstalt unterbringen. Der Name des neuen Gesetzes erweckt den Anschein, als ginge es einzig darum, die Öffentlichkeit vor der Bedrohung durch Schwerstkriminelle zu schützen: »Gesetz gegen gefährliche Gewohnheitsverbrecher und über Maßnahmen der Sicherung und Besserung«. Tatsächlich schuf der Paragraph 42b die rechtliche Grundlage, um die Gesellschaft ebenso vor schuldunfähigen Gewalttätern wie vor politischen Feinden zu schützen. Als seinen »Leitgedanken« bestimmten führende Beamte des Reichsjustizministeriums, »den wirksamen Schutz der Volksgemeinschaft gegen verbrecherische Schädlinge zu verbürgen und den Belangen der Allgemeinheit den unbedingten Vorrang vor denjenigen des verbrecherischen oder minderwertigen Rechtsbrechers einzuräumen«.[43] Diese Vorgabe wurde in der rechtspolitischen Diskussion schon früh als ein »Vorläufer des kommenden Deutschen Strafgesetzbuches« gerühmt.[44] Buchstabe f des Gesetzes regelte die Dauer der Einweisung: »Die Unterbringung dauert so lange, als ihr Zweck es erfordert.« Das konnte durchaus lebenslang sein, auch wenn vor Ablauf von drei Jahren zu prüfen war, »ob der Zweck der Unterbringung erreicht ist«. Aber selbst eine Entlassung galt nur als eine »bedingte Aussetzung der Unterbringung«, die widerrufen werden konnte. Eine zeitgenössische Dissertation pointierte die zugrunde liegende Haltung: »Über allem steht das Wohl der Volksgemeinschaft. Wer ihr durch seine besondere Veranlagung gefährlich wird, hat damit das Recht verwirkt, in ihr frei zu leben und muß die Folgerungen auf sich nehmen.«[45] Die Entscheidung über eine Entlassung aus dem Maßregelvollzug wurde am 4. September 1941 der »höheren Vollzugsbehörde« übertragen, und als solche definierte die »Verordnung zur Durchführung des Gesetzes zur Änderung des Reichsstrafgesetzbuchs« vom 24. September 1941 die Generalstaatsanwaltschaft beim Oberlandesgericht.[46]

Zwischen 1934 und 1944 brachten Strafgerichte beispielsweise achtzehn Personen wegen Sittlichkeitsdelikten, neun wegen Brandstiftungen, vier wegen versuchten Totschlags, eine wegen Totschlags und eine wegen Mordes in der württembergischen Heil- und Pflegeanstalt Zwiefalten unter.[47] Das war ziemlich genau ein Drittel aller achtundneunzig Einweisungen in diese Anstalt. Am häufigsten führten aber Eigentumsdelikte zu Unterbringungen, zumeist Diebstähle oder Betrügereien (siebenundzwanzig Prozent), an dritter Stelle standen »Vergehen« gegen Staat,

Partei und öffentliche Sicherheit (acht Prozent). Unter diesen dominierten – acht Fälle – Verstöße gegen das »Heimtückegesetz«.[48]

Eine Verurteilung nach dem »Heimtückegesetz« hätte Theodor Roller – nach den Kriterien des NS-Strafrechts und der aus der Literatur bekannten Spruchpraxis – schlimmstenfalls eine Gefängnisstrafe von zwei[49] Jahren eingetragen. Doch hatte, wie erwähnt, schon vor der Anklageerhebung die Generalstaatsanwaltschaft, erst recht auch die NSDAP-Parteikanzlei darauf gedrängt, Roller nie wieder in die Freiheit zu entlassen. Somit gab es zwei Möglichkeiten: ihn entweder nach einem Gefängnisaufenthalt der Gestapo zu überantworten, was mit an Sicherheit grenzender Wahrscheinlichkeit die Einweisung in ein Konzentrationslager zur Folge gehabt hätte, oder ihn auf die Stufe eines strafunfähigen, gefährlichen Gewohnheitsverbrechers zu stellen und ihn in einer psychiatrischen Einrichtung quasi in Sicherungsverwahrung zu nehmen.[50] Dafür plädierte von Anfang an die Staatsanwaltschaft, indem sie Rollers angebliche »gefährliche und rabiate Überzeugungen« herausstellte und »hochverräterische Stellen« in seinen privaten Aufzeichnungen betonte. Was bis dahin nur durch den Hinweis auf das Gewohnheitsverbrechergesetz angedeutet war, sprach der Generalstaatsanwalt offen aus: Die Voraussetzung eines entsprechenden Verfahrens sei gegeben, »dessen Durchführung die dringend gebotene Unschädlichmachung des Beschuldigten ermöglichen würde«. Inhaltlich übereinstimmend, aber in der Diktion noch schärfer, formulierte der zuständige Beamte in der »Kanzlei des Führers der NSDAP«, die in das zentral gesteuerte Verfahren vor der Anklageerhebung einbezogen war: »Die *dauernde* [Hervorhebung durch den Verfasser] Unschädlichmachung des Roller ist dringend geboten.«[51] Daran schließt sich die Frage an, ob diese Absicht möglicherweise von vornherein ein unausgesprochenes Todesurteil bedeutete. Denn der ausgewiesene Ort, wo schuldunfähige oder vermindert schuldfähige Straftäter auf Anordnung von Gerichten untergebracht wurden, war eine Heil- und Pflegeanstalt.

Bekanntlich unterschrieb Hitler einen auf den 1. September 1939 datierten Auftrag, dass »nach menschlichem Ermessen unheilbar Kranken bei kritischster Beurteilung ihres Krankheitszustandes der Gnadentod gewährt werden kann«.[52] Damit begann, nachdem die organisatorischen Vorbereitungen abgeschlossen waren[53], das Mordprogramm an psychisch kranken Menschen, dem allein im württembergischen Grafeneck rund zehntausend Frauen und Männer zum Opfer fielen. Vom Oktober 1939 an trafen in immer mehr Anstalten die Meldebögen ein, mit denen im Rahmen der »Aktion T4«[54] die Insassen der Heil- und Pflegeanstalten erfasst wurden und die den Organisatoren der Patientenmorde als Grundlage dienten, sie zu selektieren. Mitte Januar 1940 wurden die Krematoriumsöfen nach Grafeneck geliefert, der erste der berüchtigten grauen Busse mit den undurchsichtigen Fensterscheiben fuhr dort am 18. Januar 1940 vor und brachte fünfundzwanzig Kranke aus der bayerischen Anstalt Eglfing-Haar.[55] Von nun an trafen die Transporte regelmäßig ein, überwiegend aus württembergischen Anstalten.

Auf den Meldebögen musste in einer gesonderten Zeile eingetragen werden, ob jemand nach Paragraph 42b RStGB untergebracht war. Verschiedene Studien sind zu dem Ergebnis gelangt, dass insbesondere die Sicherungsverwahrten zu den bevorzugten Opfern der »Vernichtung lebensunwerten Lebens« wurden. Zu Beginn des Jahres 1940 waren beispielsweise in der württembergischen Heilanstalt Zwiefalten 555 Patienten registriert. Vierunddreißig von ihnen waren gerichtlich eingewiesen worden. Gleich beim ersten[56] Transport Zwiefaltener Patienten in die Tötungsanstalt Grafeneck befanden sich unter den Todeskandidaten sieben forensische Patienten. Insgesamt starben elf Männer und zwei Frauen aus Zwiefalten in der Gaskammer von Grafeneck. Das sind achtunddreißig Prozent aller gemäß Paragraph 42b RStGB in Zwiefalten untergebrachten Personen.[57] Eine ähnlich hohe Quote lässt sich auch für die Heil- und Pflegeanstalt Weissenau[58] nachweisen. Von den fünfundzwanzig Frauen und Männern, die von dort Anfang Januar 1940 namentlich nach Stuttgart gemeldet wurden[59], weil sie sich im Maßregelvollzug befanden, kamen neun in einer Tötungsanstalt ums Leben.[60] Somit konnte jemand, der als unzurechnungsfähig und damit als strafunfähig beurteilt worden war, durch die Selektion doch noch – außergerichtlich – eine Strafe erhalten, sogar die höchstmögliche: die Todesstrafe.[61]

Diese mögliche Konsequenz erkannte im Sommer 1940 auch der kommissarische Weissenauer Anstaltsleiter Wilhelm Weskott. Er schrieb deswegen an Eugen Stähle, den Leiter des württembergischen Gesundheitsdienstes im württembergischen Innenministerium: »Es fällt mir auf, daß alle nach § 42b (RStGB) Eingewiesenen bevorzugt nach Gr[afeneck] kommen. Nun ist aber die Gerichtspraxis bei diesem § sehr verschieden je nach der Einstellung des Gutachters. Manche Gerichte wenden den § selten und nur bei unverbesserlichen Fällen an. Andere Gerichte fassen ihn im Gegenteil als Erziehungsmaßnahme auf und nehmen die Einweisung sehr leicht, z.B. bei kleineren Diebstählen i.

Rückfall oder einfachen strafbaren Handlungen, die durch Affektentladung verursacht werden. Es liegt nahe, daß bei dieser Lage schwerste Fehlgriffe vorkommen müssen.«[62]

Dass die spätere Deportation in eine Tötungsanstalt sogar ins strafrechtliche Kalkül gezogen wurde, kann aus einer Zeugenaussage des Stuttgarter Landgerichtsdirektors Theodor Huzel 1949 im Grafeneck-Prozess geschlossen werden. Im Frühjahr 1940 habe er in einem Strafverfahren vor der Frage gestanden, ob ein schuldunfähiger Straftäter in einer psychiatrischen Anstalt untergebracht werden solle. »Ich hatte damals von allen Seiten Mitteilungen zur Kenntnis erhalten, daß in Grafeneck Insassen von Heilanstalten umgebracht werden. Ich hatte das Gefühl, daß, wenn ich nun einen Angeklagten in eine Heilanstalt einweisen würde, ich ihn damit gleichzeitig zum Tode verurteilen könnte.« Er habe sich dann im Innenministerium kundig gemacht. Die Konsequenz: »Ich habe seinerzeit die Einweisung des Angeklagten in eine Heilanstalt nicht ausgesprochen.«[63]

In der Weissenau

Ankunft in der Anstalt: »Völlig klar und besonnen«

Das Zentrum für Psychiatrie »Die Weissenau« auf einer 1941 verschickten Luftbildaufnahme. Deren Kern bildet das einstige Konventgebäude eines Prämonstratenserklosters, das 1892 zur Heilanstalt umgebaut wurde. Die barocke Peter- und Paulskirche blieb als Pfarrkirche in Betrieb.

»Gestern bin ich in Weissenau angekommen«, schreibt Theodor Roller am 12. März 1940 an seine Mutter. Es ist der erste von 146 Briefen, die er ihr aus der Anstalt nach Tübingen senden wird. Er enthält nur eine knappe Mitteilung, ein Lebenszeichen: »Es geht mir gut, was ich von Euch auch hoffe.«

Im Jahr 2007 sind Rollers Erinnerungen an die Ankunft in Weissenau verblasst. Was er aber noch genau weiß: »Der Direktor, ein guter Katholik, sagte, er bedaure meine Einlieferung und ich möge mich doch dort einfügen.« Das habe er versprochen und eingehalten. Mit der Leitung der Klinik ist zu diesem Zeitpunkt Medizinalrat Dr. Max Sorg betraut, der stellvertretende Direktor.[1]

Theodor Rollers Haft hatte nach dem Freispruch zunächst fortgedauert. Am 24. Februar 1940, zwei Tage nach seinem fünfundzwanzigsten Geburtstag, ordnet das Sondergericht die Einweisung in die Heilanstalt an. Daraufhin nahm der Oberstaatsanwalt am 27. Februar 1940 Kontakt mit Weissenau auf: »Für die Unterbringung ist die dortige Anstalt örtlich zuständig. Ich frage an, ob er dort aufgenommen werden kann. Bejahendenfalls ersuche ich um Vollzug der Unterbringung.«[2] Postwendend gibt die Direktion positiven Bescheid: »Roller kann hier aufgenommen und jederzeit hieher verbracht werden. Für vorherige Mitteilung des Tags und der Stunde seines Eintreffens hier wären wir dankbar.«[3] Dieser Bitte kommt der Oberstaatsanwalt am 7. März 1940 nach: »Der in die dortige Anstalt eingewiesene Theodor Roller von Tübingen wird am 11. März 1940 nachmittags dort eintreffen.«[4]

Zunächst wird der Ankömmling im Neubau I untergebracht. »Pat. ist bei der Aufnahme völlig klar und besonnen, gibt über alles geordnet Auskunft, geht willig mit auf die Abteilung«[5], lautet der erste Eintrag im Krankenblatt der Weissenauer Patientenakte. Ihm folgt tags darauf die Anamnese mit einer den weiteren Aufenthalt bestimmenden Passage:

Pat. erzählt alles sehr aufgeschlossen, spricht auch von sich, dass man von einer Geisteskrankheit (Schizophrenie) gesprochen habe, er sei freigesprochen worden vor Gericht und hier eingewiesen, wahrscheinlich müsse er so lange hier bleiben bis er diese Ideen nicht mehr habe, aber dann müsse er sein ganzes Leben hier bleiben, denn seine Weltanschauung gebe er nicht mehr auf. [...] Er macht durchaus einen intelligenten und interessierten Eindruck.

Ein nächster Eintrag am 15. März lautet: »Verhält sich ruhig und geordnet, ist nicht auffällig, möchte gerne etwas arbeiten, ist gut zugänglich und gesellig.« Tags darauf wird er »seinem Zustand entsprechend nach Abt. C verlegt«. Die Station befindet sich im Klostergebäude.

Nach gut einer Woche hat sich Roller in der neuen Umgebung eingelebt. Am Gründonnerstag, 21. März, versucht er, seiner Mutter eine ungefähre Vorstellung zu vermitteln:

Inzwischen kam ich auf die Abt. C, wo ich einen Tübinger, Fritz D.[6], Techniker, der in der Rotbadstr. auf der Eberhardshöhe wohnte, antraf. Es befinden sich noch einige Tübinger hier in der Anstalt. Ich habe einen Herrn W., einen Weingärtner's Sohn aus der Altstadt, sowie Herrn D., der Sohn des Uhrmachers in der Neckargasse, kennengelernt. – Heute Vormittag, als wir zum Abendmahl gingen, begrüßte mich als Neuling ein Hagellocher. So habe ich in diesen Menschen doch ein Stück Heimat.[7]

Weissenau ist so nahe bei Ravensburg wie Derendingen bei Tübingen. Es liegt ungefähr 18 km vom Bodensee entfernt. Manchmal sieht man von hier aus im Süden die schneebedeckten Berge der Alpen.

Eine eigentliche Arbeit habe ich bis jetzt noch nicht. Ich

habe hierwegen schon gesprochen u. hoffe, nach Ostern tätig
sein zu können. Es sind hier große landw. Anlagen. Vielleicht
kann ich in der Gärtnerei helfen.

Die Direktion erfüllt dem Ankömmling den Wunsch, der
Gärtnerei zugewiesen zu werden. Gleich am Osterdienstag
wird er den dortigen Gehilfen zugeteilt. »Ich bin froh, daß
ich nun arbeiten kann«, teilt er am darauffolgenden Samstag seiner Mutter mit. Über ein Jahr lang war er in geschlossenen Räumen eingesperrt, oft hatte er nichts zu tun, immer hatte er zu grübeln. Nun endlich Luft, Licht und Sonne,
wenn auch ohne Freiheit. Als Erstes pikiert er mit seiner
Gruppe Salat und Kohl, das heißt, die zu dicht stehenden
Sämlinge müssen auf größeren Abstand gesetzt werden.
Sechs bis sieben Stunden Arbeit sieht sein Tag vor. »Um 6
Uhr ist Aufstehen, 7 Uhr Kaffee, 12 Uhr Mittagessen, ½ 2
Uhr Kaffee, 6 Uhr Abendessen, 7 Uhr geht's ins Bett. Sonntags sind wir, wenn das Wetter schön ist, im Garten, auch
werktags, was die Nichttätigen anbetrifft.«[8]
Der Rhythmus der Natur bestimmt die Arbeit in der
Gärtnerei, und Roller nimmt diesen Rhythmus auf. »Ich
bin froh, daß ich im Freien arbeiten kann u. so viel in der
Natur sein kann.«[9] Die Arbeit als solche empfindet er als
befriedigend. Immer wieder erwähnt er in den Briefen die
alltäglichen Verrichtungen, in der Zusammenschau geben
sie ein getreues Abbild des Jahreslaufs. »In den letzten Tagen haben wir Länder mit Rotrüben u. Mangoldsamen ge-
sät u. Gemüse gesteckt«[10], berichtet er Ende April. Dann:
»Alles blüht u. grünt, im Wonnemonat Mai.«[11] Ende Juni:
»Vergangene Woche haben wir Endivien gesetzt. Kopfsalat
haben wir jetzt eigenen. Bald sind Stachel- u. Johannisbee-
ren reif.«[12] Dazu das Krankenblatt am 30. Oktober 1940:

»Hat dauernd sehr fleißig und auch frei in einer Garten-
gruppe gearbeitet, hat nie Schwierigkeiten gemacht, ist nie
besonders hervorgetreten, kommt spontan kaum mit dem
Arzt in Berührung.«[13]

Der tiefe Einschnitt in sein Leben, der lange Freiheitsentzug, die Monotonie ohne absehbare Perspektive bedrü-
cken ihn schwer. Die Beschäftigung in der Landwirtschaft
vermag ihn zwar abzulenken, aber in ihm beißen sich Zweifel und Ohnmacht fest. Zweifel, inwieweit sein Verhalten
angemessen war, als er den letzten Brief an Hitler schrieb.
Und Ohnmacht gegen die schreiende Ungerechtigkeit des
Sondergerichts.

Als könnte er alles als ein Missverständnis aufklären
und damit das Rad noch einmal zurückdrehen, schreibt er
am 2. Juni 1940 an das Sondergericht und erklärt, er habe
sich zu den Briefen an Hitler verpflichtet gefühlt, um den
Verantwortlichen für die Angriffe auf die christliche Weltanschauung zu belangen. »Die mir zur Last gelegte Absicht,
mit den Briefen propagandistische Zwecke verfolgt zu haben, lag mir fern. Ich wollte einzig und allein helfen, die
Lage zu klären.« Er wisse durchaus, dass er »in manchen
Äußerungen zu maßlos« gewesen sei, und bedaure dies
nachträglich. Er habe bedacht, dass aufgrund der außen-
politischen Lage in Deutschland »innenpolitisch Einigkeit
herrschen müsse«, dass jedoch diese Einigkeit »durch die
nutzlosen Kämpfe gegen die Grundlagen der christlichen
Bekenntnisse nicht gefördert werde«. Darum bittet er, »in
der Wehrmacht zum Schutz des Vaterlandes dienen zu
dürfen«, und kündigt an, was ihm hernach wieder leidtun
wird: »Ich bin bereit, den Fahneneid zu leisten.« Die Unterbringung in einer psychiatrischen Einrichtung lässt ihn
schier verzweifeln. »Sollten Sie meinem Wunsche nicht

entsprechen, dann bitte ich, mich auf Grund des Gutachtens von Herrn Oberarzt Dr. Ederle rechtmäßig zu verurteilen und zu bestrafen. Ich weiß, was ich getan habe und warum.« Dieses Gesuch, von dem sich Roller eine Abschrift anfertigt, bleibt ohne Echo. Infolge der Briefzensur verlässt es nämlich gar nicht erst die Anstalt. Denn es ist üblich, dass an Behörden gerichtete Eingaben von Patienten, die als lästig oder störend eingeschätzt werden, unbefördert bleiben.

Im Sommer 1940 findet die Direktion eine neue Verwendung für Roller: »Ich bin jetzt bei einer Gruppe, die hauptsächlich für unsere Männerkolonie Rahlen[14] arbeitet«, schreibt er seiner Mutter. »Manchmal sind wir dann über Mittag oben u. essen auch dort. Es ist ein schöner Hof mit allem Drum und Dran.« Auch Vieh wird dort gehalten, »etwa 25–30 Stück, davon vielleicht 20 Kühe«.[15] Anfang August schreibt er: »Nun haben wir hier schönes Wetter zum Öhmden[16] u. Ernten. Vergangene Woche half ich Garben binden auf einem Roggenfeld, das mit der Maschine geschnitten wurde.« Einen Monat später: »Die Ernte ist nun eingebracht. Das war eine harte Woche. Das Mähen habe ich auch angefangen.« Ende September: »Vergangenen Samstag feierten wir Erntedank bei einem guten Essen, neuem Most u. Stumpen. Gesternnachmittag taten wir neue Kartoffeln heraus. Am Freitag ging's in den Wald, um für die Anstalt Holz zu holen.« Und in den letzten Oktobertagen: »Nachdem wir unsere Kartoffelernte eingebracht hatten, kam in den beiden vergangenen Wochen noch ein 23 Morgen großer Rübenacker zum Abernten an die Reihe. – Gestern waren wir den ganzen Tag im Wald, wo wir Deckreißig schlugen u. bündelten. Zum erstenmal kam Schnee, noch etwas wässerig, aber ein Zeichen, daß der Winter kommen will.«[17]

Theodor Roller (im Vordergrund mit entblößtem Oberkörper) bei
Kanalarbeiten Anfang September 1940. Er schickt das Foto am
15. Februar 1941 an seine Mutter: »Ich lege Dir noch ein Bildchen bei.
Im Sommer letzten Jahres arbeitete ich am Kanal der Weissenauer
Bleicherei mit. Daher stammt die Szene.«

Zu landwirtschaftlichen Arbeiten kommen noch allerhand zusätzliche Aufträge. Manche davon übernimmt Roller freiwillig, vor allem dann, wenn sie aus dem Anstaltsgelände hinausführen. Anfang Juni schreibt er nach Hause:

»Letzten Samstagnachmittag, an dem wir grundsätzlich frei haben, meldete ich mich, um in Weingarten einen Waggon Kartoffeln helfen auszuladen. W. liegt ungefähr 5 km weg. Wir fuhren mit einem Bulldogg mit Wagen hin u. zurück.«[18]

Ein andermal werden Briketts ausgefahren, oder man lädt »zu fünft in Ravensburg fünf Eisenbahnwagen Kohlen u. Briketts« ab[19]. »In den letzten Tagen reinigten wir auf unserem Friedhof Wege«, steht im Bericht vom 1. Juni 1940. Am 8. September: »Vergangene Woche mussten wir auch feste ran. Ein Stück des Kanals der hiesigen Bleicherei wurde von uns gereinigt. Dann luden wir noch 6 Wagen Kohlen aus. Das macht warm!« Und im Brief vom 29. September lässt sich nachlesen, dass die Hilfsarbeiter aus der Anstalt immerhin gut genug dafür waren, der NSDAP zur Hand zu gehen: »Verschiedene Nachmittage arbeiteten Leute von uns an einer Schießanlage der Partei in der Nähe von Ravensburg, wo ich auch dabei war.«

Die körperliche Arbeit erzeugt einen Appetit, der nicht immer ausreichend gestillt wird. Wohl dem also, der eine fürsorgliche Mutter hat, die ein paar Extrawünsche erfüllen kann. »Dein Osterpäckchen habe ich zur bestimmten Zeit erhalten. Es hat mich sehr gefreut. Der Inhalt hat gut geschmeckt«[20], schreibt der Sohn nach Tübingen. Und im selben Brief: »Wenn es Dir möglich ist, kannst Du mir Schwarzbrot u. vielleicht etwas Geselz[21] oder Kunsthonig zusenden. Butter u. Wurst werdet Ihr wohl kaum ein wenig entbehren können? Ohne Lebensmittelkarten bekomme ich nämlich nichts diesartiges.« Die Mutter lässt sich nicht lange bitten und schickt Nahrhaftes, sooft es geht. »Die Päckchen erhalte ich durch die Post 3–4 Tage nach Auslieferung. Du musst deshalb Acht geben, der Inhalt kann evtl.

verderben bei der Hitze. Dies war zum Teil beim vorletzten Päckchen der Fall.«[22] Dann wieder: »Deinen Sonntagsgruß, den prima Apfel- u. Zwetschgenkuchen, habe ich erhalten.«[23]

Roller informiert sich, so gut es eben möglich ist, über die politische Entwicklung. »Wir haben in unserem Eßsaal einen Radio u. hören, wenn wir, der Witterung wegen, oben sein müssen. Auch Zeitungen, V.B.[24], NS.-Kurier u. das Bezirksblatt, können wir lesen, so daß wir schon auf dem laufenden bleiben.«[25] Von seiner Mutter hat er schon bald nach seiner Ankunft ausgelesene Tageszeitungen aus Tübingen erbeten: »Sende mir bitte öfters die Chronik[26]. Sie interessiert mich als Heimatblatt.«[27] Umgehend geht sein Wunsch in Erfüllung.

Mit den Augen seines Bruders Ernst, der als Soldat in den Krieg eingezogen worden ist und ihm gelegentlich nach Weissenau schreibt, verfolgt Theodor Roller die Kampfhandlungen. Er vermag sich dem patriotischen Sog nicht zu entziehen: »Inzwischen hat ja Belgien die Waffen niedergelegt, u. die feindlichen Heere sind auch erledigt, so daß nun neue Grundlage gegeben ist, die vielleicht auch Ernst auf einen andern Platz stellt. – Es ist ja unglaublich, in welch phantastisch kurzer Zeit nun Holland u. Belgien von uns gewonnen wurden. Nun ist der Stein im Westen in's Rollen gekommen u. wird weiterrollen.«[28] Drei Wochen später: »Inzwischen ist ja wieder Großes u. Entscheidendes zu unseren Gunsten geschehen. Bald wird England an die Reihe kommen.«[29] Dann aber auch, alles andere als mit dem Säbel rasselnd: »Nun sind wir schon im zweiten Kriegsjahr u. wünschen, dass es das letzte sei, u. ein gerechter Friede bald, zum wahren Wohle aller, herrscht.«[30]

Gegen Jahresende 1940 übernimmt Roller, weil er sich

davon erhebliche Vorteile verspricht, Arbeiten im Innendienst, die obendrein seiner Ausbildung mehr entsprechen als die Einsätze in der Gärtnerei und der Landwirtschaft. »Seit Ende Dezember bin ich nun auf dem Büro der Küchenverwaltung als Gehilfe tätig. Zum drittenmal, seit ich hier bin, angetragen, entschloß ich mich zuzugreifen, im Stillen unter der Bedingung, daß ich dann Ausgang erhielte. Ich will sehen, wie es geht. Ein Taschengeld, wöchentlich eine Mark, erhalte ich auch dabei. Das genügt nun, so daß ich Dich bitten darf, mir vorläufig kein Geld mehr zu senden. Außer Samstag u. Sonntag erhalte ich, als Auswirkung meiner Bürotätigkeit, von der Köchin etwas Essenszulage, was für Personal oder Rüstungsarbeiter zu viel gekocht wurde. Also auch in bezug auf Päckchen bitte einschränken.«[31]

Da vom Briefwechsel mit seiner Mutter nur die Briefe Theodor Rollers aufbewahrt wurden, lässt sich das Dialogische der langjährigen Korrespondenz nur schwer nachvollziehen. Es gibt eine Ausnahme, ein zufällig erhaltener Brief vom 19. Februar 1941. Er soll hier komplett dokumentiert werden, zum einen wegen seiner Einzigartigkeit, aber auch, um eine Vorstellung von der starken Persönlichkeit der Frau zu vermitteln:

Mein lieber Theodor!
Nun feierst Du Deinen 26. Geburtstag. Ich wünsche Dir für die Zukunft alles Gute; was nur eine Mutter wünschen kann. »Glaub nur feste, daß das Beste über Dir beschlossen sei, wenn dein Wille nur oft stille wirst Du von dem Kummer frei.« In diesem Sinne bitte ich Dich um Geduld, wenn die Zeit da ist kommst Du auch von dort weg und glaube mir l. Theo auch Dein Aufenthalt dort ist nicht umsonst. Wenn

Du wüßtest wie ich vor einem Jahr um Dich gebangt und gezittert habe, und wie ich es als eine Gnade Gottes ansah, daß Du nach Weissenau kamst. [Ein Wort unleserlich] können ja da gar nicht darein reden weil sie ja gar nicht alles wissen.

Ich warte bis Du ein Jahr dort bist, dann werde ich an H. Präsident Bohn schreiben; dann wollen wir das Weitere sehen. Deinen l. Brief habe ich gestern erhalten. Ernst ist nun schon wieder 8 Tage dort in Frankreich. Er muß auch aushalten, wir müssen nun, wo es um das Ganze geht, alle durchhalten und die Nerven nicht verlieren. England setzt nun alles daran um noch Hilfe zu bekommen, aber wenn es Gottes Wille ist daß England für alle sein Blut und Freveltaten geschlagen wird, dann hat alles keinen Wert, dann weiß unser Führer genau die Zeit und Stunde wenn er sie treffen wird. Dies ist mein felsenfester Glaube und daran kann mich niemand wanken machen. Und nun l. Theodor sei gesagt auch bei Dir kann noch alles gut werden, d.h. wenn Du lebst wie andere junge Menschen auch. Du verstehst mich wie ich meine; nicht in leichtem Sinne, aber es giebt auch schönes auf der Welt, man muß nur Augen dafür haben. Und Dein Arzt hat recht wenn er Dir sagt daß Du von Politik Dich fernhalten mußt. Ich habe schon mit so viel auch sogenannten Fremden geredet, auch einmal mit Herrn Beutelsbacher, auch er sagte, das ganze Weltgeschehen sei Gottes Sache. Er weiß Zeit und Stunde, und die Menschen sind nur seine Werkzeuge auch unser Führer.

Hilde in München schaut nach einer kleinen Wohnung, dies ist heute nicht so leicht, und wenn sie eine solche hat, dann heiraten sie. Hilde sehnt sich auch sehr nach einem eigenen Heim. Sie ist ja nun 10 Jahre unter fremden Leuten. Ihr Bräutigam hat mir einen netten Brief geschrieben und mich um ihre Hand gebeten. Es ist auch für mich ein Segen daß meine beiden Mädel so gute Männer gefunden haben die so für sie sorgen. Nun haben wir doch nicht mehr so kalt und Du wirst auch froh sein. Das Bildchen ist ganz nett, da war es aber recht heiß. Nun lasse Dir alles was ich Dir geschickt habe recht gut schmecken. Hilde schickt Dir ein Bild von ihr, Ernst und dem kleinen Werner, das wird Dich auch freuen.

Und nun wünsche ich Dir einen schönen Tag, Du bist ja nicht allein und verlassen.

Mit herzlichen Grüßen bin ich in Liebe Deine Mutter

Patientendeportationen in die Vernichtungsanstalt

Acht Tage vor Theodor Rollers formaler Einweisung durch das Gericht in eine Heil- und Pflegeanstalt, am 16. Februar 1940, wird Dr. Wilhelm Weskott zusammen mit anderen Verantwortlichen aus psychiatrischen Einrichtungen ins württembergische Innenministerium vorgeladen und vertraulich über bevorstehende Aktionen unterrichtet, die ihren Arbeitsbereich betreffen. Weskott ist einer von vier Oberärzten in Weissenau, ein Mitglied der NSDAP. Als kommissarischer Leiter amtiert dort zwar Medizinalrat Dr. Max Sorg, doch gilt der kirchentreue Mann bei den Nationalsozialisten als politisch unzuverlässig. Er wird darum von vornherein von der organisatorischen Vorbereitung der geplanten Krankenmorde ausgeschlossen. Als Sorg davon erfährt und im Stillen Obstruktion betreibt[32], wird er aufgefordert, seine Pensionierung einzuleiten. Am

17. Juni 1940 meldet er sich krank, am 28. Juni 1940 teilt das Innenministerium der Weissenau mit: »Medizinalrat Sorg wird bis auf weiteres als durch Krankheit an der Versehung seines Dienstes verhindert angesehen.«[33] Am 1. Januar 1941 nimmt der Dreiundsechzigjährige jedoch seinen Dienst als Arzt wieder auf. Da zu viele Mitarbeiter im Kriegseinsatz stehen, kann auf seine Arbeitskraft nicht verzichtet werden. Leitungsfunktionen darf er in Weissenau jedoch nicht mehr übernehmen – zumindest nicht offiziell.

Direktor ist seit dem 30. März 1940 Obermedizinalrat Dr. Wilhelm Gruhle, der sein Amt aber nicht antreten kann, denn er ist und bleibt in der Wehrmacht. Obermedizinalrat Dr. Bischoff, der am 1. Juli 1940 aus der Anstalt Zwiefalten nach Weissenau versetzt wird, übernimmt die kommissarische Leitung.

Anfang 1940 hat die Weissenau 1017 Patienten, 505 Männer und 512 Frauen – zum Jahresende werden weniger als die Hälfte gezählt, nämlich nur noch 447[34]. Das Spektrum der Erkrankungen ist breit, doch die staatliche Gesundheitspolitik wird zunehmend von Kriterien dominiert, die nicht auf Differenzierung und schon gar nicht am Wohl der Patienten ausgerichtet sind. Im Vordergrund stehen erbbiologische Gesichtspunkte, die schon 1933 die gesetzlichen Grundlagen definieren halfen, nach denen die Fortpflanzung bestimmter Patientengruppen unterbunden werden soll. Wer als erbkrank gilt, läuft seit dem 1. Januar 1934 Gefahr, unfruchtbar gemacht zu werden. Darunter fallen: »Angeborener Schwachsinn, Schizophrenie, zirkuläres (manisch-depressives) Irresein, erbliche Fallsucht, erblicher Veitstanz (Huntingtonsche Chorea), erbliche Blindheit, erbliche Taubheit, schwere körperliche Missbildungen sowie schwerer Alkoholismus.« Das nationalsozialistische

»Gesetz zur Verhütung erbkranken Nachwuchses« ermöglicht die Sterilisation »auch gegen den Willen des Unfruchtbarzumachenden« und lässt »die Anwendung unmittelbaren Zwanges« zu[35].

Diese gesetzlichen Vorschriften und eine Reihe von Durchführungsbestimmungen beschäftigen die Ärzte in erheblichem Maße. Sie müssen nicht nur die als erbkrank klassifizierten Patienten dem Gesundheitsamt melden, damit Sterilisationsverfahren eingeleitet werden können, sie müssen zudem alle Patienten erbbiologisch erfassen und sogenannte Sippentafeln erstellen.[36] Ausschließlich für diesen Zweck werden 1937 in der Weissenau zwei Arztstellen geschaffen.[37] Bis 1939 sind 310 Anträge auf Sterilisation gestellt worden, davon wurden 299 im benachbarten Städtischen Krankenhaus Ravensburg vorgenommen. »Die Betroffenen haben den Eingriff keineswegs als heroisches Opfer für die Gesundheit des deutschen Volkes verstanden, sondern als eine Verstümmelung und Entwertung, von der sie ihr Leben lang belastet waren und von der selbst in der engsten Familie oft nicht gesprochen wurde«, schreibt Manfred Kretschmer, von 1971 bis 1984 stellvertretender ärztlicher Direktor der Weissenau.[38]

Zwei Sorten von Meldebögen waren Ende 1939 vom Reichsinnenministerium an die Heil- und Pflegeanstalten verschickt worden. Zum einen wurden damit die Patienten erfasst und klassifiziert. Neben der Art der Erkrankung wurden Rassenzugehörigkeit, Aufenthaltsdauer, Arbeitsfähigkeit und die Häufigkeit der Besuche von Angehörigen erfragt. Zum anderen wollte man Größe und Ausstattung der Anstalten wissen. Die rücklaufenden Bögen erhielt eine Abteilung des Reichsinnenministeriums, die von April 1940 an in der Berliner Tiergartenstraße 4 residierte und nach deren Adresse die anschließenden Patientenmorde inoffiziell als »Aktion T4« umschrieben wurden. Gutachter bewerteten die eingegangenen Daten und stellten Listen jener Patienten zusammen, die getötet werden sollten. Anfang 1940 trafen erste Transportlisten in den württembergischen Anstalten ein, die darauf aufgezählten Personen wurden mit Omnibussen abgeholt und – teils direkt und teils über sogenannte Zwischenanstalten – in die Vernichtungsanstalten deportiert. Der erste Transport aus Weissenau ging am 20. Mai 1940 ab, der letzte am 13. März 1941. Mit insgesamt zehn Transporten wurden 677 Patienten nach Grafeneck gebracht und dort ermordet, ein weiterer Transport brachte vierzehn Patienten in die Heilanstalt Weinsberg bei Heilbronn und anschließend vermutlich in die Vernichtungsanstalt Hadamar auf dem hessischen Mönchberg.[39] Nach diesem Abschluss wird Dr. Wilhelm Weskott im April 1941 in die Wehrmacht einberufen, die ärztliche Leitung übernimmt Dr. Bischoff.

Zuvor fasst Weskott im Weissenauer Geschäftsbericht für das Jahr 1940 die Folgen der einschneidenden Ereignisse zusammen: »Das Gesamtbild des Anstaltsbetriebes hat sich wesentlich verändert. In Anpassung an die sich stetig vermindernde Krankenzahl wurden immer mehr Abteilungen geräumt. Im September 1940 konnte der gesamte Krankenbestand im Altbau untergebracht werden. Die gesamten Außenabteilungen, Neubau, Abtl. K, Abtl. J und die Baracken wurden geräumt und seither von Kranken nicht mehr benützt. Auf diese Weise fand auch eine Anpassung an die sich stetig vermindernde Zahl des Pflegepersonals statt und die Zahl noch bestehender Abteilungen konnte einigermaßen ausreichend mit Personal besetzt bleiben. [...]«[40]

Den meisten Bewohnern der Anstalten bleibt die tödliche Gefahr nicht verborgen. Auch aus der Weissenau gibt es dazu Überlieferungen. Wann genau er zum ersten Mal von den Transporten nach Grafeneck erfahren hat, daran konnte sich Theodor Roller bei unseren Gesprächen nicht mehr erinnern. Es muss irgendwann im Sommer 1940 gewesen sein. Rückblickend erzählt er 2007: »Ein Pflegling, der beim Amtmann der Anstalt auf dem Büro arbeitete, berichtete uns vorsichtig Folgendes: Mit halb verdeckten Omnibussen würden die nicht arbeitsfähigen Insassen der Anstalt in andere Anstalten transportiert. Durch falsche Dokumente würden Krankheiten erfunden, die zum Tode führen und geführt hätten. Es war die Vernichtung unwerten Lebens. Nur die arbeitsfähigen Pfleglinge würden vom Abtransport verschont.« Und nach einer kurzen Gedankenpause fügt er noch hinzu, nun in breitem Schwäbisch: »Dia hent se noch brauche kenne, net.« Arbeit war Überlebensmittel. »Die, die geschafft haben, mussten keine Angst haben. Wenn ich nicht geschafft hätte, hätten sie mich auch ausrotten können. Des wär' für die doch a g'mäht's Wiesle g'wä.« Wobei er mit »die« nicht die Anstaltsleitung meint, sondern die Organisatoren des Krankenmords.

Sein Informant in der Weissenau, erzählt Roller, sei Franz Dallmeyer gewesen. »Das war eher ein Intellektueller, mit dem habe ich mich oft unterhalten.« Von ihm habe er auch gehört, dass die Kleider derer, die weggebracht wurden, zurückgekommen und aufgelistet worden seien. Seines Wissens sei Grafeneck unter den Patienten kein Gesprächsthema gewesen. »Der Dallmeyer hat die Wahrheit gesagt. Aber man hat halt sein Maul halten müssen.« Als bedrückend empfindet er: »Es waren auch Männer darunter, die noch im Ersten Weltkrieg für Deutschland gekämpft haben.«

Öffentlich wagte es fast niemand, über das Eliminierungsprogramm zu reden. Einige verzweifelte Angehörige von Patienten, die »verlegt« worden waren, schickten anklagende Briefe an die Anstaltsleitung, Gerüchte über das Geheimnis der rauchenden Schornsteine auf Grafeneck verbreiteten sich hartnäckig, der Stuttgarter Generalstaatsanwalt fragte ungläubig im Reichsjustizministerium an, der protestantische württembergische Landesbischof protestierte wiederholt schriftlich bei hohen NS-Politikern, etwa am 6. Juli 1940 beim Minister für kirchliche Angelegenheiten, Hans Kerrl, oder knapp zwei Wochen später beim Reichsinnenminister Julius Frick.

Theodor Roller thematisierte die Transporte in den Briefen an seine Mutter nicht, vielleicht erschien ihm das zu riskant. Erst als er ab und zu Freigang erhielt, konnte er diese Gelegenheit auch dafür nutzen, die Post an seine Mutter außerhalb der Weissenau in einen Briefkasten zu werfen – und damit die anstaltsinterne Zensur umgehen.[41] Möglicherweise war der Brief vom 19. Januar 1941 der erste auf diesem direkten Weg, seit ihm die neue Freiheit zugutekam und er hin und wieder die Anstaltsmauern hinter sich lassen durfte. Darin heißt es: »Nach Bethel sendet Ihr 5 Mark. Das ist schön u. ein gerade heute angebrachter Zweck, wo man amtlich u. privat der Gefahr die Hand reicht, über der Förderung des Gesunden die Kranken etwas zu vernachlässigen, welche in Anstalten untergebracht sind!«[42]

»Flüchten wollte ich nicht«

»Nun habe ich also Samstag- u. Sonntagmittag von ½ 1 bis ½ 6 Uhr freien Ausgang, dessen Genehmigung den Umständen entsprechend den Herren Ärzten hoch zu veranschlagen ist!«[43] Mit dieser Vergünstigung, die wohl nicht zufällig mit der Rückkehr von Dr. Sorg in die Anstalt zusammenfällt, hat das Jahr 1941 verheißungsvoll begonnen. Roller darf bei diesem ersten Ausgang noch einen anderen Tübinger, mit dem er sich angefreundet hat, mit hinausnehmen. Zusammen wandern die beiden nach Fidazhofen, eine halbe Stunde von der Weissenau entfernt. Oben auf dem Bergkamm kehren sie bei einem Wirt ein. Dort helfen sie beim Holzspalten und schleppen Bausteine. Als Lohn gibt es eine kräftige Vesper und fünfzig Pfennige auf die Hand.

Solch bescheidener Nebenerwerb, überwiegend bei Bauersleuten in der nahen Umgebung, wird noch oft ein kleines Taschengeld bescheren und das karge Anstaltsessen aufbessern. »Wegen der Kost hatte ich schon öfters, teils ganz bewegte, Aussprachen mit meinem Chef. Besser wird's wohl nicht. Aber, wie Du weißt, bekomme ich ja etwas dazu«, schreibt er seiner Mutter: werktags gewöhnlich einen Nachschlag als Vergünstigung für seine Bürotätigkeit in der Küchenverwaltung, samstags ein Zubrot in der Landwirtschaft. »Bei meinem Wirt, dem ich samstags helfe, habe ich schon Kopfsalat, Blumenkohl u. Kohlrabi gesetzt. Du weißt, im Garten arbeite ich besonders gerne!«, teilt er an Ostern mit. »Es sind nette Leute.«[44] Und über Arbeitgeber in Wilhelmskirch, bei denen sein Tübinger Gefährte schon gelegentlich gefällig war, berichtet er: »Wir wurden gastfreundlich aufgenommen. Ich trank einmal wieder

Vollmilch!«[45] Und so geht es an weiteren Samstagen fort: »Von 13–17.20 Uhr Holz gespalten. Ein netter Ausgleich für das Federhalterführen die Woche über.«[46] Oder: »Kürzlich half ich einen Mittag dem Obstbauern Äpfel brechen.«[47]

Den Samstagnachmittagen, an denen Aushilfsarbeiten erledigt werden, folgt an den Sonntagen zunächst der Gottesdienst. Und nach dem Mittagessen geht es hinaus in die freie Natur. »Wir haben eine katholische u. eine evangelische Kirche in der Anstalt, die zugleich für den Ort Weißenau dienen. Früher war die Anstalt ein Kloster, daher sind auch die Kirchen dabei«, registriert er gleich zu Beginn seines Aufenthalts in der Weissenau.[48] Die Sonntage sind die Inseln in der Woche, die es einigen wenigen Patienten vergönnen, den Alltag ein Wegesstück weit hinter sich zu lassen. Seit Theodor Roller an den Wochenenden Ausgang hat, sind für ihn die Sonntage oft auch Wandertage. »Letzten Sonntag wanderte ich über Weiherstobel nach Oberzell – über die Brücke, die wir nicht fanden – u. dann nach Ravensburg. Dort besichtigte ich die Veitsburg. Heute mittag will ich auch wieder hinaus. Es ist klares Wetter. Da sieht man die Alpen so schön u. vielleicht auch den Bodensee.«[49] Ein andermal: »An den vergangenen Sonntagen wanderte ich mit Leidensgenossen, die auch freien Ausgang haben. Heute werden wir, zu dritt, auch hinausgehen.«[50]

Bald getraut sich Roller noch größere Erkundungen: »Über Ostern habe ich einen netten Nachmittagsausflug gemacht: Ein Pfleger lieh mir sein Fahrrad. So fuhr ich am Sonntag nach Friedrichshafen u. besichtigte es; dann weiter nach Eriskirch. Dort waren Fritz Joos u. ich vor etwa 16 Jahren mit der ›Jungschar‹ ein paar Wochen in Ferien. Das

war eine schöne u. glückliche Erinnerung!«[51] Nach dem
ersten Maiwochenende schwärmt er: »Ich machte mit einem Kameraden am Sonntag einen schönen Spaziergang.
In einem Bauernhaus tranken wir dann jeder einen Schop-
pen kuhwarme Vollmilch mit Schwarzbrot.«[52]

Zu einem bevorzugten Ausflugsziel an warmen Sonntagen wird ein naher Badeweiher: »Kürzlich fuhren K.[53] u.
ich an einem Sonntagmittag auf dem ›Flappachweiher‹, einem See 1 Stunde von hier, schön gelegen, Kahn. Das war
fein. K. fuhr zum erstenmal u. freute sich sehr.«[54] An diesen idyllisch gelegenen Ort zieht es ihn auch in den Som-
mern der noch folgenden Jahre. »Könntest Du mir eine
Badehose zusenden? Es wird vielleicht noch eine da sein.
Jetzt ist die Zeit zum Baden. In dem Flappachweiher ist ja
gute Gelegenheit dazu«, schreibt Roller am 20. Juni 1941
nach Tübingen. Zehn Tage später: »Am Sonntag, 22. d. M.,
haben wir im Flappachweiher gebadet. Das war fein.« Der
Weissenauer Sommer 1941 ist zwar ziemlich verregnet, ver-
geht aber dennoch nicht ganz ohne weitere Badegelegen-
heiten, ehe das Saisonende verkündet wird: »Mit dem Baden ist's nun herum. Das Wetter ist wohl besser, aber schon
wird es kühl u. der Herbst meldet sich.«[55] Dann, am ersten
Novemberwochenende: »Gestern Mittag war ich spazieren. Wie freut man sich, wenn man wieder nach einer Woche in die Natur hinauskann!«[56]

Nie verleitet ihn diese Freiheit dazu, sich davonzusteh-
len, beispielsweise nach Tübingen. »Auffällig ist wie wenig
er herausdrängt«, steht am 12. Dezember 1941 in seinem
Krankenblatt«, und das klingt nicht gerade so, als spreche
es zu seinen Gunsten. Im Interview entgegnet Roller 2008
auf eine entsprechende Frage: »Die Schweiz war nur zwanzig Kilometer entfernt. Diese Richtung wäre vernünftiger

gewesen. Aber ich wollte meinen Standpunkt behaupten, flüchten wollte ich nicht. Dann hätte ich schon 1935 auswandern müssen, als ich aus der HJ ausgetreten bin.«

Obstversand nach Tübingen

Im Geschäftsbericht für das Jahr 1941 meldet die Anstalt nach Stuttgart: »Überall, wo durch Personalmangel Lücken auftreten, werden sie durch Krankenarbeit so weit als möglich wieder gefüllt. Der große Ökonomiebetrieb der Anstalt wäre ohne die Kranken nicht umzutreiben.«[57] In der Küchenverwaltung wird Theodor Roller bald unentbehrlich, zumal er fachliche Kompetenz einbringen kann. Drei Leute arbeiten in diesem Büro: ein beamteter Betriebssekretär, ein Angestellter und er, die beiden Letzteren zusammen in einem Raum. »Die Hausfrauen-Kunst, aus dem Geringsten das Beste herauszuholen, ist auch in unserer Küche dringend nötig, aber sie kann nicht erlernt werden, wie jede wahre Kunst. Ich bekomme einen Einblick in die Grundsätze der Verwaltung u. Ernährung eines solchen Betriebs.«[58] Ein Vierteljahr später: »Auf dem Büro sind wir z. Zt. zu zweit. Der Sekretär muß sich operieren lassen in Ulm u. ist voraussichtlich einige Wochen weg. Wir zwei arbeiten gut zusammen, u. so ist es jetzt ganz angenehm.«[59]

Die Direktion, so scheint es, beginnt sich auf diesen Zustand einzustellen: »Zur Zeit muß ich fester arbeiten. Wie schon geschrieben, ist der Sekretär z. Zt. in Krankheitsurlaub; so haben mein Kollege, Herr Gams, u. ich die Arbeiten allein zu erledigen. Da haben wir nun den Monatsabschluss zum ersten Mal allein zu machen. Aber es geht, wenn auch viele Schwierigkeiten zu überwinden sind. Ich arbeite hieran gerne u. kenne mich ja in der Buchhaltung gut aus.«[60] Zwei Wochen später: »Arbeit habe ich nun, wie schon mitgeteilt, die Menge. Die Monatszusammenstellung haben wir fertig. Abends bin ich z. Zt. meistens bis 7, ½ 8 Uhr mit Herrn Gams im Geschäft, esse dann auch dort. Dann gehe ich noch in den Anstaltsanlagen spazieren, darauf ins Bett.«[61] Mit einer gewissen Befriedigung teilt er mit: »Ich bin, nachdem ich nicht mit der Waffe in der Hand mein Vaterland verteidigen kann, doch froh, in meiner jetzigen Stellung meine Pflicht erfüllen zu können u. meinen Kameraden hier ein Kamerad sein zu dürfen.«[62]

Den Platz, den die knapp 700 in Grafeneck ermordeten Patienten frei machten, hat plangemäß die Wehrmacht übernommen. Seit im Frühjahr 1941 ein Reservelazarett in einem ehemaligen Patiententrakt eingerückt ist, fühlt er sich durch die tägliche Konfrontation mit Soldaten – darauf bezieht sich die oben zitierte Bemerkung – unter Druck. Dies zumal, weil ihm und weiteren Patienten erlaubt wird, an manchen Unterhaltungsveranstaltungen teilzunehmen. »Kürzlich durften wir an einem Abend in den Film ›Ohm Krüger‹, der von der Partei in unserem Festsaal aufgeführt wurde«, schreibt Roller am 1. September 1941 in einem Brief, »es war für mich ein gewaltiges Erlebnis!« Ein andermal war er unter denen, die sich abends den Film »Bismarck« ansehen durften: »Er war schön u. interessant. Wie ekelte einen doch das Theater im Parlament an.«[63] Hin und wieder besucht er sonntags Nachmittagsvorstellungen im Weingartener Kino, erwähnt werden in den Briefen die Filme »Friedrich Schiller«[64] und »Änneli«[65]. Mehrfach ist davon die Rede, dass er allein oder in Gesellschaft die

142

Theodor Roller mit seiner Mutter bei deren Besuch in Weissenau am 9. Juni 1941.

»Wochenschau« angesehen habe.[66] Diejenigen mit Ausgangsberechtigung durften einmal in den Zirkus Hagenbeck: »Bezahlt hat die Anstalt. Es war schön u. interessant.«[67]

Aus der engen Zusammenarbeit mit dem Angestellten Alois Gams ergibt sich allmählich eine freundschaftliche Beziehung, die sogar Kontakte der Familie Gams mit Rollers Mutter einschließt. »Wir waren wie Kameraden, obwohl er Parteimitglied war. Er war mir sehr wohlgesonnen. Es gab eben unter den Nationalsozialisten auch welche, die waren anders als die Masse der Fanatiker«, erinnerte sich Roller in einem Gespräch mit mir. Im Mai 1941 schreibt er seiner Mutter: »Herr Gams würde Dich gerne, wenn Du mich in Bälde besuchst, beherbergen. Er ist froh, daß ich ihm nun auch so feste beistehe. Er ist verheiratet, hat ein Mädchen mit 13 Jahren u. seine Schwiegermutter – in Deinem Alter – bei sich. Seine Frau arbeitet z. Zt. bei der Ernährungsstelle in Ravensburg. Wohnen tut er in Ravensburg, etwa 20 Minuten zum Laufen von hier, gleich, wenn man von Weissenau aus geht, am Anfang der Stadt. Ich glaube, Ihr würdet Euch gut verstehen. Seine Schwiegermutter freut sich schon auf die ›neue Freundin‹.«[68] Zwei Wochen später ist die Zusammenkunft fest verabredet: »Herrn Gams habe ich mitgeteilt, daß Du seine Einladung angenommen hast. Er hat es bereits daheim gesagt. Am Samstagnachmittag habe ich ab ½ 1 Uhr ja sowieso Ausgang. Ich würde Dich also von der Bahn abholen.«[69] Weiter aus der Planung für den Besuch, der auf den 5. Juni 1941 gelegt wird: »Abends kann ich vielleicht Verlängerung erhalten, dann würde ich Dich zu Herrn Gams bringen. Wegen des Sonntags kann man ja dann hier miteinander reden.«[70] Der Kontakt zu dem Kollegen aus dem Küchenbüro festigt sich: »Letzten Samstagnachmittag war ich bei Gams! Ich trank Kaffee mit. Nachher musizierten Herr Gams u. ich noch eine Stunde.«[71]

Alois Gams und Theodor Roller ergänzen sich bei der

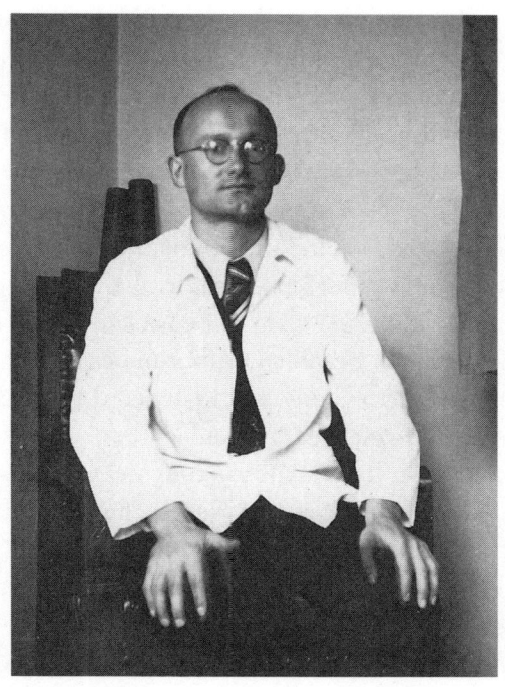

Theodor Roller am 17. November 1941 als Mitarbeiter im Büro in der Weissenau, fotografiert von seiner Mutter während eines Besuchs.

Arbeit zu einem wirkungsvollen Gespann, die harmonische Beziehung überträgt sich auch auf die Freizeit, die Roller gelegentlich sogar Familienanschluss beschert. Die Mütter schreiben sich ab und zu, Grüße werden ausgerichtet. Im Herbst 1941 kann Roller dank Kooperation mit Gams einen höchst ungewöhnlichen Obsthandel aufziehen. »Letzten Samstag war ich bei Herrn Gams eingeladen zu Kaffee u. Kuchen. Seine Frau war verreist. Dann gingen wir zu einer Obst- und Gemüsehändlerin, mit der wir arbeiten, u. ich

bekam die Zwetschgen. Es waren 42,2 Pfd. Ein Pfund koste-
te 32 Pfg, macht 13,50 M, Extrakosten 1,20 M, 2 Körbchen
60 Pfg, zusammen also 15,30 M, oder 1 Pfd = 36,2 Pfg. Die
Körbchen kannst Du mit der Post an Herrn Gams [...] senden. Ich werde nochmals nach Zwetschgen schauen. Auch
Äpfel glaube ich, bekommen zu können. Wieviel Zentner u.
was für Sorten etwa wolltet Ihr nehmen? Schreibe mir bitte
gleich. Den Preis weiß ich noch nicht, aber er wird im Rahmen sein. Allerdings müßt Ihr mir das Geld vorher senden,
damit ich gleich bar bezahlen kann. Am besten durch Post-
anweisung an Herrn <u>Gams</u>. Die Kistchen dazu müsste ich
kaufen. Also, bitte gleich erledigen!«[72]

Der Obstversand nach Tübingen ist nicht die Ausnahme,
sondern wird für eine Zeit lang die Regel. Zweieinhalb Wochen nach der ersten Sendung geht es weiter: »Die Zwetschgen wirst Du erhalten haben, hoffe ich. [...] Der Sohn eines
Bekannten von mir würde im Auto, voraussichtlich Ende d.
M., wenn er seinen Vater besucht, Euch, wenn gewünscht,
nochmal etwa 2 Zentner bringen, wenn Ihr wollt.«[73] Roller
kann relativ selbständig an Wochenenden Obst aufkaufen,
die Geldüberweisungen werden über Gams abgewickelt.
»Das Geld habe ich durch Herrn Gams erhalten u. die
Sachen bezahlt.«[74] Am 20. Oktober 1941: »Äpfel könntet
Ihr noch 3 Zentner bekommen.« Am 30. November 1941:
»Teile mir nun bitte mit, an wen noch u. wieviel Äpfel an
Euch gesandt werden sollen.« In den Monaten September
bis November versendet Theodor Roller per Bahnexpress
42,2 Pfund Zwetschgen und 263 Pfund Äpfel. »Nun wird es
wohl genügen mit den Äpfeln, oder wolltet Ihr nochmals?«,
fragt er am 9. November 1941. Und am 14. Dezember 1941:
»Gestern bin ich gleich, wegen der Äpfel für Hilde, zu
Herrn Probst[75]. Ich kann sie nur noch durch die Post weg-

senden, denn Genehmigung vom Ortsbauernführer für Expreß- oder Frachtgut gibt's nicht mehr. Morgen werde ich an Hilde 3 Pakete mit zusammen 102 Pfd. schöner Äpfel wegschicken.« Auch an seine Mutter und an Bekannte der Familie gehen noch 209 Pfund Goldparmänen und Boskop ab, nebst einigen Ratschlägen für die Lagerung: »Lagerung erfolgt am besten im Keller auf Stroh. Keller soll frostsicher u. gut durchlüftet sein. Einzeln legen, vorher sortieren, Äpfel mit kleinen Mängeln nicht aufbewahren. Zur Luftreinigung vorher Schwefel abbrennen, öfter lüften u. durchsehen wegen angefaulter Äpfel.«[76]

»Ich kämpfe und leide nun sieben Jahre«

Die Arbeit zerstreut Theodor Roller und ermöglicht ihm eine gewisse Selbständigkeit, die Wanderungen nehmen ihm, wie ein Ventil, ein wenig von dem Druck der Gefangenschaft, und die Bekanntschaft mit Gams beschert ihm kleine Annehmlichkeiten. Doch für die fehlende Freiheit sind sie kein voll befriedigender Ersatz. Eine halbwegs normale Umgebung bietet in den ersten Monaten nur der Gottesdienst. In die Klosterabtei kommen nämlich auch die Gläubigen der Umgebung. »Der alte Sonntagsanzug tut's hier noch, da ich höchstens sonntags in die Kirche komme, also nicht aus der Anstalt hinaus«[77], schreibt er bald nach seiner Ankunft. Aber sein Blick richtet sich immer auch auf das Leben jenseits der Mauern. »Nun wird's bei mir bald ein Jahr, daß mich das Gericht in diese herrliche Anstalt einliefern ließ«, schreibt er im Februar 1941 mit sarkastischem Unterton. »Ich sprach schon mit verschiedenen

Männern. Durchschnittlich meinten sie, ein halbes oder ein Jahr Gefängnis, zur Not auch Zuchthaus, wäre für mich besser gewesen, als diese liebevolle, zeitlich beliebig[78] ausdehnbare seelische u. körperliche Ruinierungsanstaltshaft. Aber ich will, trotz allem, noch das Beste heraussehen!«[79]

Anscheinend ist er nach der Urteilsverkündung nicht darüber belehrt worden, welche, wenn auch wenig aussichtsreichen, Mittel und Wege ihm offenstehen, um aus der Anstalt entlassen zu werden. Gottergeben hat er anfangs auf irgendein Zeichen des Sondergerichts gewartet, was er zu tun habe, um wieder aus der Anstalt zu kommen. Vergeblich. Vielleicht hat ihn jemand in der Anstaltsverwaltung mit Kenntnissen in der Strafrechtspraxis auf milde Urteile aufmerksam gemacht. Es wird jedenfalls kein Zufall sein, dass er gerade in den ersten Wochen seiner Aushilfstätigkeit in der Verwaltung aktiv wird, nachdem er von einem Oberarzt, wahrscheinlich Dr. Sorg, über das Verfahren informiert worden ist. »Die Initiative müsse von mir bzw. vom Gericht ausgehen«, schreibt er, »ich könnte es ja einmal versuchen, an das Gericht eine Eingabe wegen Entlassung zu richten. Er sprach, dem Sinne nach, von dieser unverständigen Gerichtsentscheidung, nach dem mich für normal erklärenden Gutachten von Dr. Ederle mich in eine solche Anstalt zu verbringen. Weiter meinte er, er könne mir – u. wohl auch sein Kollege Dr. Weskott – ein gutes Zeugnis ausstellen; nur müsste ich mich ganz von der Politik fernhalten.«[80] Im Krankenblatt wird am 18. Februar 1941 eingetragen: »Hat sich weiterhin absolut unauffällig und geordnet geführt, arbeitet in letzter Zeit in der Verwaltung als Hilfskraft. Will demnächst eine Eingabe an das Gericht machen. Er ist sich über seine Situation vollständig im klaren.«[81]

Die Überlegungen, wie es nach einer Entlassung für ihn weitergehen könnte, werden auf einmal sehr konkret. »Ich glaube, wenn ich herauskäme, müsste ich auch allmählich heiraten«[82], sagt er sich. Auf eine eher träumerische Weise hat er bislang an seiner Freundin aus dem Tübinger Vorort Derendingen festgehalten, auch wenn sie seit seiner Verhaftung im Frühjahr 1939 auf seine Briefe nicht mehr reagierte. Im Februar 1941 schließlich ringt er sich durch und teilt ihr mit, dass er die Verbindung mit ihr »als endgültig gelöst ansehe«.[83] Er denkt über seinen künftigen Wohnsitz nach – falls es ihm denn gelingen sollte, aus der Anstalt entlassen zu werden – und malt sich aus, wie das Verhältnis zu seinen Eltern zu gestalten wäre. Klar ist ihm nur, dass seine Lebensumstände im Vergleich zu der Zeit nach dem erzwungenen Aufenthalt in der Münchner Psychiatrie »viel schwieriger« würden. Seiner Mutter schreibt er: »Ein Zurück nach Tübingen dürfte ausgeschlossen sein. Eine Tätigkeit auf einem Büro, in einem kleineren oder mittleren Betrieb, dürfte in Frage kommen. In der Landwirtschaft könnte ich mich ja auch betätigen, aber da müsste ich noch viel lernen. Körperlich geht es aber, das habe ich praktisch erfahren, u. Neues lernen ist schön u. interessant.«[84]

Psychisch belastet ihn die Gefangenschaft sehr: »Weißt Du, wenn man, wie im Winter, immer eingesperrt sein muß bei den vielen Menschen, das ist oft furchtbar u. macht einen erst krank. Sommers geht es besser.« Er erwägt, ob und, falls ja, wie er sich an das Gericht wenden sollte. Offenbar versucht seine Mutter, dort etwas für ihn zu erreichen, allerdings ohne Erfolg. »Du hast ja Dein Mögliches getan«, schreibt er ihr am 17. Juli 1941. »Daß ich anfänglich schwer enttäuscht war, läßt sich denken.« Er tröstet sich mit der Vorstellung, dass es für ihn durchaus schlimmer hätte kommen können; dennoch trifft ihn die Aussicht hart: »Nun bin ich also für die nächste Zeit noch in diesem Hause.«

Musik vermag ihn manchmal aufzurichten. Nicht nur die einfachen Weisen, wie sie in der Kirche gesungen werden, vermitteln ihm Geborgenheit. »Abends singen wir öfters Volks- u. Soldatenlieder. Eine Gruppe von noch nicht dem Weissenauer Trübsinn u. der Hoffnungslosigkeit verfallener junger u. älterer Männer mit noch jungen Herzen. So hilft Kameradschaft über vieles hinweg, wo man auch immer sein mag.«[85] Auch seiner Mutter empfiehlt er dieses Rezept: »Lies nur recht oft die feierlichen Lieder im Gesangbuch, auch der Großmutter, vor. Das vertreibt am besten trübe u. traurige Gedanken.«[86]

Bereits in seinem ersten Brief aus seiner Gestapohaft nahm, wie geschildert, auf seiner Liste dringend benötigter Utensilien ein Liederbuch den dritten Platz ein, aufgeführt nach der Taschenbibel und einem Heft mit Tageslosungen, aber vor Hemden, Hausschuhen und Zahnbürste.[87] Ähnlich in Weissenau. Schon im zweiten Brief aus der Anstalt bittet er seine Mutter um seine Mundharmonika und um sein Gesangbuch.[88] Ein Jahr später beauftragt er sie, in Tübingen das Musikhaus Kreul aufzusuchen. »Ich möchte eine Mundharmonika Hohner ›Preciosa‹, doppelstimmig c u. g, sie kostet 4 Mark. Ich habe mir das Geld erspart.«[89] Bezahlen muss er sie nicht. Das Musikhaus, daheim in der Nachbarschaft, schenkt sie ihm. »Ich habe sie heute noch«, erwähnt Roller fünfundsechzig Jahre später im Gespräch und zitiert Luther: »Musica ist das beste Labsal einem betrübten Menschen, dadurch das Herz wieder zufrieden, erquickt und erfrischt wird.« So sei auch ihm zumute ge-

wesen, als man in der Anstalt Volkslieder gesungen habe.
Und er fügt hinzu: »Ich war ja auf der besten Abteilung. Da
hat man oft net g'merkt, ob einer irgendwie einen Vogel
g'het hot.«

Kurz vor Weihnachten 1942 fragt er nochmals bei seiner
Mutter wegen einer Bestellung im Musikhaus an: »Nun
könntest Du bei Frau Kreul zwei Mundharmonikas für
mich u. einen Kameraden beschaffen? Entweder beide C –
oder G, also gleichstimmig.«[90] Als die Lieferung nicht
wunschgemäß ausfällt, präzisiert Roller: »Die beiden Mundharmonikas können wir, so fein sie klingen, nicht gebrau-
chen. Sie sind C- und G-Moll, wir müssen zwei C- oder
zwei D-Dur haben. In Moll gibt es nämlich ganz selten
Lieder. Ich wäre Frau Kreul sehr zu Dank verbunden, wenn
sie uns nun zwei Andere, wie gesagt, in Dur, senden könnte.
Der Preis ist Nebensache.«[91] Ebenfalls in der Weihnachts-
zeit, diesmal im Jahr 1943, wünscht er sich: »Mein hollän-
discher Freund hätte gerne eine Blockflöte oder sonstige
Flöte, oder Mundharmonika C oder G. Ich glaube ja kaum,
daß solche Sachen noch zu erhalten sind, aber wenn Du
oder Ernst Euch umtun würden? Das Geld würde ich Euch
dann senden.«[92]

Die Musik besänftigt ihn, vermag jedoch nicht die Sehnsucht nach Freiheit zu übertönen. Die Ende 1942 an seine
Mutter gerichtete Bitte, ihm seinen Wehrpass zu schicken,[93] deutet auf eine neue Strategie hin, die möglicherweise im Zusammenhang mit einem Krankenblatteintrag
vom 12. Dezember 1941 steht: »Nach Rücksprache mit dem
Staatsanwalt will die Mutter zunächst noch kein Entlassungsgesuch machen.«[94] Hartnäckig fasst er nach, als sie
seine Bitte vergisst oder übergeht: »Ich habe Dich um einen Wehrpaß gebeten. Sende ihn mir bitte zu. [...] Hoffent-

lich schlägt für mich bald die Stunde der Freiheit.«[95] Dabei fällt auf, dass er seine Mutter ausdrücklich auffordert, den Wehrpass an die Privatadresse seines Kollegen Gams zu senden, offenbar in der Absicht, die Klinikleitung zu hintergehen. Und als endlich ein amtliches Dokument eintrifft, das seine Mutter für das gewünschte gehalten hat, kann er damit nichts anfangen, weil dort die Entlassung aus der Wehrmacht wegen Geisteskrankheit eingetragen ist. Darauf folgt ein dritter Vorstoß: »Ist mein richtiger Wehrpaß (ein graues Büchlein) noch dort? Schaue bitte einmal nach u. sende ihn mir gegebenenfalls auch zu.«[96] Weder seine Mutter noch die Anstaltsleitung weiht er ein, was er damit vorhat. Auch in seinen Briefen erwähnt er nichts davon. Erst im November 1942 wird sich sein Plan offenbaren.

Zuvor stellt Theodor Roller ein offizielles Entlassungsgesuch, das allerdings, wenn überhaupt, nur dann mit Aussicht auf Erfolg verbunden gewesen wäre, wenn er klein beigegeben und, zugespitzt, Hitler über alles gestellt hätte. Vermutlich hat ihm seine Mutter dazu geraten, entsprechend zu argumentieren. Sie ist NSDAP-Mitglied, in existenziellen Dingen aber auch Pragmatikerin. Ihr Sohn dagegen will seiner Gewissensentscheidung treu bleiben, weil er zutiefst davon überzeugt ist, dass sie richtig war. Und er ist auch bereit, weiterhin die Konsequenzen zu tragen, so schwerwiegend sie auch ausfallen mögen.

In der Korrespondenz kommt es zu einem Streit zwischen Mutter und Sohn. Roller hält ihr vor: »Nun muß ich um der Wahrheit Willen folgendes sagen: Ich trat 1935 aus Glaubensgründen aus der HJ aus. Damit habe ich mich glaubensmäßig für Zeit und Ewigkeit entschieden. Man kann, das weiß ich felsenfest, nicht zwei Herren dienen,

Beim Besuch seiner Mutter im November 1941 bekommt Roller
Ausgang und lässt sich mit ihr in einem Fotoatelier im benachbarten
Weingarten fotografieren.

d. h. heute: Entweder glaube ich an Adolf Hitler oder an
Jesus Christus. <u>Entweder</u> bekenne ich mich zum Hakenkreuz <u>oder</u> zum Kreuz! Ich kämpfe u. leide nun 7 Jahre für
meinen Glauben. Ich bin dem Kreuz verschworen u. kann
nicht mehr anders, als es zu bekennen. Ich bin aber innerlich dadurch, das wisse, auch von Dir geschieden. Jede innere Entscheidung bedeutet: Scheidung!«[97]

Er will nicht undankbar erscheinen angesichts ihres auf-
opfernden Engagements für ihre Familie. Immer wieder
bekundet er seine Mutterliebe. »Mein fernerer Lebensweg
wird wahrscheinlich weder nach Deinem noch nach meines Vaters Wunsch verlaufen«, schreibt er ihr und schickt
als Trost ein Gedicht gleich hinterher[98]:

Mutter

Wer trug mich unter dem Herzen,
wer hat mich geboren in Schmerzen?
Du Mutter!

Wer lehrt' mich die ersten Schritte
u. beten nach Väter Sitte?
Du Mutter!

Wer teilt' mit mir Freude u. Leid,
als ich Knabe – o selige Zeit – ?
Du Mutter!

Als alle sich von mir wandten,
da bist Du treu zu mir gestanden:
Du Mutter!

Wie kann ich vergelten es Dir
doch dank ich Dir herzlich dafür,
meine Mutter!

Dennoch widerstreben ihm ihre politischen Einmischungen, gerade jetzt, wo er mit sich ringt, wie er seine Entlassung betreiben und trotzdem seiner Überzeugung treu bleiben kann. Brief für Brief stemmt er sich gegen die Vorwürfe der Mutter, fühlt sich missverstanden, zunehmend auch genervt und fordert sie schließlich auf, sich aus seinen Angelegenheiten herauszuhalten.

Aus der Anstalt schreibt er ihr am 6. März 1942: »Es kann die Zeit kommen, wo Du Dich gegen mich entscheiden mußt. Du hast mich bis heute, das weiß u. fühle ich, nicht ernst genommen. Ich aber nahm Dich ernst, muß Dich ernst nehmen u. deshalb muß ich mich von Dir innerlich lossagen.« Er wirft sich oft vor, dass er zu lange im mütterlichen Nest geblieben und deswegen, aus falsch verstandener Rücksicht, trotz seines bereits vollzogenen Bruchs mit den Nationalsozialisten vorübergehend Mitglied der SA geworden war. Als er sich »von der Hitlerjugend u. damit der Bewegung« lossagte, schreibt er, »war es zugleich ein seelisch-geistiger Abschied von Dir. Ich hätte Dir u. mir viel ersparen können, wenn wir uns schon 1935 getrennt hätten.«[99] Er habe erkannt, dass die Wahrheit von Gott komme und er darum auf dem falschen Weg gewesen sei.

Wo ihm die eigenen Worte fehlen, um seiner Überzeugung Ausdruck zu geben, hält er sich gern an Ernst Moritz Arndt, dessen Glaubenseifer und Gewissenspathos er bewundert. Roller zitiert ihn: »Es gibt auch einen heiligen Zorn, einen gerechten Haß gegen das Reich der Verdummung u. Verfinsterung, wovon uns der Erlöser selbst das Beispiel u. Vorbild gegeben hat. Dieser Zorn u. Haß muß brennen, er muß kämpfen u. ringen auf Tod u. Leben, wenn das Christentum selbst, wenn die geistige Freiheit des Worts u. Gedankens, wodurch wir ein göttliches Geschlecht sind, angegriffen u. gekränkt wird.« Damit ist der Maßstab vorgegeben. Auch Roller brennt, kämpft und ringt auf Leben und Tod, wenn das Christentum angegriffen wird: »Wenn sich nun ein Bube anmaßt, mir eine Idee aufzuzwingen, von der ich nach bestem Wissen u. Gewissen weiß, daß sie nicht wahr ist, dann hat das bei einem Mann einzutreten, was E. M. Arndt schreibt.« Mit dem anmaßenden Buben meint Theodor Roller niemand anders als Adolf Hitler. Sollte also dieser Hitler ihn zu einer Ideologie zwingen wollen, von der er nicht überzeugt ist, und sollte Hitler das hohe Gut der Meinungsfreiheit unterdrücken, dann würde er sich wehren und dabei den Tod nicht scheuen. »Ich hatte schon 1935 die Folgerung gezogen. Mein ferneres Zusammenleben mit Dir brachte mir manchen unnötigen Rückschlag«[100], hält er seiner Mutter vor.

Nach einem Jahr Arbeit in der Verwaltung würde er am liebsten wieder in der Natur arbeiten, »doch ist es so u. so nichts: Es fehlt mir eben die, glaube ich, verdiente Freiheit!«[101] Dafür will er nun kämpfen. »Wenn ich bis Ende April noch in der Anstalt sein muß, werde ich einen Schritt unternehmen.« Aber mit aufrechtem Gang. »Gnade Gott denen, die mich hier schmachten lassen. Sein ist die Rache! Was ich seinerzeit dem Führer schrieb, war nackte Wahrheit. Daß ich grundsätzlich hiervon etwas widerrufe, wird man, solange ich noch meinen klaren Verstand habe u. Achtung vor mir, sowie der Stimme meines Gewissens folge, nicht erleben. Man kann mich hier vielleicht noch zum Wahnsinn bringen, wenn die Knechtung noch lange dauert, aber über mir u. allem steht die ewige Wahrheit u. die hat gesiegt u. ich werde mit ihr siegen, ob ich gleich leiblich sterbe.«[102] Den wiederholten Einwänden seiner Mutter, die ihm vorhält, er müsse das Göttliche vom Menschlichen trennen, gebietet er rigoros: »Im übrigen finde ich es für zwecklos u. für mich geradezu gesundheitsschädlich, wenn Du mir Dinge schreibst über Kirche, Führer usw., also über Religion oder Politik. Ich habe hier keinen leichten Stand u. bitte Dich, mir Ärger u. Erbitterung über von Dir kommende unselbständige u. unentschlossene Bemerkungen oben genannter Art zu ersparen.«[103] Basta.

Der April stellt sich ein. Roller muss nicht als Soldat auf Menschen schießen, und er muss nicht hungern. »Ich kann zufrieden sein u. doch: Wer kann zufrieden sein, wenn er von seinen Volksgenossen zum Narren gestempelt usw. u. rechtlos in ein solches Haus verdammt wird. Ich habe einen gerechten Anspruch darauf, entweder freigelassen oder mit einer Strafe auf Grund gerichtlicher Aburteilung bedacht zu werden. Mich aber gegen ärztliche Gutachten hier herin zu verdammen, ist (vielleicht gutgemeint) eine infame Buberei.«[104]

Emma Roller, deren zweiter Sohn Ernst gerade im Krieg Leib und Leben riskiert, will verhindern, dass sich auch noch ihr Erstgeborener aus – wie sie es sieht – religiösem Starrsinn in Todesgefahr begibt. Viel Aufregung für eine Mutter, die ohnehin wenig Freude in ihrem Dasein verspürt. Theodor Roller hält ihr entgegen: »Willst Du einen ehr- u. rechtlosen Sohn, oder ist Dir Dein Sohn, der um sein Recht u. die erkannte Wahrheit kämpft, leidet u., wenn es sein muß, auch stirbt, u. der ich sein will, lieber? Ich müßte mich schämen, wäre Ersteres der Fall!!!«[105]

Ende April 1942 gibt es noch immer keine Anzeichen einer baldigen Entlassung. Was für Roller noch schlimmer ist: Es kommen nicht einmal die leisesten Signale vonseiten des Sondergerichts oder der Staatsanwaltschaft, dass man sich überhaupt mit seinem Fall befasse. Ihm erscheint es, als existierte er nicht mehr für den Staat. Es ist bereits der 23. des Monats, als er bekundet: »Nun hatte ich Hoffnung u. habe sie noch ein wenig, in Bälde von der Anstalt erlöst zu werden. Ich will, wenn im April nichts kommt, dann im Mai den Versuch eines Gesuches um Entlassung machen. Wenn es dann nichts wird, weiß ich noch nicht, ob ich auf dem Büro bleibe.« Dass höheren Ortes niemand anerkennen will, dass er dem Gemeinwesen nützlich sein möchte, enttäuscht ihn schwer. »Ich bin, nachdem ich nicht mit der

Waffe in der Hand mein Vaterland verteidigen kann, doch froh, in meiner jetzigen Stellung meine Pflicht erfüllen zu können u. meinen Kameraden hier ein Kamerad sein zu dürfen.«[106]

Nach wie vor arbeitet er engagiert in der Verwaltung, hat sogar in einer Aussprache mit dem ärztlichen Leiter einen zusätzlichen Ausgang in der Mittagspause zwischen zwölf und vierzehn Uhr aushandeln können.[107] Er kann also jetzt zusätzlich zu den kleinen Freiheiten an den Wochenenden auch werktags nach dem Essen das Anstaltsgelände verlassen, wenn ihm danach ist. Manchmal kehrt er kurz bei einer Familie Schmid ein, die in der Nähe ein Haus auf einer Anhöhe bewohnt. Er hat die tiefgläubige Familie durch einen Patienten aus Ebingen kennengelernt, der mit den Schmids bekannt ist. Sie nehmen Roller herzlich auf und zeigen für seine Situation großes Verständnis: Maria Schmid, die ihn in verzweifelten Momenten tröstet, Johann Schmid, der mit ihm an manchen Tagen im Garten werkelt, und die drei Töchter, die mit ihm als ebenbürtigem Mann umgehen. Hier findet Theodor Roller, wie er einmal schreibt, eine »Ersatzheimat«[108]. Auch er war, erinnert er sich im Gespräch mit mir, »gewissermaßen eine Art Ersatz«. Denn: »Frau Schmid hatte einen Sohn gehabt, der früh gestorben ist.« Ihr Mann, von Beruf Steuerbeamter, sei wegen einer psychischen Erkrankung ab und zu in der Anstalt behandelt worden und sei Frühpensionär gewesen.

Die Besuche bei den Schmids häufen sich, Roller verliebt sich in deren älteste Tochter. Ohne diese Familie und deren Wärme, schreibt er im April 1942, hätte er den vorangegangenen Winter nicht überstanden. Sonntags kehrt er häufig zur Kaffeezeit bei ihr ein, dann werden manchmal

Juni 1942: Emma Roller (links) zu Besuch bei Familie Schmid in Weissenau. In der Mitte Theodor Roller, rechts Maria Schmid.

Spiele hervorgeholt oder Musikinstrumente. Kurzweilig ist es immer.

Hin und wieder laden ihn die Schmids sogar zu einem Sonntagsausflug ein. Reime besingen das Glück, das er dort findet:

An Familie Schmid
Siehst Du am Berg das Haus?
Dort geh ich ein und aus.
Dort lebt noch heimisch Glück.
Dort gab sich Deutschland mir zurück,

Dort blüh'n der Rosen drei.
Wer wohl die schönste sei? –
Das weiß ich nicht – sie stechen auch,
Wie das bei Rosen Brauch.

Es soll die Freundschaft sein,
mög blü'n sie u. gedeih'n.
Ein edle Frucht soll werden draus,
Gott grüß' Dich – deutsches Haus.

Von einem Augustwochenende erzählt er der Mutter in einem anschaulichen Bericht: »Letzten Samstagmittag grub ich einen Kompost bei einem Nachbarn v. Schmid's um; heute wieder. Ich freue mich schon darauf! Am Sonntag gingen H. Lindenmayer u. ich mit Familie Schmid vollzählig in die ›Frohe Einkehr‹ nach Fidazhofen. Dort gab's sogenannten ›Bauerntopf‹ – Blutwurst mit geröst. Kartoffeln. H. Lindenmayer hat Ausgang, wenn ich ihn mitnehme. Gestern war ich über den Mittag bei einem bekannten Bauern in Metzisweiler mit einem Rad. Es gab gerade Waf-

feln u. Träuble. Nachdem ich mich, ihrem Geschmause zu-
sehend, recht hungrig gesehen hatte, u. sie fertig waren,
wollte ich gehen. Die Schwester des Bauern lud mich aber
noch ein, den Rest, immerhin noch 10 Waffeln, zu vertilgen.
Sieben brachte ich hinunter – welch' ein Hochgenuß, drei
brachte ich dem Pflegling, durch den ich dort bekannt wurde. Vielleicht kann ich dort später etwas Obst erhalten.«

Theodor Roller erlebt einen intensiven Sommer 1942. Es
gibt reichlich Gemüse und Obst in jenem Jahr, weshalb er
nebenher wieder seinen kleinen Handel für die Tübinger
Kundschaft aufnimmt. An manchen Samstagen hilft er
noch bei Bauern aus, zu denen er gute Beziehungen aufgebaut hat. Er verbringt, was ihm immer wichtig ist, viel
Zeit in der Natur, die er im Wandel von Frühling, Sommer,
Herbst und Winter genau beobachtet. Gern steigt er in der
hügeligen Landschaft auf Anhöhen, um die freien Blicke zu
genießen und in sich aufzunehmen – wie immer von Heimweh umfangen, das auch Sehnsucht nach Freiheit ist. »Es
ist jetzt herrlich in der Natur«, schwärmt er am 14. Mai
1942. »Ich meine oft, ich sei in Tübingen u. sehe, im Am-
mertal stehend, den Spitzberg, so ähnlich ist der Berg-
rücken, auf dem Schmid's Haus steht, dem Spitzberg.«[109]
Er will hinaus aus der Gefangenschaft. Darum informiert
er sich nochmals, wie das Verfahren, das dafür erforderlich
ist, formal korrekt in Gang zu setzen ist. »Der Anstoß muß
von mir ausgehen wegen Entlassung aus diesem Haus des
Grauens. Dann wird das Gericht sich sehr wahrscheinlich
beim Arzt erkundigen, worauf dieser sein Urteil abgeben
wird.«[110]

Über die Einzelheiten dieses Vorgangs schreibt Roller
zunächst nichts. Oberarzt Dr. Bischoff hat ihn am 6. Mai
1942 begutachtet: »Beschäftigt sich immer noch mit poli-

tisch-religiösen Ideen, hat aber eingesehen, dass seine Märtyrerrolle nicht weiterführe. In seinem Wesen doch etwas steif und irgendwie verschroben. Sonderling. (Schizophrener Defekt?)«[111] Das klingt nicht gerade nach einer idealen Voraussetzung für die Entlassung, die Roller am 6. Juli 1942 mit einem Brief ans Sondergericht beantragt. Er selbst begründet sein Gesuch mit den Worten: »Nach elfmonatiger Untersuchungshaft wurde mein Fall, wie oben genannt, verhandelt. Das Urteil lautete auf vorläufige Unterbringung in eine Heil- und Pflegeanstalt. So befinde ich mich seit 11. 3. 40, 2 ¼ Jahre, hier. Bis Dez. 1940 arbeitete ich in der Gärtnerei und Landwirtschaft der Anstalt. Seither bin ich bis heute auf dem Büro des Betriebssekretärs tätig. Ich bitte Sie, sich bei Herrn Medizinalrat Dr. Bischoff über mich zu erkundigen und dann meine Entlassung zu veranlassen. Vielleicht könnte ich dann hier angestellt werden.«[112] Die auf Grundlage seines Gutachtens negativ ausgefallene Entscheidung des Stuttgarter Oberstaatsanwalts kommentiert der Psychiater Bischoff im Krankenblatt: »Ein etwas seltsam abgefasstes Gesuch an den Staatsanwalt hat zu einer Ablehnung der Entlassung geführt. R. hat das nicht tragisch genommen. Er lebt das Dasein eines verschrobenen Eigenbrödlers.«[113]

Tatsächlich trifft den Antragsteller die Antwort aus Stuttgart hammerhart. An seine Mutter schreibt er: »Nun habe ich gewagt, eine Eingabe an das Gericht wegen Entlassung zu machen. Geschehen Anfang Juli, kurz u. sachlich. Ich rechnete dann mit Anstellung hier. Es soll nicht sein! Das Gesuch wurde abgelehnt! Der Arzt, mit dem ich vorgestern nun über die Sache sprach, meinte, es sei eben sehr streng mit politischen Fällen. Er habe gut für mich geschrieben. Nun weiß ich, wo ich vorläufig dran bin. Beklagen will und kann ich mich nicht, ich will mich drein fügen und abwarten: Einst kommt der Tag ...! – Hierüber bitte nichts schreiben!«[114]

In seiner Verzweiflung schreibt er nochmals an den Generalstaatsanwalt, teilt ihm mit, dass er dessen Verfügung vom 6. Juli entgegengenommen habe, und kommt dann umgehend zur Sache: »Ich erlaube mir nun die Frage: Mit welchem Recht hält mich das Gericht seit März 1939 in Untersuchungshaft bzw. hier fest, nachdem die ärztlichen Gutachten sowohl von Herrn Oberarzt Dr. Ederle, Tübingen, als auch von Herrn Medizinalrat Dr. Bischoff keine Grundlage hierzu bieten? Ich protestiere hiergegen!«[115] Seine Eingabe versandet, eine Antwort bleibt aus.

Schwere Zeiten brechen über ihn herein, als die Hoffnung auf Entlassung am Horizont zu sinken droht. In jenen Wochen rückt der Krieg näher, der bis dahin in Süddeutschland eher als eine durch die Propaganda vermittelte Abfolge von Siegesmeldungen wahrgenommen worden ist. Roller, der Zeitung liest, manchmal Radio hört und auch mit Soldaten des Lazaretts ins Gespräch kommt, wird von der allgemeinen Stimmung erfasst. »Die Franzosen haben nun unsere Gutmütig- und Großherzigkeit enttäuscht. Ja, Feind ist Feind, wenn auch eine Minderheit vernünftig denkender Franzosen ehrlich mit uns handeln wollte. Wenn die Vernunft in der Welt regierte – aber stärker sind meistens Neid, Haß u. Mißgunst, kurzum Gefühle, die einen gewaltigen Faktor im Zusammenleben der Völker darstellen.« Und so erscheint ihm die Ausweitung der Kriegshandlungen als konsequent: »Ein großes Glück für uns, daß der Führer zielbewußt u. energisch durchfährt. Es ist tragisch in dieser Welt der Lüge u. des Scheins, wie die deutsche Gutmütigkeit u. Großherzigkeit gerade belohnt werden.

Uns bleibt wahrhaftig nur eines: Kampf, Kampf u. nochmals Kampf, bis zur letzten Entscheidung. Wir können u. dürfen nicht mehr zurück, u. sollte der Krieg dreißig Jahre lang dauern!« Dass ihm damals ganz andere Dimensionen »dieser Welt der Lüge u. des Scheins« verborgen geblieben waren, die alles andere als »deutsche Gutmütigkeit u. Großherzigkeit« beinhalteten, ist Theodor Roller nicht erst als freier Mann im befreiten Deutschland bewusst geworden.

Manchmal legt Roller in seinen Briefen nahe, er empfinde die Eroberungszüge der Wehrmacht als einen Ordnungsfaktor in einer Welt des Chaos, wenngleich doch der oberste Heerführer in seiner Vorstellung der verkörperte Antichrist ist. Diesen Vorstellungen liegt ein tiefer Pessimismus zugrunde, den er immer deutlicher und umso umfassender bekundet, je länger er in der Weissenau ausharren muss. »Das Weltgeschehen ist, wie Du schreibst, fürchterlich: Ein sich bekämpfendes Heer von Völkern. Wie will das noch enden? Man kann nur seine äußerste Pflicht tun u. möglichst nichts Unnützes reden, denn ein Zurück gibt es da nicht mehr. – Bewußt diese Zeit miterleben u. mitleiden zu müssen, ist ohne Glauben an den Sieg der Wahrheit u. oft trotzdem zum Wahnsinnigwerden! Man möchte sich hundertmal opfern u. vierteilen lassen u. kann doch so wenig tun, nur da, wo man sich hingestellt weiß, Freud u. Leid mittragen!«[116]

Dieses Weltgeschehen bleibt, auch in der Wahrnehmung Rollers, nicht folgenlos für die Psyche des Einzelnen. »Unsere Zeit zerbricht die Menschen, oder schmiedet sie so hart wie kein Geschlecht vor uns«, merkt er an, als sich die Mitteilungen häufen, dass Altersgenossen von ihm gefallen sind. Eine Nachricht für viele, zugleich die, die ihn am schwersten trifft: »Erschüttert mußte ich hören, daß

Fritz Joos, der feine Kerl, gefallen ist. Welch' großer Schmerz für seine Familie.«[117] Sein Jugendfreund, der ihn als einziger seiner Alterskameraden einmal in der Weissenau besucht hatte, war wenige Wochen zuvor, von Roller bewundert, zum Leutnant ernannt worden. Ihm widmet er ein Gedicht, in dem es heißt:

> *Noch stehst Du vor mir: Blühend, jung u. schön.*
> *Wer glaubte, daß wir uns nicht wiederseh'n?*
> *Ja, jung an Jahren, warst Du doch ein Mann,*
> *der still u. schweigsam seine Pflicht getan. [...]*
> *Und doch – der Glaube spricht: Dein Will' gescheh!*
> *u. machst uns stark, zu tragen unser Weh.*
> *Fiel auch Dein's Leibes Hülle, ach, so bald.*
> *Christ hat am Kreuz besiegt des Tod's Gewalt.*
> *Wir wissen, die wir Dich hier nicht mehr seh'n:*
> *Einst kommt der Brüder großes Aufersteh'n.*
> *Dann liegt weit hinter uns das Erdenleid.*
> *Wir sind u. mit uns Gott in Ewigkeit.*[118]

Auch Roller kann wahrnehmen, dass an den unmittelbaren Kriegsfolgen mittlerweile nicht mehr nur Soldaten sterben. »Heute kamen im ›NS-Kurier‹ über 30 Todesanzeigen wegen des englischen Luftangriffs auf Stuttgart. Auch wir waren 2 Stunden im Keller.«[119] Untergründige Angst kehrt auf dem Anstaltsgelände ein, auch wenn sie anfangs noch überspielt wird. Im Keller »machten wir es uns aber gemütlich, sangen, musizierten, der Schuhmacher Ehrat hielt eine ›Rede‹ u. einer trug ein nettes Gedicht vom Großen Friedrich u. seinem Kutscher vor.« Es sind, von Roller nicht erwähnt, die Verse des Schiller-Freundes Friedrich Haug:

Um warf der Kutscher einst den großen Friederich.
Darob gerieth vor Zorn der König außer sich.
»Hum!« sprach der Kutscher kalt und überdacht:
»Und Sie? – Verloren Sie noch keine Schlacht?«

Am 13. November 1942 startet Roller eine Initiative, die im Behördendschungel nicht vorgesehen ist. Lange geplant, schreibt er, ohne die Anstaltsleitung zu informieren, an das Wehrmeldeamt Ravensburg und will sich freiwillig zum Heer melden. Postwendend kommt eine Nachricht per Karte: »Wehrmeldeamt Ravensburg teilt Ihnen mit, dass eine Freiwilligenmeldung u. Einberufung für Sie nicht in Frage kommt.« Das schließt jedoch nicht aus, dass er bald darauf zu einer ärztlichen Nachmusterung vorgeladen wird. Dadurch wird Rollers heimliche Bewerbung auch der Anstaltsleitung bekannt.

Brief an Landesbischof Wurm: »Lauheit und Halbheit«

»Ich muß meinen Weg zu Ende gehen u. will ihn gerade gehen.« In solch entschlossener Haltung beginnt Theodor Roller das Jahr 1943. [120] Diese Worte sind zugleich eine Entgegnung auf den Vorschlag seiner Mutter, sie könnte den Tübinger NSDAP-Kreisleiter bitten, ein gutes Wort für ihn einzulegen. »Herr Baumert wird sehr wahrscheinlich es nicht wagen, in meinem Fall ein Risiko zu übernehmen«, schreibt Roller und erinnert, damit sie es nicht vergesse, an seine grundsätzliche Einstellung gegenüber dem Nationalsozialismus. »Entweder Parteigenosse u. Anhänger der nationalsozialistischen Weltanschauung im Zeichen des Hakenkreuzes u. im Glauben an die eigene Kraft, oder Christ u. damit Bekenner der christlichen Weltanschauung im Zeichen des Kreuzes u. im Glauben an den Gekreuzigten u. auferstandenen Herrn Jesus Christus.« Das verträgt sich schlecht mit den Ansichten eines Parteiideologen. »Ich will weder der Partei noch irgendeiner Kirche, Sekte usw. schmeicheln oder lieb tun«, schreibt er.

Doch wie kann er es erreichen, dennoch aus der Anstalt freizukommen? Seiner Mutter übermittelt er seine strategischen Überlegungen am 20. Januar 1943, einem Mittwoch: »Am Samstag will ich nochmals aufs Wehrbezirkskommando u. mich erkundigen. Ist die Sache nichts, dann fasse ich in noch kürzerem Rahmen meine abschließende Erklärung nochmals zusammen, so sachlich u. klar wie irgend möglich, u. glaube dann, nochmals mich an das Sondergericht wenden zu müssen.« Roller weiß, dass »normalerweise« ein Fall wie der seine alle drei Jahre geprüft wird. Nach dem vergeblichen Anlauf im Sommer 1942 könnte es also sein, dass erst drei Jahre abgewartet werden müssen. Aber es sei auch nicht auszuschließen, redet er sich ein, dass der Oberstaatsanwalt beim Sondergericht ausnahmsweise schon früher etwas unternehme. »Wie auch immer: Für mich steht auf jeden Fall fest, wenn ich aufs Frühjahr nicht hinauskomme, gehe ich vom Büro weg. Ich weiß, daß es gesundheitlich viel, viel besser für mich ist, wieder in die Natur hinauszukommen. Ich verzichte dann gerne auf einen Ausgang u. bin froh, wieder unter normalen Bedingungen in bezug auf ›Sonderrechte‹ Pflegling zu sein.«[121]

Die militärärztliche Untersuchung findet am 28. Januar 1943 statt. Mit dem erhofften und dennoch überraschen-

den Ergebnis »garnisonsverwendungsfähig Heimat« kehrt
Roller von seiner Musterung zurück und schreibt noch am
selben Tag an seine Mutter: »Ich bin wehrdiensttauglich u.
komme in Bälde zur Infanterie, wenn das Gericht nichts dagegen hat. Das ist die Lage auf Grund meiner heute Morgen
stattgefundenen Untersuchung. – Wäre ich glücklich!«
Überschwänglich fügt er hinzu: »Und nun hoffe ich, so Gott
will, Euch bald in meiner Heimatstadt Tübingen wiederzu-
sehen!«[122] Wieder folgt banges Warten. Nach knapp zwei
Wochen: »Und nun bin ich in Erwartung der kommenden
Entscheidung bei mir, die kommt, wie es sein soll.«[123] Nach
vier Wochen: »In meiner Sache wurde mir bis heute noch
nichts Endgültiges mitgeteilt. Sobald dies geschieht, werde
ich Dir dann schreiben.«[124] Nach nicht ganz sechs Wochen:
»Vom Wehrmachtsamt erhielt ich die Nachricht, der Herr
Generalstaatsanwalt in Stuttgart habe meine Entlassung
noch nicht befürwortet. Auf die Anforderung der Wehrmacht hin wurde von Stuttgart hierhergeschrieben. Das
wurde mir von der Direktion am 13. v. M. mitgeteilt. Es wäre
mir natürlich sehr angenehm, klaren Bescheid zu erhalten,
damit ich weiß, woran ich bin.«[125] Auch seine Mutter hat in
der Zwischenzeit interveniert, macht ihrem Sohn gegenüber allerdings nur Andeutungen, weshalb er nachfragt:
»Bei wem Du in Stuttgart warst u. was besprochen wurde,
wollte ich gerne wissen.« Emma Roller hat das Sondergericht aufgesucht, aber wen dort und mit welchem Ergebnis,
bleibt offen. Am 8. März 1943 kommt der knappe Bescheid:
»Wehrmeldeamt Ravensburg teilt Ihnen mit, dass Sie z. Zt.
nicht einberufen werden können, da der Herr Generalstaatsanwalt in Stuttgart Ihre Entlassung aus der Heilanstalt noch nicht befürwortet hat. Ihr Ausmusterungsschein
behält daher noch vorläufig seine Gültigkeit.«[126]

Während der langen Wartezeit hat Theodor Roller immer wieder seine Lage überdacht. Trotz gelegentlicher Unsicherheiten hat sich jedoch seine innere Haltung eher gefestigt. So unterrichtet er am 26. April 1943 seine Mutter: »Heute, nach acht Jahren, sehe ich klarer denn je, dass mein Austritt aus der Hitlerjugend richtig war. Der Totalitätsanspruch der Völkischen Weltanschauung der NSDAP zwingt zu klarer Entscheidung.« Gewiss nicht ganz zufällig am 20. April 1943, dem im Reich mit großer Aufmerksamkeit bedachten Geburtstag Adolf Hitlers, hat er sich, wie er nun auch seine Mutter wissen lässt, mit einer grundsätzlichen Erklärung an das Stuttgarter Sondergericht gewandt. Sie hat folgenden Wortlaut:

1. *Die Christen müssen um der Wahrheit willen dem Totalitätsanspruch der Völkischen Weltanschauung der NSDAP den Totalitätsanspruch der auf den Schriften der Bibel Alten und Neuen Testaments gegründeten Christlichen Weltanschauung entgegenstellen.*

2. *Demnach kann ein Christ, unabhängig davon, ob er einer Kirche angehört oder nicht und welches Bekenntnis er vertritt, nicht Mitglied der NSDAP sein und*

3. *müssen die Christen den Standpunkt der NSDAP (nach Punkt 24 in deren Parteiprogramm), sie vertrete ein positives Christentum, als unwahr ablehnen.*

4. *Der Kampf der NSDAP für die Völkische Weltanschauung kann, so wie bisher weitergeführt, nur mit einer Katastrophe enden, wie sie der Führer unter den von ihm erwähnten Voraussetzungen, die gegeben sind, selbst voraussagt (S. 127 i. »Mein Kampf«).*

5. *Die Christen sind sich bewußt und davon überzeugt, daß durch ihren Dienst am deutschen Volk der jüdisch-mate-*

rialistische Geist in uns am geeignetsten bekämpft wird und daß

6. *eine dauernde Genesung des deutschen Volkes nur auf dem Boden der christlichen Weltanschauung erfolgen kann.*

Da ihm klar wird, dass der Generalstaatsanwalt unter den gegebenen Umständen keine Einberufung befürworten kann, schickt Roller noch ein weiteres Schreiben hinterher. Am 26. April 1943 erklärt er sein Gesuch vom 9. April für erledigt und fragt nun an: »Wenn möglich, bitte ich Sie, meinen Straffall nunmehr zum Abschluss zu bringen.«[127]

Rollers Initiative beim Wehrmeldeamt wird ihm von der Anstaltsleitung als unzulässige Eigenmächtigkeit ausgelegt. Es gibt einen Riesenkrach; disziplinarische Strafen sind die Konsequenz. Sorg trägt am 15. März 1943 ins Krankenblatt ein: »War längere Zeit eine geschätzte brauchbare Hilfskraft bei unserem Betriebssekretär, in dessen schwieriges Arbeitsgebiet er sich gut eingelebt hatte. Musste abgelöst werden, da er die mit dieser Beschäftigung unausbleibliche freiere Behandlung zu Verstössen gegen die Hausordnung missbrauchte. Steht seinem Zustand völlig einsichtslos gegenüber, ist ein verschrobener Eigenbrödler.«[128]

Roller bleiben diese Sanktionen gut in Erinnerung: »Die Angelegenheit brachte Dr. Sorg in große Aufregung und Bedrängnis, letztere gegenüber dem Gericht. So schrie er mich gewaltig an, nahm mich von meiner Bürotätigkeit weg und ließ mich in einer Stube, direkt neben dem Abort, gebrauchte Briefumschläge wieder zurechtbringen. Ich hätte doch – wenn ich schon nicht freikommen konnte – weiterhin auf dem Büro gearbeitet. Er nahm mich aber von dort weg, und es kam ein Sekretär aufs Büro, bei dem mein vorheriger Vorgesetzter, Herr Gams, meine Stelle innehatte! So werden gute Bürger durch einen größenwahnsinnigen Tyrannen, der unser Volk geistig-seelisch vergewaltigte, zu erbärmlichen Feiglingen.«[129] Ein Beamter übernimmt Rollers Posten, und vor allem deswegen beantragt Roller, wieder in der Landwirtschaft arbeiten zu dürfen. »Vor etwa 8 Tagen bat ich nun den Herrn Direktor darum. Bis heute habe ich aber noch keinen endgültigen Bescheid erhalten.«[130] Zu der Anspannung aufgrund des ausbleibenden Sondergerichtsbeschlusses kommt nun noch die Warterei auf eine Entscheidung der Anstaltsleitung.

In der ersten Juniwoche 1943 besucht Emma Roller wieder einmal ihren Sohn. Die schier ausweglose Situation hat ihn in den letzten Wochen zermürbt, er steckt mitten in einer Krise. »Ich bin dankbar, daß ich durch Leiden u. Erfahrungen allmählich immer tiefer hineinkomme in das seelische Verständnis der Menschen.«[131] Theodor Roller grübelt und grübelt. Er freut sich über die Ankunft seiner Mutter, genießt einen Ausflug mit ihr an den Bodensee und per Schiff nach Konstanz, ist aber auch froh, als sie wieder abreist. Nähe und Distanz scheinen ihm gleichermaßen wichtig zu sein. »Einige Wochen selbstbeschaulicher Muße lassen Dich begreifen, wie leicht man sich die Augen für sein Eigenstes monate- u. jahrelang durch fremde Brillen verdirbt«, schickt er ihr nach Tübingen hinterher und fügt hinzu: »Vorläufig werde ich Dir nun sehr wenig schreiben.«[132] Auch ihre ihm zugedachten Liebesgaben verweigert er, weil er sie dazu zwingen möchte, ihre Einstellung ihm gegenüber zu ändern. Ihm missfällt, dass seine Mutter ihn partout nicht voll akzeptieren will. Im Grunde gilt auch für sie, was er einmal in einem anderen Kontext formuliert

Die Weissenau in einer Ansichtskarte aus der Zeit des Zweiten
Weltkriegs. Im vorderen Gebäude in der zweiten Etage befand sich
der Schlafsaal, in dem auch Theodor Roller untergebracht war.

hat: »Es ist gut, für mich besonders, der ich mich so gerne
ganz – oder gar nicht mit einem Menschen verbinde, trotz
aller Freundschaft sich selbst die Treue zu halten u. ich will
der Theodor Roller bleiben!«[133] Er will von ihr nicht mehr
länger durch die Brille der Partei betrachtet werden, sondern um seiner selbst willen angenommen sein. »Du stehst
wohl als Mutter zu Deinem Sohn, weil Du [an ihn], als an
Dein eigenes Fleisch u. Blut, glaubst, aber bist noch Parteimitglied.« Früher oder später werde auch sie sich der Entscheidung stellen müssen: »Entweder Parteigenosse u. Anhänger der nationalsozialistischen Weltanschauung im
Zeichen des Hakenkreuzes u. im Glauben an die eigene
Kraft, oder Christ u. damit Bekenner der christlichen Weltanschauung im Zeichen des Kreuzes u. im Glauben an den
Gekreuzigten u. auferstandenen Herrn Jesus Christus.«

Umgekehrt kann aber auch Roller seine Mutter nicht so annehmen, wie sie ist. Immer massiver fordert er sie auf, sich – buchstäblich: um Gottes willen – aus der NSDAP zu lösen. Er empfiehlt ihr den Umgang mit Menschen, »die unsere Zeit von der Ewigkeit her erleben«. Denn die Gegenwart bedürfe seiner Ansicht nach vor allem dieses: »Kraft für Seele u. Geist zum Alltagskampf, Licht u. Wahrheit, nicht Phrase u. Spruchmacherei.«[134] Kurz nach ihrem Besuch in der Weissenau schreibt er ihr: »Unsere Ev. Kirche u. die ältere Generation haben durch ihre Halbheit u. Lauheit viel dazu beigetragen, daß der König u. Herr aller Menschen u. Zeiten, Jesus Christus, in Verruf kam. An uns Jüngeren liegt es nun, mit letzter Hingabe u. äußerster Härte zu dem Kern zurückzufinden, ohne den unser Volk vergehen muß: zur göttlichen Wahrheit im Zeichen des Kreuzes. Lege Dir eine Abschrift bei. Daraus sollst Du ersehen, wie die Lage ist.«[135]

Mit der Abschrift meint Theodor Roller einen Brief, den er tags zuvor, am 14. Juni 1943, an den Landesbischof Wurm geschrieben hat. »Warum hat die Ev. Kirche nicht den Mut zu klaren Folgerungen, die um der ewigen göttlichen Wahrheit willen und damit zum Besten unseres Volkes und Reiches der Völkischen Weltanschauung und damit der NSDAP nur noch möglich sind? Warum will sie Kompromisse schliessen, wo klare und offene Scheidung und Entscheidung noch das einzig Richtige sein können?« Schon im Frühjahr 1938, schreibt er, habe er aus der Kirche austreten wollen, sich aber davon wieder abbringen lassen. »Nun halte ich es endgültig für meine Pflicht, der Ev. Kirche, die durch ihre Lauheit und Halbheit eine große Schuld auf sich lud, welche ich nicht mehr mit tragen muss, hiermit meinen Austritt zu erklären.« Dem fügt Roller noch die Abschrift seiner Erklärung bei, die er im April 1943 ans Sondergericht schickte und die auch die Unvereinbarkeit einer Mitgliedschaft in der Evangelischen Kirche und der NSDAP thematisierte. Die Korrespondenz mit dem Bischof bleibt freilich ohne Resonanz; weder auf seinen Kirchenaustritt hin noch auf seinen Widerruf, den er nach einer Unterredung mit dem Ravensburger Stadtpfarrer Daur am 7. Juli 1943 nach Stuttgart schickt, erhält Roller eine Antwort.

Den Parteiideologen der Nazis wirft er vor, schon von Anfang an nicht über den Tellerrand der irdischen Existenz hinausgeschaut zu haben: »Wo waren die Neunmalklugen in der Kampfzeit, die, die ihren großen Verstand dem Ziel eines neuen Reiches weihten? [...] Wir sind Gäste auf Erden, Wanderer, die nach Hause wollen. Christus u. das Christentum sind der Mittelpunkt der Weltgeschichte.«[136]

Mehr denn je zuvor kommt Roller durch diese Einsichten zu der Gewissheit, dass er keine Chance hat, die Anstalt verlassen zu dürfen. Er sagt sich: »Noch ist bis heute keine Entscheidung in meiner Sache gefallen. Über vier Jahre u. vier Monate sind es nun, seit mich die Gestapo verhaftete. Ich glaube auch kaum, daß ich von dieser Regierung entlassen werde.« Dennoch: »Von meiner Erkenntnis gehe ich nicht weg, mag geschehen, was will. Je blinder der Parteifanatismus, gerade während des Kriegs, wird, umso ruhiger, verständiger, aber auch härter u. entschlossener müssen Männer werden, die ihr Volk nicht blind, aber ehrlich lieben.« Zwar ist Ende Juni 1943 ein neuer Hoffnungsfunke in die Wartezeit gefallen: »Vergangene Woche wurden wir gerichtlich Eingewiesenen (außer ein paar), darunter auch ich, von zwei Herren kurz untersucht. Sollte die Stunde der Freiheit bald schlagen?«[137] Doch die Musterung war, was nicht einmal die Anstaltsleitung wissen konnte, eine Selektion für die Deportation in ein Konzentrationslager. Sie bleibt, zu Rollers Glück, für ihn ohne Folgen. [138]

Geprägt durch den Antijudaismus, wie er von den christlichen Kirchen über Jahrhunderte hinweg gepredigt worden ist, sieht Roller in den Juden das Volk, in dem sich Gott »durch den Juden Christus« geoffenbart [139] habe. »In dem armen, verachteten Judenvolk gefiel es Gott, den großen König in einer Zimmermannsfamilie geboren werden zu lassen.« [140] Das jüdische Volk habe »in seinem Haß u. seiner Blindheit« Gott abgelehnt und Christus gekreuzigt. Gleichwohl: »Christus starb für alle. Gott will u. kann keinen Menschen, ob Jude oder Deutscher, ohne dessen Bekenntnis zum Herrn Christus zu sich kommen lassen.« Deutlich distanziert sich Roller vom allgegenwärtigen Rassismus, vom Hass auf die Juden. »Von Gott aus gesehen sind Jude u. Arier gleich erlösungsbedürftig.« [141] Gottes Sohn sei nicht für Selbstgerechte gestorben, »sondern für Sünder, die ihr Menschentum ernst nehmen u. ihre Lebensaufgabe in erster Linie von dieser Seite aus sehen«. Vorrangig seien »nicht Judenhaß u. Eigenliebe, sondern Liebe zu Christus«. [142] Durch diese Gedanken kommt er zu dem Schluss, alle Menschen als gleich und niemanden als von Geburt an minderwertig anzusehen. »Am Kreuz von Golgotha ist unsere Zuflucht. Dorther kommt unsere Glaubenskraft, dort scheiden sich die Geister! Dort u. nur dort, können u. müssen wir alle uns finden, wenn wir wahren Frieden u. Gerechtigkeit wollen: Hitler u. Roosevelt, Stalin u. Churchill, Jude u. Deutscher, Amerikaner u. Engländer, dort ist Erlösung für alle Zeiten, alle Rassen, alle Völker, alle Geschlechter, dort ist die Quelle aller wahren Kraft.

Auch das Hakenkreuz, wie Hammer u. Sichel, müssen Ihm, dem König aller Dinge dienen u. sein ewiges Reich helfen vorbereiten.« Seiner Mutter gegenüber, die ihm explizit einschärft, dass »die Juden an <u>allem</u> schuld«[143] seien, hält er entgegen: »Du kannst mich für verrückt, für einen Juden-beschützer, für artfremd, für einen Volksfeind erklären, ich muß so bekennen, weil ich es so erlebte u. mir mein Gewissen bestätigt: das <u>ist</u> die Wahrheit! 94,5 % des deutschen Volkes bekannten sich 1939 zu der Wahrheit des Kreuzes u. damit zu dem Gott, wie ihn beinahe 2 Jahrtausende deutscher Geschlechter kannten u. bekannten. Ich habe also das moralische Recht, eine Weltanschauung, die hiegegen Sturm läuft, als volksfremd zu erklären u. eine Regierung, die diese Weltanschauung gegen den Willen des Volkes amtlich aufrechterhält u. propagiert, als volksfeindlich zu erklären.«[144] Die Hetze gegen die Juden ist allgegenwärtig. »Hitler hat gesagt, dass die Juden nicht einmal mehr mit Tieren zu vergleichen seien«, sagt er 2007 im Gespräch. Von der Vertreibung der Juden aus ihrer Heimat hat er, nach seiner Erinnerung, nichts mitbekommen. Erst recht nichts von ihrer systematischen Vernichtung.

In einer eigenständigen, treffenden Analyse erkennt er religiöse Elemente im praktizierten Nationalsozialismus, ablesbar beispielsweise am messianischen Sendungsbe-wusstsein des »Führers«, an manchen theologisch anmu-tenden Begriffen, dem totalen Wahrheitsanspruch und den Erlösungsversprechen. Roller in der Korrespondenz mit seiner Mutter:

Die Wahrheit, d. h. die christliche Weltanschauung, kann keiner anderen Weltanschauung, auch nicht der Völkischen, auf der die Partei (sie ist mehr als Partei, ich will sie »Braune

Kirche« nennen) ruht, eine Gleichberechtigung zuerkennen.
Sie allein ist göttliche Wahrheit u. muß deshalb (immer vom
unduldsamen Totalitätsanspruch der Partei ausgegangen!)
klar bekennen:

1.) daß die Weltanschauung Hitlers unwahr ist,

2.) daß Hitler kein Christ sein kann.

Entweder, deutsches Volk, Hitler oder Christus, entweder
Hakenkreuz oder Kreuz, entweder »Selbsterlösung« oder
Erlösung durch Jesus Christus, entweder, wie ich glaube,
Mission im Dienst am Worte Gottes, also Umkehr, oder eige-
ne Wege u. Untergang. [...] Die Partei greift durch ihre Schu-
lung in weltanschauliche, religiös-glaubensmäßige u. Gewis-
sensangelegenheiten ein. Das heißt auf deutsch: Geistige
Vergewaltigung ohne gleichen! Wie lange willst Du der inne-
ren Entscheidung aus dem Wege gehen? Entweder die Partei
oder Dein Sohn!

Unsere Verbindung sei entweder auf gleicher Anschau-
ung fußend, oder sie muß gelöst werden. – [145]

Damit ist Theodor Roller an einem Höhepunkt in seinem
inneren Ringen und zugleich in der ideologischen Auseinandersetzung mit seiner Mutter angelangt. Allerdings wird
sich herausstellen, dass es ihm auch weiterhin nicht gelingen wird, sie auf seinen Kurs zu bringen. In der Folge wird
sich die Beziehung zwischen Mutter und Sohn merklich
abkühlen. Der strenge Missionar tritt in eine Art Streik, indem er sich der praktizierten Mutterliebe verweigert. Sein
Brief endet mit der Aufforderung: »Sende mir in Zukunft
nichts mehr an Eßwaren u. entscheide Dich bitte: Entweder Dein Sohn oder die Partei!« Und als sich Emma Roller
mit einem Lebensmittelpäckchen einfach darüber hinweg-
setzt, schreibt er ihr: »Gemäß meinem Brief vom 22. d. M.

gab ich den eßbaren Inhalt Pfleglingen. Die Lebensmittelmarken folgen wieder. Nehme Dir bitte ausgiebig Zeit zur
Prüfung des Inhalts meines Briefes vom 21.7. u. 22.8. Du
kannst entweder ja oder nein dazu sagen, oder, in den Fuß-
stapfen der NSDAP u. amtlicher Stellen, mich für ›geisteskrank‹ halten. Sei aber bitte ganz ehrlich.«[146]

Rollers radikale Kritik am Nationalsozialismus geißelt
im Wesentlichen die religiösen Anmaßungen. Die verbrecherische Kriegspolitik projiziert er, darin auch Opfer der
NS-Propaganda, auf die Nachbarländer; von den Kriegs-
verbrechen kann er nichts wissen. »Eine Zeit von 1918–1932
schrie nach einer energischen u. eisernen Hand. Hitler kam
zur Macht. Welcher Deutsche müsste nicht die ungeheu-
ren Taten des Führers bewundernd anerkennen? Wieder
haben sie uns in einen Weltbrand hineingezogen. [...] Hitler hat die Macht u. die Verantwortung. Seiner Ansicht gemäß u. dem Haß u. Vernichtungswillen unserer Feinde entsprechend wird der Kampf mit letzter Konsequenz geführt.
Letztes Mal betrogen uns die Alliierten fürchterlich! Welcher Deutsche kann ihnen heute Gutes zutrauen? So müssen wir unseren eingeschlagenen Weg zu Ende gehen u.
alle Kraft einsetzen. [...] Wehe, wenn keine Obrigkeit im
Lande wäre. Sie kann nach volkstümlichen, allgemein-gül-
tigen Gesetzen Gehorsam verlangen. Aber in Glaubens- u.
Gewissensdingen soll sie nicht unnötig eingreifen. Das
schadet!« Und überhaupt: »Was hülfe es dem Menschen,
wenn er die ganze Welt gewänne u. nehme doch Schaden
an seiner Seele? So gesehen, begreife meine scharfe Scheidung zwischen christlicher u. völkischer Weltanschauung,
zwischen Christus u. Hitler, in letzter Folgerung.«

Bei dieser Gelegenheit erinnert er wieder einmal daran,
wohin ihn diese Grundsätzlichkeit geführt hat. Dass er da-

bei den Einfluss seiner Mutter überschätzt, liegt daran, dass er den Ablauf des staatsanwaltlichen Vorverfahrens nicht kennen kann. Seiner Mutter klagt er: »Ich mußte dem Befehl meines Gewissens gehorchend aus der Hitlerjugend austreten. Seit 1935 sind nun beinahe 8 Jahre verflossen, in denen ich nach bestem Wissen u. Gewissen gegenüber der NSDAP handelte, unabhängig davon, was für persönliche ›Nachteile‹ ich davon hatte. Ich wollte in Ehren auch die Strafe auf meinen Brief an den Führer tragen. Durch Deinen Einfluß u. die Partei kam ich in die Hölle Weissenau. Weißt Du, was ich bis heute hier seelisch durchgemacht habe, wohingegen der Tod Seligkeit für mich bedeutet hätte?«[147]

Unter solchen Bedingungen will er auch nicht mehr länger dort in der Verwaltung arbeiten, wohin er nach seiner heimlich betriebenen Musterung bei der Wehrmacht strafversetzt worden ist. Nach einigen Monaten lockert sich die Strenge, Ende Mai bis Anfang Juni darf er Gams für knappe zwei Wochen im Urlaub vertreten.[148] Danach wird er sogar wieder in die alte Abteilung zurückversetzt. Gern, wahrscheinlich sogar viel lieber, hilft er zwischendurch auch bei der Ernte. »Gestern mittag half ich beim Weizeneinbringen auf unserer Kolonie Rahlen. Um 1 Uhr gingen wir los: 13 Mann u. 2 Pfleger. Es wurde barbarisch heiß. Ich gab Garben auf die Wagen u. lud z. Teil. Ich konnte die Arbeit gut bewältigen. Es machte mir große Freude. Nun bin ich ganz braun gebrannt. Wir erhielten auch ein anständiges Vesper: Brot – Butter – Wurst – Käse – Most. Wir kamen erst um 8 Uhr Abends heim, müde, aber ich voller Genugtuung u. froh u. befriedigt.«[149]

Ende August 1943 verlässt Roller seinen Posten in der Verwaltung. »Arbeite seit 30. v. M. auf der Landwirtschaft«, teilt er seiner Mutter wenige Tage später in knappen Worten mit. [150] Der zuständige Arzt nimmt diese Entscheidung nicht gerade wohlwollend auf. In das Krankenblatt trägt er ein: »Roller ist zweifellos viel schwerer krank als er oberflächlich erscheint. Er ist gänzlich uneinsichtig, verschroben in seinen Ansichten, ein widerwärtiger aufdringlicher Eigenbrödler und Alleswisser, der mit nichts zufrieden ist, täglich neue Wünsche äußert und bald da bald dort beschäftigt sein will.« [151]

»Eine gewisse fanatische Verbohrtheit«

»Was meinst Du, welche Todes- u. Verzweiflungsgedanken oft über mich wie feindliche Heere herfallen«, schreibt Theodor Roller am 31. Oktober 1943 an seine Mutter. »Es liegt einem nun die Last der Zeit schwer auf dem Rücken, dazu noch das Gewicht des Einzelschicksals.« Der Krieg wird inzwischen nicht nur in den nord- und mitteldeutschen Großstädten spürbarer. Nach dem Frontwechsel Italiens fliegen alliierte Bomber auch von dort Angriffe auf süddeutsche Städte. Roosevelt, Stalin und Churchill beraten in der Kriegskonferenz von Teheran bereits über die Aufteilung Deutschlands nach einem gewonnenen Krieg.

In der Weissenau fühlt sich Theodor Roller einsam, und er teilt seiner Mutter im November 1943 mit, dass er sich über ihren Besuch freuen würde. An seiner grundsätzlichen Einstellung ändert sich dadurch nichts, daran lässt er in seinen Briefen nie Zweifel aufkommen. Ohnehin drängt es ihn immer wieder zur Selbstvergewisserung, und die als provokativ empfundenen Einwände seiner Mutter fordern ihn heraus, seine Position weiter zu schärfen:

Zur Zeit, wie schon öfters, studiere ich Hitlers »Mein Kampf«.
Ich muß jetzt zu einer klaren u. endgültigen Stellung zu ihm
u. seiner Weltanschauung kommen. Diese Stellung liegt im
Wesentlichen abgeschlossen vor meiner Seele. Sie ist bereits
in meiner Erklärung vom 20. April festgelegt. Es drängt die
Zeit. Ich muß den Schlußpunkt setzen: Mein Austritt aus
der H. J. am 1. Nov. 1935 war richtig. Fest steht auf jeden
Fall:

1.) Ich bin gesund u. weiß, was ich tue.

2.) Ich handle im Namen des allmächtigen Gottes, zu
dem sich 1939 die Mehrheit des deutschen Volkes bekannt
hat. [152]

3.) Ich weiß, daß ich berufen bin, Hitler die Wahrheit
zu sagen u. um seine u. des deutschen Volkes Seele zu rin-
gen. [153]

Die Versorgung der Patienten mit Lebensmitteln wird immer schwieriger, trotz der anstaltseigenen Landwirtschaft.
Roller muss darum seinen heroischen Verzicht auf die Gaben seiner Mutter aufgeben. »Ich bat Dich seinerzeit um
Einstellung von Sendungen wie Lebensmitteln u. Marken,
weil wir weltanschaulich verschieden sind.« Nun stellt sich
ihm die Lage neu dar: »Satt werde ich nicht immer. Hilde
will mir auch Brotmarken u. sonst etwas senden. Wenn Du
auch entbehrliche Marken hast, bin ich Dir für Zusendung
dankbar. Es ist jeden Tag hier ein Kampf! Ich will ihn anständig bestehen. Doch braucht der Leib seine Nahrung.« [154]
Die Mutter lässt sich nicht lange bitten, wenige Tage später
schon antwortet er: »Heute erhielt ich Dein liebes Päckchen. Auch dafür vielen Dank.« [155]

Mitte Dezember 1943 erwähnt er einen neuen Vorstoß,
der ihm aus der Anstalt verhelfen soll. »Inzwischen bat ich

Herrn Sorg schriftlich um eine Unterredung. Bis heute erhielt ich aber noch keinen Bescheid. Will es nochmals versuchen. Möchte mich über meine Sache bei ihm erkundigen, vor allem, ob er vom ärztlichen Standpunkt meine
Entlassung befürworten würde. Tag u. Nacht denke ich u.
sinne nach, wie komme ich hier heraus u. was kann u. muß
ich dazu tun. Das Gutachten zu der Verhandlung am
14. 2. 40 in Tübingen sprach mich für gesund u. verantwortlich. Die Gutachten seither kommen diesem Standpunkt,
wie ich erfuhr bzw. von Herrn Sorg annehme, gleich. Ich
wollte um der Wahrheit u. meiner Ehre Willen gerne ein
Verbrecher sein. Du u. das Gericht habt mich zum Narren
gestempelt. Es nähert sich der Zeitpunkt, wo mein Fall reif
wird. Ich bitte Dich nun nochmals, mündlich oder schriftlich beim Sondergericht Dich zu erkundigen, warum, nachdem ich am 28. 1. d. Js. militärärztlich untersucht u. als ›gar-
nisonsdienstverwendungsfähig Heimat‹ befunden wurde,
ich noch immer hier sein muß. [...] Ich habe ein Recht auf
Freilassung oder ordentliche Bestrafung. Ich bin bereit,
mich zu verantworten. Die ärztlichen Gutachten sprechen
für mich. Ich will endlich wissen, wo sich die amtlichen
Stellen verschanzen.«[156]

Im Januar 1944 gelingt es Roller, wieder Gehör für sein
Anliegen zu finden. Nach Tübingen schreibt er:»Inzwischen
sprach ich bei Herrn Stabsarzt Dr. Sorg, mit dem Du, als
Du letztes Mal hier warst, Dich unterhieltst, vor u. erkun-
digte mich wegen meiner Sache. Er könne nichts feststellen,
meinte er, daß ich krank sei, so, wie er mich bis heute kenne.
Anfang März d. Js. würde vom Gericht über mich angefragt,
sagte er. Inzwischen gab ich ihm meinen handgeschriebe-
nen Lebenslauf mit Zeugnissen u. Zeugnisabschriften. Nun
will ich sehen, wie es geht. Mein Weg ist klar. Herr Sorg hat

ein Gutachten über mich abzugeben, demzufolge das Gericht urteilen sollte.« Das Gutachten wird ihm nicht gezeigt, und es entspricht keineswegs seinen Erwartungen. Nicht eine einzige Passage enthält auch nur die leiseste Empfehlung, Roller aus der Anstalt zu entlassen:

Wesentlich neue Gesichtspunkte für die psychiatrische Beurteilung des Roller haben sich seit meinem Bericht vom 20.7.1942 nicht ergeben. Die Beobachtung seiner Lebensgewohnheiten und Verhaltungsweisen zeigte weiterhin, dass er ein seltsamer, verschrobener und schwer einfühlbarer Eigenbrödler ist. Er wendet seine völlig einseitige und starre Interessenrichtung verworrenen religiösethischen Gedankengängen zu und zeigt in der Beschäftigung damit eine gewisse fanatische Verbohrtheit, während er den übrigen Dingen der Umwelt mit verhältnismäßig geringer Affektbelastung entgegentritt und oft eine auffallende Kühle und Starrheit zeigt. Die Frage, ob es sich um einen schizophrenen Defekt, eine[n] schleichenden schizophrenen Process oder um einen verschrobenen schizoiden Psychopathen handelt, läßt sich auch heute nicht mit Sicherheit sagen.

Bei der socialen Beurteilung weiche ich von meinem Bericht vom 20.7.1943 etwas ab. Die Länge der Beobachtung zeigte doch eindrucksvoll wie stark R. von seinen Ideen beherrscht wird. Er hat zwar ein erhebliches Mass von Einsicht über die Wirkung seiner Gedankengänge auf die Umwelt und es mag den Grad seiner Einsicht charakterisieren, dass er selbst fürchtet eines Tages anzustoßen. Die Versuchung seine Gedankengänge rückhaltlos offen darzulegen ist für ihn jedoch groß. Es mag ihn schlaglichtartig charakterisieren, dass er erklärt, er könne auch heute unter keinen Umständen den Fahneneid leisten.

Ich halte also die Gefahr, dass R. rückfällig wird für nicht unerheblich und würde eine Internierung für Kriegsdauer für angebracht halten. Er selbst erklärt sich mit diesem Gedanken bis zu einem gewissen Grad einverstanden.[157]

Auf dieses Gutachten hin, das auf dem Dienstweg an den Generalstaatsanwalt geht, gibt dieser seine Entscheidung an den Oberstaatsanwalt weiter:

Ich ordne die Fortdauer der durch Urteil des Sondergerichts vom 14. Febr. 1940 – SM 259/39 – ausgesprochenen Unterbringung des Theodor Roller in einer Heil- oder Pflegeanstalt an. Am 9. März 1945 werde ich erneut prüfen, ob der Zweck der Unterbringung erreicht ist. Ich bitte, die Direktion der Heilanstalt Weissenau zu verständigen.[158]

Nicht minder deutlich zu verstehen ist der Eintrag ins Weissenauer Krankenblatt vom 24. März 1944:

Ein undurchsichtiger Mann, der hartnäckig und einsichtslos an seiner eigenen Gedankenwelt festhält und es auch mit der Überschreitung von Hausordnungsvorschriften nicht genau nimmt. Kommt sich sehr wichtig vor, stolziert selbstbewusst einher, hat viele eigene Wünsche. Arbeitet nunmehr bei der Mariataler Gruppe.[159]

Das Ende der Weissenau als Heilanstalt

Theodor Roller arbeitet gern, niemand muss ihn je dazu auffordern. Im Sommer 1944, als Emma Roller ihrem Sohn klagt, dass ihr geistig leicht behinderter und depressiver Bruder Hermann wieder bei ihr daheim lebe, sich aber weigere, weiterhin bei Bauern in der Umgebung Gelegenheitsarbeiten zu verrichten, reagiert Roller verständnislos: »Wenn er jetzt nicht gutwillig arbeitet u. in seiner Stelle bleibt, sehe ich die Zeit kommen, wo er in einem Haus, wie hier, landet. Ich glaube, er wäre dann herzlich dankbar, hätte er bei Bauern ausgehalten wegen des Essens u. der Behandlung. Ich kenne viele Beispiele hier, die das 100-prozentig bestätigen. Auch ich habe in den 5 Jahren, seit ich nun weg bin, Erfahrungen machen müssen.«

Wiederholt betont er in seinen Briefen, in einer Gemeinschaft müsse sich jeder an seinem Platz nützlich machen. Und obendrein spürt er, dass ihm Arbeit gesundheitlich gut bekommt. Niemand muss ihm mit gravierenden Nachteilen drohen, um ihn anzutreiben. Er macht sich nichts vor: »Alle hier sich befindlichen Pfleglinge sollen arbeiten. Wer nicht mehr kann oder nicht will, kommt nach Schussenried oder Zwiefalten.« [160] Als im Frühjahr 1943 ein Lazarett mit zunächst 300 Betten (ab Dezember 1943 sind es 360 Betten) in den Räumen des Weissenauer Klostergebäudes untergebracht wird, kommen 124 Patienten in die oberschwäbische Heil- und Pflegeanstalt Schussenried und 50 nach Zwiefalten. Im Februar 1943 verbleiben noch 164 Patienten. Sie erhalten den Wirtschaftsbetrieb aufrecht, der im Herbst 1943 einschließlich der Insassen des 1941 errichteten Rüstungsarbeiterlagers auf dem Anstaltsgelände rund 1100 Personen versorgen muss. [161] »Damit endet die Geschichte von Weissenau als psychiatrische Heilanstalt am 28. Februar 1943, um 1945 nach Kriegsende neu zu beginnen«, kommentiert Tilmann Steinert diesen Einschnitt. [162]

Laut Statistik waren – die Morde in Grafeneck und anderen Tötungsanstalten nicht mitgerechnet – seit 1940 sowohl in Schussenried als auch in Zwiefalten die Sterblichkeitsquoten unter den Patienten außergewöhnlich hoch, was sich zum Teil dadurch erklären lässt, dass beide Anstalten in diesem Zeitraum überbelegt waren und – staatlich gewollt – eine katastrophal schlechte Krankenversorgung boten. Zwischen 1940 und 1943 wurden insgesamt 493 Patienten aus Südtiroler Anstalten nach Zwiefalten und Schussenried deportiert. [163] In Zwiefalten sei mit der 1944 erfolgten Umwandlung von einer ausschließlichen Heilanstalt in eine Heil- und Pflegeanstalt eine »Sammelstelle für schwere Pflegefälle aus den Anstalten in Württemberg und Baden geworden«, wird es später heißen. Mit dem abschließenden Fazit: »Ihr Tod war eingeplant.« [164]

Arbeitsfähigkeit und Arbeitswille wurden bestimmend für das weitere Schicksal der Patienten. Am schlechtesten stand es um die Überlebenschancen derjenigen, die weder arbeiten konnten noch einer Therapie zugänglich waren. Ein hoher Prozentsatz war bereits in Grafeneck und anderen Tötungsanstalten ermordet worden. Andere starben in den nächsten Jahren an Unterernährung oder wurden durch Injektionen umgebracht. Für die Übrigen war es zweckmäßig, wenn sie halfen, den Anstaltsbetrieb in Gang zu halten und ihn auch nicht durch mangelnde Disziplin zu stören. Insbesondere für die gerichtlich Eingewiesenen wurden diese Kriterien bald überlebenswichtig. Denn es gab Bestrebungen, solche Störenfriede an anderer Stelle zusammenzufassen, zu konzentrieren, und ihre Arbeitskraft radikal auszubeuten. »Vernichtung durch Arbeit« hieß das Programm.

In einer vertraulichen Anordnung an die Generalstaatsanwaltschaften vom 10. März 1943 verfügte Reichsjustizminister Otto Georg Thierack: »Im Einvernehmen mit dem Reichsführer SS und Chef der Deutschen Polizei im Reichsministerium des Innern habe ich mich entschlossen, Untergebrachte, die von Psychiatern [...] als einer irrenärztlichen Anstaltsbehandlung nicht mehr bedürftig und zugleich arbeitsfähig bezeichnet worden sind, der Polizei zur Unterbringung in einem polizeilichen Arbeits- und Erziehungslager zur Verfügung zu stellen.« Die als Anlage beigefügten Listen sollen die Generalstaatsanwaltschaften danach prüfen, ob die dort aufgeführten Personen tatsächlich alle nach Paragraph 42b RStGB untergebracht waren. Sodann sollten sie die betreffenden Personen den jeweiligen Heil- und Pflegeanstalten benennen mit dem Hinweis, dass diese »der Polizei auf Anforderung herauszugeben« seien.[165] Die Stuttgarter Generalstaatsanwaltschaft meldet eine Woche später zurück, dass sie »die Listen der als abgabefähig bezeichneten 125 Untergebrachten« unmittelbar an die Anstalten gesandt habe.[166]

Am 20. April 1943, dem Tag, an dem Theodor Roller seine »Erklärung« an das Sondergericht schickte, informierte der »Reichsbeauftragte für die Heil- und Pflegeanstalten« Herbert Linden das württembergische Innenministerium, dass die nach Paragraph 42b RStGB in Heilanstalten untergebrachten Personen, »soweit das möglich ist, in den Arbeitsprozess eingegliedert werden« sollten. Zu dem Zweck müsse dieser Personenkreis überprüft werden. Damit seien die Ärzte Dr. med. Kurt Borm[167] und Dr. med. Curt Runckel[168] beauftragt worden, die sich »demnächst zur Durchführung des Auftrages« bei den Anstalten melden würden.[169] Deren bevorstehende Ankunft kündigte das württembergische Innenministerium am 4. Mai 1943 den Staatlichen Heilanstalten in Württemberg an. In dem Schreiben wird aber auch betont, »daß den Herren darzulegen sei, daß die gerichtlich Eingewiesenen schon seither in den Arbeitsprozeß eingegliedert und für die Anstalten nicht entbehrlich seien«.[170]

Vor diesem Hintergrund ist denn auch die auf Seite 174 erwähnte Musterung durch »zwei Herren« zwischen dem 20. und 25. Juni 1943 zu sehen, der laut Roller alle gerichtlich Eingewiesenen unterzogen wurden und die ihn am Ende fragen ließ: »Sollte die Stunde der Freiheit bald schlagen?«

Tatsächlich diente die Visitation der beiden Mediziner der Überarbeitung der bereits versandten Listen. In einem Rundbrief vom 2. Juli 1943 an die Generalstaatsanwälte erklärte der Reichsjustizminister diese alten Listen für ungültig und kündigte an, dass »neuaufgestellte Listen gemäß § 42b RStGB in Heil- und Pflegeanstalten Untergebrachter, die vom psychiatrischen Standpunkt aus zur Abgabe an die Polizei geeignet sind«, zusammengestellt würden und »zur weiteren Veranlassung übermittelt werden«. Dabei seien die Listen »nicht schlechthin maßgebend«, da ein bestimmter Personenkreis nicht an die Polizei ausgeliefert werden dürfe: Ausländer (»mit Ausnahme von Polen, Juden und Zigeunern«), Arbeitsunfähige sowie »die in der Heil- und Pflegeanstalt oder von ihr aus zu wichtiger Arbeit Eingesetzten, die durch andere Arbeitskräfte zu ersetzen entweder unmöglich oder unzweckmäßig ist«. Die letztgenannten Ausnahmen habe der Anstaltsleiter durch »pflichtgemäße Versicherung« zu entscheiden.[171] Damit wurde den Anstalten, die ohne ihre arbeitsfähigen Insassen ihren

Betrieb gar nicht aufrechterhalten konnten, ein Ermessens-spielraum zugestanden, der vielen der Betroffenen das Leben rettete.

Wurde jemand entlassen, ehe diese Verordnung in Kraft trat, blieb er zwar nur auf Bewährung in Freiheit, musste aber keine weiteren Konsequenzen befürchten, zumindest war er nicht von diesen neuen Vorschriften betroffen. Ausdrücklich hieß es nämlich: »Solange die Abgabe eines Untergebrachten nicht durchgeführt ist, bleibt dessen Entlassung zulässig, sofern die gesetzlichen Voraussetzungen dafür vorliegen. Kommt hiernach die Entlassung in Betracht, so bitte ich vor der Entscheidung der für das Entlassungsziel zuständigen Kriminalpolizei(leit)stelle Gelegenheit zur Äußerung zu geben.«[172] Am 8. August 1943 wurde dieses Verfahren durch das Reichsinnenministerium in Gang gesetzt und als Erlass den Anstalten mitgeteilt. Darin wurden die Anstaltsleiter auch ermahnt, »von dieser Gelegenheit zur Gewinnung freier Betten weitgehend Gebrauch zu machen«.[173]

Aufgrund dieser Vorschriften meldeten die Anstalten alle Personen, die nach Paragraph 42b RStGB bei ihnen untergebracht waren, den Generalstaatsanwaltschaften. Die Stuttgarter Generalstaatsanwaltschaft gab daraufhin am 14. Januar 1944 dem württembergischen Innenministerium eine Liste zur Kenntnis, laut der dreiundsiebzig Untergebrachte »abgabefähig« seien. Am selben Tag forderte sie die Anstalten auf, bis zum 1. Februar 1944 mitzuteilen, welche von den benannten Personen den Polizeibehörden gemeldet werden könnten. In der Weissenau führte die Liste der gerichtlich eingewiesenen Personen die Namen von siebzehn Männern auf, darunter Theodor Roller, und von vier Frauen. Am 24. Januar 1944 schrieb die Weissenauer

Anstaltsleitung der Stuttgarter Generalstaatsanwaltschaft allerdings, »dass listenmäßig mitgeteilte Kranke zu wichtiger Arbeit eingesetzt sind und durch andere Arbeitskräfte nicht zu ersetzen sind«.[174] Am 10. Februar 1944 fasste die württembergische Generalstaatsanwaltschaft die in Stuttgart eingetroffenen Bescheide zusammen und leitete die Namen von fünfundzwanzig Männern und acht Frauen an die Polizeibehörden weiter. Die dreiunddreißig Personen sollten anschließend in Konzentrationslager deportiert werden, die Männer nach Mauthausen, die Frauen nach Auschwitz. Wie viele dieser Menschen im Konzentrationslager ums Leben kamen und welches Schicksal auf die übrigen wartete, ist auch nach vierundsechzig Jahren nicht geklärt. Bis Anfang August 1944 wurden, zum Vergleich, aus bayerischen Anstalten mindestens fünfundvierzig sicherungsverwahrte Personen in die Konzentrationslager Mauthausen, Dachau und Auschwitz verschleppt.[175]

Seit Roller von der Verwaltung wieder in die Landwirtschaft gewechselt ist und dort eifrig mitarbeitet, enthalten die Berichte an seine Mutter wieder Einzelheiten von der Feldarbeit. Überwiegend ist er einer Gruppe auf dem Aussiedlerhof Mariatal zugeteilt. »Mähen, Unkrautjäten u. ähnliches ist zur Zeit unsere Beschäftigung«, schreibt er im Mai 1944. Danach wird, teils bei 35 Grad Hitze, bis zum 10. Juli Heu geerntet. »Letzten Freitag fuhren wir nochmal ein bei gewaltiger Hitze. Ich bin ganz braun gebrannt. Habe meistens auf dem Wagen geladen. Heute morgen haben wir Futter gemäht.« Dann kommen Gerste und Raps an die Reihe.[176] Ende des Monats berichtet er: »Vergangene Woche haben wir hauptsächlich Futter gemäht. Da sinkt man Abends todmüde ins Bett. Doch es ist gesund! Wir erhalten auch dazu mittags ein gutes Vesper. Mit den Anforderun-

gen wachsen auch die Kräfte unter normalen Voraussetzungen, u. ich werde diese Arbeit immer besser gewöhnt.«[177]
Am 11. August teilt er seiner Mutter mit: »Nun sind wir feste beim Ernten: Diese Woche waren wir schon zweimal bis Abends nach 7 Uhr auf dem Rahlen, um Roggen u. Weizen abzuladen u. in der Scheune unterzubringen. Wir bekommen dann genügend Most u. Brot u. Käse oder Butter. Heute Mittag gehen wir wieder rauf.« Eine Woche danach: »Wir sind nun 8 Mann in unserer Gruppe. Diese Woche haben wir einen größeren Haferacker zum Abmähen in Angriff genommen. Jeder Mäher hat seine Gehilfin von unseren Mariahilfer Frauen, welche den Hafer freilegt. Heute werden wir wahrscheinlich damit fertig. Ich bin die Arbeit an sich ja nicht gewöhnt, aber ich kann Frost u. Hitze u. diese körperliche Arbeit ertragen, bin sie nun, nachdem ich beinahe ein Jahr wieder drin bin, körperlich eher gewöhnt.« Am 26. Oktober: »Heute Mittag tun wir unsere letzten Kartoffeln aus dem Rahlen heraus. Endlich sind wir soweit. Dann kommen noch Rüben, dann ist unsere Erntearbeit beendet.«

So geht es fort. Zwischen den Arbeitseinsätzen zieht er hinaus in die freie Natur und sammelt Kräuter und Waldbeeren, die er in großen Mengen nach Tübingen schickt, dazu wieder reichlich Äpfel, nun auch noch Birnen, Kirschen, Dörrobst, Kartoffeln. Und nach Erntedank ist er bei Ausfahrten in die Umgebung dabei. Mit Bulldog und Anhänger geht es beispielsweise zum Kohlenholen nach Manzell bei Friedrichshafen. Tatkräftig packt er mit an, wenn es gilt, Stammholz zu fällen, eingemietete Rüben[178] vom Acker auf den Hof zu bringen oder, zwecks Minimierung der Feuergefahr bei einem befürchteten Bombenangriff, Holzbänke in der katholischen Kirche auszubauen.

Ausmusterungen fürs Konzentrationslager

Der Fleiß, den ihm die Anstaltsleitung mehrfach attestiert, bewahrt Theodor Roller vor einer Auslieferung in ein Konzentrationslager. Als im März 1944 in der Anstalt Zwiefalten die ersten der an die Polizei gemeldeten zwölf Männer von der Gestapo abgeholt werden sollen, interveniert die dortige Direktorin Martha Fauser[179] bei der Generalstaatsanwaltschaft in Stuttgart. Einer der zur Deportation vorgesehenen Patienten sei schon seit Wochen schwer erkrankt, darum frage sie an, ob statt seiner nicht ein anderer »mitgegeben« werde dürfe: »G. ist hier immer wieder arg aufsässig, droht gleich mit Gewalttätigkeiten und es kann deshalb seine Arbeitskraft im Rahmen der Anstalt schon seit Monaten nicht mehr ausgewertet werden.« Und statt Philipp S., den man gern als Arbeitskraft behalten wolle, hätte sie »den Johannes B., Eugen F., Willy G. oder Josef H. angeboten, da wir dieselben gern aus dem Rahmen der Anstalt heraus hätten, weil sie immer wieder Schwierigkeiten machen und ihre Arbeitskraft nicht genügend ausgewertet werden kann. Natürlich können von uns aus statt einem auch mehrere dieser Kranken entbehrt werden.«[180]

Es bleibt nicht bei der einen Selektion. »Maßnahmen dieser Art sind also auch weiterhin vorgesehen«, heißt es in einem Erlass des württembergischen Innenministeriums vom 21. November 1944 an die staatlichen Heilanstalten im Zuständigkeitsgebiet. »Soweit bekannt, kommt bei der Heilanstalt Winnental die Abgabe von 7, bei Schussenried etwa 2 und Zwiefalten von etwa 4 Untergebrachten an die Polizei in Betracht.« Mit zusätzlichem Nachdruck folgt am 15. Januar 1945 ein weiterer Erlass des württembergischen Innenministers, dem als rechtliche Begründung vorausge-

schickt wird: »Die Raumlenkung in den Heilanstalten
macht eine möglichst weitgehende Durchführung der – in
den Runderlassen des Reichsministers der Justiz an die
Generalstaatsanwälte vom 10.3. und 2.7.1943 (vgl. meinen
Erlaß vom 25.3.1943 Nr. X 1226 und meinen Randerlaß
vom 19.1.1944 Nr. X 101) und in den Runderlassen des
Reichsministers des Innern an die Landesregierungen bezw.
die Leiter der Heil- und Pflegeanstalten vom 8.8.1943 (vgl.
meinen Randerlaß vom 26.8.1943 Nr. X 3101) angeordneten – Abgabe der gem. § 42b RStGB. in den Heilanstalten
Untergebrachten an die Polizei zur Unterbringung in einem
polizeilichen Arbeits- und Erziehungslager notwendig.« In
ebendiesem Erlass wird bilanziert, dass von den fünf in
Frage kommenden Anstalten Schussenried (2), Weinsberg
(3), Weissenau (0), Winnental (15) und Zwiefalten (21) insgesamt 41 Patienten der Polizei ausgeliefert worden sind.
Es ist ferner davon die Rede, dass sich in diesen Anstalten
derzeit 119 Personen befänden, die nach Paragraph 42b
RStGB untergebracht seien; davon habe man bereits zehn
»zur Abgabe angemeldet«.[181] Die Heilanstalt Winnental in
Winnenden, rund zwanzig Kilometer nordöstlich von Stuttgart gelegen, wendet sich daraufhin an den württembergischen Innenminister mit der Bemerkung: »11 männliche
Untergebrachte wurden am 31.3.1944 in das Konzentra-
tionslager Mauthausen, Linz/Oberdonau, und 4 weibliche
Untergebrachte in das Konzentrationslager Auschwitz,
Ost-Oberschlesien, verschickt.« Nun erwarte man den Be-
scheid des Generalstaatsanwalts auf einen Antrag vom
Dezember 1944, fünf weitere Männer »in ein Arbeits- und
Erziehungslager« – das heißt konkret: ins KZ Mauthau-
sen – »verbringen zu lassen«.[182]
Aus der Weissenau werden auch weiterhin keine Patien-

ten der Polizei ausgeliefert. Dem Innenministerium teilt die Anstaltsleitung am 16. November 1944 mit: »In der Heilanstalt Weissenau befinden sich 12 Kranke, die gemäss § 42 b eingewiesen sind. Alle sind brauchbar und arbeitswillig. Besonderer Drang nach Entweichung besteht nicht.«[183]

»Vorerst muß ich noch hier aushalten«

Ende August 1944 werden die Tage wieder kürzer, die große Hitze dieses Sommers, die alle Erntearbeiten überaus beschwerlich gemacht hat, ist vorbei. »Der Krieg wird ein Ende nehmen«, schreibt Theodor Roller, »dann kann man erst wieder klar sehen. Laß mich im übrigen dazu schweigen.«[184] Die Kriegsumstände beeinträchtigen das Alltagsleben zusehends. Weil die Kost in der Anstalt immer magerer ausfällt, freut sich Theodor Roller umso mehr über Päckchen aus Tübingen. Aber wie in all den Jahren seiner Gefangenschaft nimmt er nicht nur, sondern gibt auch, was ihm möglich ist. Er ist ein Familienmensch. Unermüdlich treibt der Neunundzwanzigjährige Obst auf, das er seiner Mutter und seiner Schwägerin nach Tübingen sowie seiner Schwester nach München, manchmal auch noch weiteren Verwandten und Bekannten sendet und gewissenhaft zum Einkaufspreis abrechnet. »Letzten Samstag sammelte ich Kartoffeln, Brombeeren u. Hagebutten. Letztere für Hilde, Kartoffeln (Nachlese auf unserem Acker mit Genehmigung unseres Gutsverwalters) für Euch u. Hilde. Morgen kommt ein Paket an Dich zur Post mit Kartoffeln u. einigen gebr. Einmachgläsern.«[185] Neuerdings sind jedoch Gebührenmarken für den Obstversand erforderlich, die er sich nicht beschaffen kann. Am 17. September klagt er, dass er sich für das Obst eine Notlösung ausdenken musste: »20 Pfund habe ich dörren lassen, das gibt etwa 5 Pfund Dörrobst. Will versuchen, noch mehr dörren lassen zu können.«

Nach der Ernte hilft er beim Dreschen. Fasziniert beobachtet er im September 1944 die ausgefeilte Mechanik der Dreschmaschinen: »Da kommen die Halme oben hinein u. die Maschine, ein Wunderwerk, bringt die Körner, die Spreu u. die Strohballen, gebunden, heraus. Da schüttelt, dröhnt u. rasselt es aber auch gehörig, greifen Eisenarme aus, laufen viele Räder, gespeist mit Elektrizität.« Wer über diese menschliche Erfindung staune und sie bewundere, meint er, um wie viel mehr Ehrfurcht müsse er Gott gegenüber empfinden, »der Alles, was sichtbar ist, Mensch u. Natur, erdachte u. erschuf«?[186] Und um wie viel differenzierter und feinfühliger klingen diese Beobachtungen und Empfindungen des jungen Mannes, als es die drei Wochen zuvor im Krankenblatt niedergeschriebene Bemerkung vermuten lassen könnte: »Ist ganz in seinen verschrobenen Ansichten eingesponnen und festgefahren.«[187]

Dank der regelmäßigen Briefe seiner Mutter und der gelegentlichen Briefe seiner Geschwister nimmt er an den Aktivitäten seiner Familie Anteil. Er berichtet von Neuzugängen in die Weissenau aus der früheren Tübinger Nachbarschaft, erkundigt sich bei der Mutter nach Familienangehörigen und Bekannten, bittet sie, Grüße auszurichten. Als sie ihm von einem Ausflug in die nähere Umgebung von Tübingen schreibt, kommentiert er: »Da ginge ich auch gern mal hin, nach über 5 ½ Jahren. Doch vorerst muß ich noch hier aushalten.«[188]

Roller grübelt und grübelt über seine Situation, er liest in erbaulichen Schriften, die er in der Anstaltsbibliothek ausleiht, studiert die Bibel oder vertieft sich in das Gesangbuch auf der Suche nach Liedern, die seine Stimmungen beschreiben könnten. Davon erfährt die Anstaltsleitung nichts, und sie sagt ihm nach, dass er »wenig über sein Innenleben herausgibt«[189] und als »verschlossen und undurchsichtig« erscheint. Wie weit hätte er es doch bringen können, wenn er immer danach gehandelt hätte! Ist nicht gerade die indirekt erwartete Offenheit, wenn er sie denn gezeigt hat, die Ursache des Übels, von dem sie ihn nun wieder befreien soll?

Im Grunde genommen ist Theodor Roller stets ein kontaktfreudiger Mensch mit, bei aller Gottesnähe, Bodenhaftung und Interesse am Weltgeschehen. Das betrifft bei weitem nicht nur die Familienangelegenheiten oder die Bauern, die er hin und wieder an Samstagen aufsucht, um auszuhelfen und ein Zubrot zu erwerben. Er knüpft intensive Beziehungen zu zwei christlichen Familien, ist immer wieder an Sonntagen zu Gast bei den Schmids in Ravensburg und – eine neue Bekanntschaft – den Hartmanns in Weingarten. In ihm brennt der Wunsch, in Ehe und Familie Erfüllung zu finden. »Ich leide gewaltig unter dem Mangel an einer Frau, seelisch u. leiblich«[190], klagt er. Bei den Schmids hatte, wie erwähnt, gleich beim ersten Besuch an Weihnachten 1941 die Älteste der drei Töchter seine besondere Zuneigung ausgelöst. »Ohne ein Mädchen, das mich versteht, hat mein Hinauskommen keinen Wert«, schreibt er, als er sie kennengelernt und sich auf den ersten Blick in sie verliebt hat.[191] Doch ist sie verlobt, wie er bald erfahren muss, und ihr künftiger Mann kämpft als Soldat im Krieg. Tapfer steht Roller diesen Kummer durch. »Ich habe durch meine Liebe zu ihr in den vergangenen anderthalb Jahren unsagbar viel mitgemacht«[192], bekennt er Mitte 1943 und redet sich ein, dass man höheren Ortes nicht untätig die Zeit verstreichen lassen wird, derweil er weggesperrt ist. »Wenn es Gottes gnädiger Wille ist, hoffe ich nun, dass er mir das Mädchen zuführt u. zurichtet, das mir bestimmt ist.«[193] Es sei ihm »bis heute mancher schwerer Weg beschieden gewesen«, bekennt er. »Mein schwerster aber wird sein: Geduldig ausharren, bis mir die Eine zufällt.«[194] Der Schmid-Tochter bleibt er während seiner weiteren Weissenauer Zeit freundschaftlich verbunden, und er macht sich neue Hoffnungen, als er erfährt, dass ihr Verlobter im Krieg gefallen ist. Doch bei aller Sympathie, die er im Hause Schmid genießt, ist die Hausherrin sehr darauf bedacht, den Kontakt Rollers mit ihrer Tochter nicht eng werden zu lassen. »Wenn ein Kerle in der Anstalt ist«, kommentiert er im Nachhinein diesen damals für ihn sehr schmerzhaften Konflikt, »dann kann es sein, wie es will, dann hat er eben einen gewissen Macken bei den Leuten. Das habe ich immer wieder gemerkt, auch später noch nach meiner Entlassung.«

Auch innerhalb der Anstalt kapselt sich Roller nie ab. Er pflegt den Umgang mit den weniger schwer Erkrankten, interessiert sich insbesondere für jene, die aus Tübingen und der näheren Umgebung kommen. »Auffällig ist [...] wie sehr er sich dem Zirkel der geordneten Kranken anpaßt«[195], wird ihm einmal in einem Krankenblatt attestiert. Eine enge Freundschaft knüpft Roller im Herbst 1943 mit Maas van Batenburg, einem niederländischen Kriegsgefangenen, der mit anderen Zwangsarbeitern auf dem Anstaltsgelände kaserniert ist. »Ich durfte im Industrieheim hier durch den Gottesdienst schon längere Zeit einen Freund, einen Holländer, einen stillen u. ruhigen, lieben Menschen finden. Er hat eine Frau u. zwei kleine Buben in Den Haag. Sonntags gehen wir Mittags miteinander spazieren.« Von ihm ist in den Briefen oft die Rede, immer in sehr freundschaftlichem Ton. »Nun steht das Christfest vor der Tür. Ich feiere es im Kreise meiner Kameraden u. mit meinem Freund, der es fern von Heimat u. Vaterland, v. Frau u. Kind begeht.« Roller berichtet mehrfach, dass er »mit meinem Freund Maas« bei Familie Schmid eingeladen ist[196] oder mit ihm im Ravensburger Krankenhaus einen Patienten der Weissenauer Anstalt und einen bei einem Bombenangriff verletzten Niederländer besucht. Mit Maas van Batenburg, manchmal auch mit einem weiteren Niederländer, unternimmt er oft lange Sonntagsspaziergänge, gerade in den letzten Kriegsmonaten bilden van Batenburg und Roller in der Freizeit ein Gespann bei Aushilfsarbeiten in landwirtschaftlichen Betrieben. »Gestern nachmittag schorte[197] ich noch mit Maas zusammen bei Familie Strauß. Nach beendigter Arbeit wurden wir von Großmutter Strauß mit gutem Milchkaffee, Kartoffelsalat u. Schupfnudeln bewirtet.«[198] Und in den letzten Kriegstagen resümiert er: »Wie dankbar darf ich für die treue Freundschaft von Maas sein! Ja, ein treuer Freund ist ein Trost des Lebens.«[199] Wenngleich mit einem Wermutstropfen verbunden: »Und dennoch, wie fühlte ich immer wieder, daß ich eben ein Deutscher bin, der das deutsche Schicksal mitzutragen hat u. will.«

»Ich bleibe ein Gegner der Völkischen Weltanschauung«

Inzwischen ist Theodor Rollers Hoffnung auf ein bürgerliches Leben in Freiheit aussichtslos geworden. »Heute um 11 Uhr bestellte mich Medizinalrat Dr. Sorg auf sein Zimmer«, schreibt er am 8. Februar 1945 an seine Mutter. »Das Gericht hat schon wegen meiner Entlassung angefragt, aber schon 1 Monat früher, als es angekündigt hatte. Ich sagte, daß es keinen Wert habe. Ich bin u. bleibe, getreu dem entscheidenden Austritt 1935 aus der H.J., ehrlicher Gegner der Völkischen Weltanschauung mit ihrem fanatischen, unduldsamen Totalitätsanspruch u. überzeugter Bekenner der Christlichen Weltanschauung. Ich habe bei gutem Gewissen, in vollem Bewußtsein, bei klarem Verstand u. voller Vernunft bisher hier ausgehalten. Der Gott, den Hitler hat, kann nicht der Christengott sein. Es gibt aber keine zwei. Also . . . . . . Mag nun kommen was will. Ich bin in den Händen des Gerichts, letzten Endes Hitler's u. weiß mich dennoch in kindlichem Glauben geborgen in der gewaltigen Hand unseres Gottes, des Vaters unseres Herrn Jesu Christi.«[200]

Der Befund, den Dr. Sorg noch am selben Tag an den Oberstaatsanwaltschaft sendet, lässt für die Zukunft nichts Gutes erwarten. Vollständig lautet der Text:

Eine absolut sichere psychiatrische Beurteilung des Theodor Roller ist auch heute noch nicht möglich. Es haben sich jedoch im Laufe des letzten Jahres Momente gezeigt, die auf eine beginnende schizophrene Wesensänderung mit gemütlicher Abstumpfung hindeuten. So hat sich Roller, der in den ersten Jahren seines Aufenthaltes, seiner Vorbildung entsprechend, mit Büroarbeiten beschäftigt war, von diesem Arbeitsplatz weggemeldet und verrichtet jetzt die untergeordnetsten Arbeiten wie z. B. Abortleeren mit dem gleichen Eifer. Während er für gewöhnlich für sich bleibt und spontan wenig mit seinen Ideen herausrückt, so zeigt sich bei einer Unterredung mit ihm, dass er noch in seine alten Gedanken-

gänge verstrickt und auch keineswegs besonnen ist, nur um Haaresbreite davon abzurücken.

So z. B. äußert er, dass die Partei mit ihrem fanatischen Totalitätsanspruch jeden, der ehrlich überzeugter Christ sei, zu einer radikalen Entscheidung gegen sich zwinge.

Es steht zu befürchten, dass Roller in Freiheit mit seinen Ideen nicht zurückhalten wird und aufs Neue mit den Gesetzen in Konflikt kommen muß. Ich kann daher nicht verantworten, eine Entlassung des Roller zu befürworten. Im übrigen ist sein Verhalten in der Anstalt durchaus geordnet und gibt zu Klagen keinen Anlass. [201]

Am selben Tag, an dem er diesen Befund nach Stuttgart schickt, notiert Obermedizinalrat Sorg im Krankenblatt Rollers: »Auf erneute Anfrage des Oberstaatsanwalts wird eine Entlassung des Roller auch heute nicht befürwortet, da Roller wie eine Unterredung mit ihm zeigt in seine alten verworrenen, religiös-ethischen Gedankengängen verstrickt bleibt. Als eine gewisse Verödung im Sinne einer Schizophrenie könnte die Tatsache aufgefasst werden, dass Roller nunmehr auch vor den drekichsten Arbeiten z. B. Abortleeren nicht zurückschreckt.« [202]

Innerlich abgeklärt schreibt Theodor Roller am 18. Februar an seine Mutter: »Ja, nun will ich sehen, was das Gericht antwortet. Ich könnte, wenn ich wollte, sowohl Dir wie Anderen eindeutig klarlegen, was mich u. warum es mich verpflichtet, hier mit entschiedener Einstellung auszuharren. Ich bin dazu vorbereitet. In den sechs Jahren, die es Anfang März werden, seit ich verhaftet wurde, bemühte ich mich, immer klarer, ehrlicher u. folgerichtiger in meinem Glauben u. meiner grundsätzlichen Einstellung u. Überzeugung zu werden.«

Die Reaktion des Generalstaatsanwalts überrascht nicht. Er bleibt bei seiner Linie und zieht die gleiche Konsequenz wie nach dem vorigen Gutachten. Am 28. Februar 1945 geht die Mitteilung an den Oberstaatsanwalt, der seinerseits die Anstalt informiert: »Ich ordne die Fortdauer der durch Urteil des Sondergerichts in Stuttgart vom 14. Februar 1940 – SN 259/39 – ausgesprochenen Unterbringung des Theodor Roller in einer Heil- oder Pflegeanstalt an. Am 15. März 1946 werde ich erneut prüfen, ob der Zweck der Unterbringung erreicht ist.«[203]

Wie sehr sprechen die vielfältigen Verrichtungen Rollers in der Anstalt, die immer wieder auch in den Gutachten attestiert worden sind, für eine »gewisse Verödung im Sinne einer Schizophrenie«, wie Sorg in seiner letzten Stellungnahme behauptet? Und wieso muss es Roller zum Nachteil ausgelegt werden, dass er keine Hemmungen hat, für andere Leute Jauchegruben zu leeren? In seinen Briefen schreibt er sogar mehrfach über solche Tätigkeiten, die Sorg die Nase rümpfen ließen, allerdings in einem vernünftig begründeten Kontext. Beispielsweise am 25. März 1944: »Wir sägten u. spalteten Bauholz für Pflegerfamilien, in den letzten Tagen leerten wir Abort. Du weißt, ich schäme mich an keiner Arbeit, ich weiß: nicht daß, sondern wie man sie macht, ist entscheidend in höherem Sinn. Und wie rührend die meisten der Frauen uns mit Vesper versorgten, trotz Krieg, hat mich sehr erfreut.«[204] Ein andermal: »Noch immer arbeite ich mit Wilhelm M. zusammen. Wir leeren die Aborte Weissenauer Familien u. düngen Gärten damit.«[205] Oder am 18. Januar 1945: »Es ist Samstag, 17.00 Uhr. Heute Vormittag arbeiteten wir hier. Nachmittags leerte ich mit einem Anderen noch Abort für den Amtmann. Alarm hatten wir heute gegen 12 Uhr auch.«

Theodor Roller, der die Eintragungen der Patientenakte nie zu sehen bekommen hatte, war hell empört, als er zweiundsechzig Jahre später erfuhr, wie ihm seine Bereitschaft zum Abortleeren als »gewisse Verödung« ausgelegt worden war. »Das ist hundsgemein«, schimpfte er, als er das Dokument erstmals in Händen hielt. »Ich habe mich vor keiner Arbeit gescheut«, sagte er und verwies auf das Luther-Wort, wonach auch der Dienst der Magd im Stall Gottesdienst sei. [206]

Die Freiheit kommt näher

Wie in allen psychiatrischen Einrichtungen gibt es für die Insassen in der Weissenau während des Krieges nicht genug zu essen. Schon im Geschäftsbericht von 1941 war von Engpässen die Rede: »Der allgemeine körperliche Gesundheitszustand der Pfleglinge geht etwas zurück. Es besteht eine durchschnittliche Gewichtsabnahme von 1,5 kg. Die Anfälligkeit für akute Infektionen und Magen-Darmstörungen wächst.« [207] Die Situation verschlimmert sich, teils absichtlich herbeigeführt, und zum Jahresanfang 1945 wird die Lage äußerst prekär. »Es kam zu zahlreichen Sterbefällen, deren Hauptgrund die Unterernährung war«, berichtet Roller nach dem Krieg in seinem Wiedergutmachungsverfahren. [208] Seiner Mutter schreibt er am 18. Februar 1945: »Die Kost, nun, man schweige besser: 3 Scheiben Brot noch täglich. Es ist gut, daß man beinahe ½ Tag im Bett liegt, wo, wenn man nicht schlafen kann, Geist u. Gedanken sich flüchten zu Gott.« Ab und zu kann ihm seine Mutter Lebensmittelmarken zukommen lassen, die gelegentlichen

Aushilfen bei Bauern verschaffen zusätzliche Rationen. Davon erzählt Roller beispielsweise am 30. März 1945: »Viel Arbeit hatte ich in den vergangenen Wochen. Zum Teil arbeitete ich allein u. mit den Kameraden zusammen. Wie gut verpflegten mich größtenteils die lieben Leute: Pfannenkuchen bekam ich zweimal, Suppe, Salat, Bohnen, Brot u. Wurst. Aber ich packte auch feste an: Holzsägen, Güllen, schoren, Kartoffelgräbchen richten.« Nach Ostern geht an die Mutter ein aufrichtiger Dank »für Deinen eßbaren Ostergruß: den feinen Kuchen, die Brötchen u. das Träublesgeselz. Von allem versuchte ich schon, es schmeckt gut.«

Aufmerksam verfolgt Roller alle Nachrichten zur politischen Entwicklung, zu denen er sich Zugang verschaffen kann. Oft beschränken sie sich auf die offiziellen Durchhalteparolen, die in den Zeitungen verbreitet werden. Sie stehen in einem eigenartigen Kontrast zu den wahrnehmbaren Kriegsfolgen, zum Beispiel zu den immer häufiger heulenden Sirenen: »Die ganze Woche haben wir nun auch Tag für Tag Alarm, meistens so zwischen 11 u. 1 Uhr. Wenn man so Schwärme feindlicher Flugzeuge über sich hinwegdonnern hört u. sieht u. man nicht weiß, ob man in einigen Sekunden in Atome zerstäubt ist, wird einem so erst bewußt, was in Psalm 103./14–16 steht, u. dennoch, wenn man heil davon kommt u. noch lebt, es ist wieder so herrlich schön, ruhig, die Sonne scheint, es grünt, die Vöglein singen, darf man wohl von Herzen den ganzen Psalm 103 beten!«[209]

Und nicht immer fliegen die Bomber über die Gegend hinweg, sondern nehmen nahe gelegene Ziele ins Visier, insbesondere in der nahegelegenen Industriestadt Friedrichshafen, in der viele Rüstungsgüter produziert werden.

»Eben kommen wir zu sechst von der Stadt des Grauens, der Ruinenstadt Friedrichshafen, wo wir in Manzell Kohlen holten«, berichtet Roller am 28. Dezember 1944 über seine Eindrücke. Am 18. Januar 1945 erzählt er seiner Mutter in einem Brief: »Kürzlich hatten wir, als München bombardiert wurde, einige Stunden Alarm beim An- u. Rückflug. Über 1000 sollen es gewesen sein. Beim Rückflug blieb ich im Bett u. hörte über mir das wenig angenehme Gedonner der vielen Bomber ... Hitler sagte, es gäbe nur Überlebende u. Vernichtete ...« Im selben Brief gedenkt er eines kommenden Jahrestages: »Bald werden es nun 6 Jahre, daß ich verhaftet wurde. Wie lange noch läßt mich der Heilige hier sein? Dennoch, ich will den Kelch bis zur Neige trinken. Ich weiß, ich handle recht damit. So Gott will, sehe ich einst meine Heimat wieder, frei, als deutscher Mann, u. dann ...«

Drei Tage später wieder eine Kriegsmeldung: »Am Montag, als wir kurz vor Friedrichshafen waren, mußten wir halten: Alarm. Dann flogen Flugzeuge über uns weg, u. deutlich hörte man später den Bombensegen.« Am 8. Februar 1945 schreibt er: »Ja, dankbar dürfen wir sein für ›unser täglich Brot‹. Wie mundet ein Stücklein Schwarzbrot, eine warme Schalkartoffel mit Salz, wenn man wirklich Hunger hat!« Im selben Brief heißt es: »30 Mann, meist Bettlägerige, sind zu uns gekommen. Nun schlafen viele von uns im Gang, wo zweistöckige Bettstellen stehen.« Diese pflegebedürftigen Patienten hat man von der Heilanstalt Weinsberg, wo Raum für Patienten und Personal für die ausgebombten Heilbronner Krankenhäuser geschaffen wird, nach Weissenau verschoben. [210]

Über ein Dutzend Alterskameraden sind in den Kriegsjahren gefallen, von deren Tod Roller in seiner Korrespondenz Notiz nimmt. In den meisten Fällen hat er Briefe an die Angehörigen geschrieben und ihnen kondoliert. Der letzte, von dessen Tod er erfährt, ist Willy L., bei dessen Erwähnung er nur mühsam einen gewissen Sarkasmus unterdrücken kann. »Sein Dir seinerzeit ausgedrücktes dummes Geschwätz, ob ich noch immer nicht zur ›Vernunft‹ gekommen sei, habe ich ihm vergeben. Ein ehrlicher Feind ist wertvoller als ein falscher Freund.«[211] Den amtlichen Gutachten zum Trotz, die ihm attestieren, dass er »eine gewisse Verödung« zeige und dass er seiner Umwelt angeblich »mit verhältnismäßig geringer Affektbelastung entgegentritt«, offenbart der inzwischen Dreißigjährige in seinen Briefen ein breites Spektrum von Gefühlen. In einer beiläufigen Klage über einen zwanzig Jahre älteren, psychisch erkrankten »Arbeitsgenossen«, der mit einem »sauersüßen Pessimismus behaftet« sei, bekennt er: »Auch ich meine oft, ich kann es nicht mehr aushalten. Wie tödlich hasse ich diesen verfluchten lähmenden Pessimismus. Guten Willens sein u. Pessimist sein geht nicht zusammen. Der Mensch kann nicht alles, aber er kann ungeheuer viel u. Christsein heißt mit auch, sich täglich üben im Pflichtenkreis, wo man arbeitet, möglichst praktisch u. zugleich formbar u. zweckmäßig zu arbeiten, immer lehrbereit, lernend ›denken u. tun, tun u. denken, das ist die Summe aller Weisheit‹, sagt Goethe.«[212]

Etwa fünf Wochen vor dem Kriegsende in Württemberg beginnen die Ahnungen zur Gewissheit zu werden. Seiner Mutter schreibt er: »Schon oft dachte ich u. sehnte ich mich danach, Dich wieder zu sehen. Aber diesmal glaube ich, wenn, so Gott will, die Zeit reif ist, wird es eine umso größere Freude sein.«[213] Am 28. April 1945 erreichen die französischen Truppen die Weissenau. Theodor Roller ist gerade im Garten eines Pflegers beschäftigt, als er die Panzer von Weingarten her kommen sieht. Eine französische Einheit nimmt die Anstalt teilweise für ihre Zwecke – ein Lazarett mit 400 Betten wird im Neubau eingerichtet – in Beschlag.[214] »Ich durfte mich als von der jahrelangen Haft […] erlöst, befreit betrachten.«[215]

Wahrscheinlich könnte er jetzt einfach sein Bündel packen und nach Hause gehen. Doch in seinem Sinne ist dies nicht, er will eine förmliche Entlassung. Dafür nimmt er noch mehr als vier Monate Wartezeit in Kauf. Obermedizinalrat Bischoff, der vorläufig in seiner Position geblieben ist, trägt am 20. Juni 1945 mit einem Mal Klartext ins Krankenblatt ein: »Da die damals vermutlich psychotische Aktivität von R. sich auf rein politischem Gebiet bewegte und die Einweisung nach § 42b nur deshalb erfolgte, ist nach der jetzt vorliegenden Änderung der Lage im öffentl. rechtl. Sinne keine Gemeingefährlichkeit mehr anzunehmen und Roller wird seine Entlassung angeboten, obwohl ein entsprechender Gerichtsbeschluss nicht vorliegt und auch nicht vorliegen kann. Interessanterweise bleibt Roller bis auf weiteres freiwillig in der Anstalt, was ihm nicht verwehrt wird.«

Was genau Bischoff interessant findet, erwähnt er bedauerlicherweise nicht. Auch nicht, warum Roller vorerst noch bleibt. Er will sich nämlich nicht einfach abschieben lassen, als wäre nichts gewesen. Diese Absicht geht nicht zuletzt aus dem nächsten Krankenblatteintrag vom 13. Juli 1945 hervor. Abgezeichnet ist er von Hans W. Gruhle, der mittlerweile die Verantwortung im Haus übernommen hat: »Seine Entlassung wird erörtert. Er ist gewandt, überlegt, ganz klug. Wünscht, dass ein Entlassungsschein seine politische Einweisung ausdrücklich erwähnt, will offenbar daraus Kapital schlagen. Behauptet, seinen Überzeugungen immer treu geblieben zu sein. Er meine, dass andere Leute, die auch politisch abweichende Ansichten gehabt hätten, sich gefügt hätten. Aber ihm habe dies eben nicht gelegen. Heute gelingt es nicht, psychotische Inhalte herauszubekommen. Auch Wesen und Ausdrucksweise sind nicht absonderlich. Seine Entl.papiere werden bei französ. Behörde beantragt.«[216] Dieser vom Ravensburger Landrat an den französischen Militärgouverneur übermittelte Antrag kam von dort Mitte Juli 1945 »mit dem Bemerken, dass der Interessent einen Passierschein auf normalem Wege zu beantragen hat«[217], zurück.

Post kann in der unmittelbaren Nachkriegszeit nur noch privat befördert werden. »Schon länger dachte ich, wann ich Dir nur schreiben könnte«, heißt es im Brief Rollers vom 4. August 1945, dem ersten nach der politischen Befreiung. Er will ihn einem Soldaten mitgeben, der vorhat, nach Tübingen zu fahren. Doch dessen Abreise verzögert sich, und der Brief muss einige Tage liegenbleiben. Roller schreibt:

Meine liebe Mutter!
»Wo bleibt der Theodor nur«? – Immer noch sitze ich hier. Den Passierschein habe ich vergangenen Montag ausgefüllt abgegeben. Meinen Entlassungsschein habe ich in Händen, ebenfalls eine Kennkarte. Nun kommt's darauf an, wann ich den Passierschein zurückerhalte, dann hoffe ich, nach beinahe 6½ Jahren bald in der Heimat, bei Dir, zu sein.
Ich arbeite noch in der M'talgruppe. Die Ernte, bis auf Ackerbohnen, Kartoffeln u. Rüben, ist unter Dach. Nun geht's noch ans Öhmd [218]. Von Schussenried kamen etwa 50 Pfleglinge hier her, nun ist die Abteilung überfüllt, ein Mordsbetrieb. Gott sei Dank kann ich zusammen mit 4 älteren Män-

nern, darunter Herr D., auf dem Rahlen schlafen. Nach dem Abendessen geht's hinauf u. Morgens gegen ½ 7 Uhr wieder herab. Verpflegung bekommen wir unten. Es ist schön dort oben, ruhig, still, feine Aussicht, also kann ich mich jeden Tag auf diesen Feierabend freuen. Obst gibt's auch.

Am Montag, nachdem ich wegen der Papiere Vormittags in R'burg war, besuchte ich Familie Schmid. Freundliche Grüße.

Schon länger dachte ich, wann ich Dir nur schreiben könnte. Nun traf ich in den letzten Tagen den Arzt, Herrn Schormann, der Dir für seine Frau einen Brief mitgab, u. bat ihn, mir mitzuteilen, wann jemand nach Tübingen komme, damit ich für Dich einen Brief mitgeben könne. Hoffentlich bekommst Du ihn bald.

Heute Mittag rücken wir noch aus. Es ist schönes Sommerwetter. Morgen ist Sonntag, Ruhetag.

In der Hoffnung auf baldiges Wiedersehen grüßt Dich herzlich Dein Sohn

Theodor

b. w.

Auf der Rückseite des Briefs teilt er mit:

Abschrift

Heilanstalt Weissenau, den 30. Juli 1945

Bescheinigung

Herr Theodor Roller, geb. 22. 2. 1915 in Zuffenhausen, ledig, wurde am 11. 3. 40 vom NS-Sondergericht in die Heilanstalt eingewiesen. Zur weiteren Zurückhaltung ist unter den ge-

änderten politischen Verhältnissen kein Anlaß. Er kehrt zu
seiner Mutter nach Tübingen zurück. Er hat sich während
der Zeit seines hiesigen Aufenthaltes (ab 11.3.1940) in der
Gärtnerei, Landwirtschaft und im Büro betätigt und sich
vor keiner Arbeit gescheut.

    gez. Gruhle

Stempel

Freundliche Grüße an Freunde u. Bekannte, die Du triffst.

Aber Roller muss weiter in der Weissenau ausharren, da er noch keinen Passierschein erhalten hat. Dem Tübinger Theologieprofessor Karl Heim, der am 12. August 1945 in Ravensburg beim Sonntagsgottesdienst predigt, gibt er den alten Brief an seine Mutter und noch einen neuen mit, in dem er ankündigt: »Nun hoffe ich auf baldiges Wiedersehen.« Auf diesen Vorboten hin vergehen weitere zwei Wochen. Dann »endlich« ist es so weit.

Nicht nur Roller hat die Abreise als eine Erlösung empfunden, sondern offenbar auch Oberarzt Dr. Bischoff, wie man seinem »endlich« im letzten Krankenblatteintrag vom 25. August 1945 entnehmen kann. Die rechthaberische Komponente in seiner psychiatrischen Bewertung ist nicht zu übersehen: »Nach Eintreffen seiner Entlassungspapiere und Passierscheine kann Roller sich endlich entschliessen zu gehen und wird heute entlassen. Er verabschiedet sich freundlich und bedankt sich. Diagnostisch wird festgelegt: Psychopathie mit verschroben-fanatischen Zügen, Verdacht auf schizophrenen Defektzustand.« [219]

Theodor Roller begnügt sich nach seiner Rückkehr nicht mit den Papieren, die ihm in Weissenau ausgehändigt wurden, denn inhaltlich sind sie nichtssagend. Er sucht darum Wilhelm Ederle in der Tübinger Psychiatrie auf und lässt sich erneut von ihm untersuchen. Dieser stellt am 10. September 1945 eine Bescheinigung aus:

Ärztliche Bescheinigung
Herr Theodor Roller, geb. 22. 2. 1915, wurde von mir im Jahre 1940 nach mehrwöchiger Beobachtung auf seinen Geisteszustand hin beurteilt. Im Verlauf schwerer, durch die politischen Verhältnisse bedingten seelischen Konflikte war es damals und in den vorausgegangenen Jahren verschiedentlich zu seelischen Reaktionen gekommen, die damals Veranlassung zu der psychiatrischen Untersuchung gaben.

Die eingehende Untersuchung und Beobachtung ergab jedoch keinen Anhaltspunkt für das Bestehen einer geistigen Störung. Ich habe jetzt, nach mehr als 5 Jahren, Herrn Roller wieder gesehen und auch eingehend mit ihm gesprochen. Auf Grund dieser erfolgten Untersuchung bin ich erneut zu der Ansicht gekommen, dass bei Herrn Roller weder damals noch heute Anhaltspunkte für eine Geisteskrankheit vorlagen bzw. vorliegen. [220]

Nach der Befreiung

Gelegenheitsarbeiten in Tübingen

Endlich Freiheit! Und wieder daheim. Aber es wird für Theodor Roller nicht einfach, fortan den Lebensunterhalt zu bestreiten. An eine Rückkehr zu seinem früheren Arbeitgeber, der Tübinger Kreissparkasse, ist nicht zu denken, da ihm das Stigma anhaftet, viele Jahre Patient einer psychiatrischen Anstalt gewesen zu sein – aus welchem Grund, ist für die Umgebung in diesem Zusammenhang belanglos. Seine intensive Beschäftigung in der Weissenauer Landwirtschaft befähigt ihn immerhin, jedwede körperliche Arbeit zu übernehmen. So nimmt er am 1. September 1945 einen Job als Waldarbeiter im Schönbuch an, einem großen Waldgebiet in der Region zwischen Tübingen und Stuttgart. Damit will er die Wartezeit überbrücken, bis er eine seiner Qualifikation entsprechende Stelle findet. Allerdings wünscht er sich, bei der Evangelischen Kirche unterzukommen, möglichst als Diakon.

Daraus wurde jedoch nichts. Anfang 1946 stellte ihn die Evangelische Kirchenpflege ein und beschäftigte ihn bis Ende Mai 1947 als stellvertretenden Mesner an der Tübinger Stiftskirche. Zwei weitere Jahre verbrachte Roller als Mitarbeiter beim Evangelischen Hilfswerk in Tübingen, unter anderem als stellvertretender Lagerleiter. Nach einer zweimonatigen Überbrückung bei der Bezirksstelle für

Weihnachten 1961: Theodor Roller mit seiner ersten Frau und den gemeinsamen drei Kindern.

Kirchensteuergeschäfte wollte Roller nicht mehr länger in Kirchendiensten stehen. Eine Tätigkeit an seinem früheren Arbeitsplatz hätte er sich durchaus vorstellen können. »Es wäre fair gewesen, wenn ich ein Angebot bekommen hätte«, sagt er im Nachhinein.

Stattdessen begann er am 1. Oktober 1949 für die nächsten sechs Jahre als selbständiger Vertreter mit Waschmitteln, Textilien, Kunststoffartikeln und Bohnerwachs zu handeln. Aus nebenberuflichen Buchungsarbeiten für die Tübinger Wäschefabrik Ackel erwuchs eine Festanstellung als Buchhalter, die bis Ende 1962 währte. Ende 1978 ging er, nach weiteren fünfzehn Jahren als Buchhalter für die Tübinger Pumpenfabrik Schmalenberger, in den Ruhestand.

Am 2. Dezember 1954 heiratet Theodor Roller Lina Stahl aus Hengstfeld, aus der Ehe gehen drei Kinder hervor: Elisabeth, Martin und Irene. Nach über fünfzig Jahren Ehe starb seine Frau im Sommer 2005. Ein Jahr später heiratete er die Tübinger Musiklehrerin Renate Pohl.

Erfolg der Weißwäscher: Richter Bohn ist unbelastet

Dr. Alfred Bohn, der stellvertretende Vorsitzende des Sondergerichts, blieb bis zum Ende des NS-Staates im Amt. Anfang April 1945 ließ er sich in Schorndorf nieder, wohin das Stuttgarter Landgericht evakuiert worden war. Noch wenige Tage nach der Kapitulation wirkte er als stellvertretender Landgerichtspräsident, ehe die amerikanischen Truppen auch Schorndorf besetzten. »Nach dem Umsturz« habe er sich »alsbald dem neuen Staate zur Verfügung gestellt«, berichtete Bohn in der Verteidigungsschrift für die Spruchkammer Stuttgart, die für seine Entnazifizierung zuständig war.[1] An den Stuttgarter Oberlandesgerichtspräsidenten schrieb er gleich am 9. Juni 1945 von kommenden neuen Aufgaben. Der amerikanische Major Ricci, der

ihn »in den neuen württ. Richterdienst übernommen hat«,
habe ihn aufgesucht. Und: »Er will mich, einem vorüber-
gehenden Bedürfnis entsprechend, zunächst irgendwo als
Amtsgerichtsvorstand und dann sehr bald – wenn Württemberg einheitlich unter amerikanischer Verwaltung stehen wird, wieder beim Landgericht Stuttgart oder beim
Oberlandesgericht verwenden. [...] Ich bin erfreut, Ihnen
von diesem Ergebnis sogleich Kenntnis geben zu dürfen.
Die Tätigkeit beim Sondergericht hat Herr Major Ricci nur
kurz mit mir besprochen, er sucht für leitende Posten eben
Nichtparteigenossen. Er hat durchaus eingesehen, dass wir
Richter des Sondergerichts seit langem nicht mehr selbständig und unabhängig entscheiden durften, sondern von
oben herunter ›gelenkt‹ wurden. Ich werde weisungsgemäß
weiterhin in Schorndorf verbleiben, bis ich an die neue
Stelle abgerufen werde.«[2] Schon scheinen die Weichen für
eine ungebremste Fahrt in die Nachkriegszeit gestellt zu
sein, eine geradezu pomadige Wichtigkeit glänzt aus dieser
Mitteilung. Doch Bohn hatte sich zu früh gefreut. Der Kar-
rierezug sprang aus dem Geleis, als er am 17. Juni 1945 verhaftet und am 20. August 1945 durch das US Military
Government Württemberg-Baden vom Dienst suspendiert
wurde – übrigens unterzeichnet von Franklin M. Ritchie,
dem amerikanischen Major, der angeblich so hohe Stücke
von ihm gehalten hatte.[3]

Am 31. Juli 1945 wandte sich Alfred Bohn vom Ludwigs-
burger Internierungslager aus an Josef Beyerle, den Landesdirektor für Justiz in Württemberg, und versicherte ihm,
dass er an der Vernichtung der Akten des Sondergerichts
»völlig unbeteiligt« gewesen sei. Offenbar waren solche
Vorwürfe erhoben worden. An jenem Osterdienstag, es war
der 9. April 1945, sei er von Schorndorf, wo er bei seiner

Frau die Feiertage verbracht habe, mit dem Frühzug nach Stuttgart gefahren und dort erheblich verspätet angekommen. In der Geschäftsstelle eingetroffen, habe er erfahren, dass in den ersten Morgenstunden auf ein entsprechendes Stichwort hin die Akten des Senats und des Sondergerichts im Hof verbrannt worden seien. »Ich stand also vor einer vollendeten Tatsache und konnte diese unsinnige Maßnahme nicht mehr [verhindern], sondern sie bloß bedauern, denn das Verfahren und die Urteile des Sondergerichts brauchten eine Nachprüfung nicht zu scheuen.« Weder habe er das Stichwort gekannt, noch sei er überhaupt eingeweiht gewesen.[4] Den Namen des Stichwortgebers sparte er allerdings aus.

»Die Internierung selbst hat mich körperlich und seelisch furchtbar mitgenommen«[5], klagte Bohn auf den Tag genau zwei Jahre später. Am 8. Februar 1947 wurde er entlassen. Er hatte die Zeit im Lager als Barackenhelfer und für Steno- und Italienischkurse genutzt. Als Barackenhelfer, vermerkte er, seien ihm »Dank und die Anerkennung ausgesprochen« worden, in Stenographie sei er nach einer Prüfung unter rund hundert Teilnehmern Lagersieger geworden, und seine zuvor bescheidenen Sprachkenntnisse habe er so weit vervollkommnet, dass ihm am Ende des Lehrgangs »die Befähigung als Übersetzer und Dolmetscher der ital. Sprache zuerkannt wurde«. Bohn legt daraus den Schluss nahe, dass er gewillt sei, »am Wiederaufbau tatkräftig mitzuarbeiten«. Als Beamter habe er in einem besonderen Treueverhältnis zum Staat gestanden, ihm deshalb »auch immer treu gedient, in der Monarchie, in der Republik und im verflossenen Reich«. Er habe nie etwas anderes als seine Pflicht getan. »Ich habe die Gesetze mit größter Gewissenhaftigkeit, human, ohne Willkür und ohne

Einseitigkeit und völlig unparteiisch angewandt. Zu einem Missbrauch für politische Zwecke gab ich mich nicht her.« Als Belege schüttete er ein Füllhorn an Zeugnissen aus. Mit den Worten »Ein Richter wird immer Feinde haben, das ist menschlich begreiflich« gewährte er sich großherzig mildernde Umstände. Was zählten schon mögliche Einwände angesichts der überbordenden Referenzen! Bohn lieferte ein Hochglanzbild eines über jeden Zweifel erhabenen Richters ab, wie man selbst in einem Rechtsstaat kaum seinesgleichen finden kann. »Er war ein Mann, der sich den Angeklagten als Menschen ansah«, erklärt Rechtsanwalt Lederer, und sein Kollege Abele sekundierte: »Dr. B. war immer bemüht, der Gerechtigkeit zu dienen, ohne die Gebote der Menschlichkeit zu verletzen.« Rechtsanwalt Dr. Eisenmann attestierte, Bohn habe »stets in ruhiger, sachlicher Weise, unparteiisch und unpolitisch verhandelt«. Rechtsanwalt Dr. Reuter sprach von einem »objektiven und ruhigen Strafkammervorsitzenden«. Rechtsanwalt Dr. Strähler: »Sämtliche Angeklagte« seien von Bohn »sachlich und menschlich, korrekt und einwandfrei behandelt« worden. Bohn sei, so Rechtsanwalt Abele, »stets bemüht« gewesen, »sachlich, unparteiisch und gerecht zu sein«. Rechtsanwalt Dr. Häberlen sah in Bohn einen Richter, »der bemüht war, sachlich, gerecht, unparteiisch und in ruhiger, ja teilweiser verbindlicher Form zu verhandeln«. Laut Rechtsanwalt Wetzel hatte Bohn »in durchaus sachlicher, ruhiger, gerechter und unparteiischer Weise« verhandelt. Bohn habe, so Rechtsanwalt Krause, »die einzelnen Fälle durchaus gerecht und unparteiisch behandelt, sowie die Angeklagten und die Verteidigung in sachlicher und ruhiger Form hinreichend zu Wort kommen lassen«. Rechtsanwalt Bendel: Bohn habe die Verhandlungen »stets

sachlich, ruhig, objektiv und unparteiisch geführt«. Rechtsanwalt Faigle bezeichnete Bohns Sitzungsleitungen als »in
allen Fällen [...] sachlich, gerecht und völlig unparteiisch«.
Rechtsanwalt Sihler: »Er war bemüht, die Fälle sachlich,
objektiv und unparteiisch zu verhandeln, in ruhiger sachlicher Form.« Rechtsanwalt Dr. Göckeler: »Dr. B. hat die
Verhandlungen in durchaus korrekter und sachlicher Weise
geleitet.« Rechtsanwalt Dr. Hahn: »Dr. B. hat die Verhandlungen sachlich und objektiv geführt.« Rechtsanwalt
Christlieb lobte die »objektive und menschenfreundliche
Einstellung des Dr. B.«. Rechtsanwalt Dreher: »Dr. B. hat
die größte Sachlichkeit, Loyalität und Humanität gegenüber den Angeklagten gezeigt. Er hat durch seine ruhige
Verhandlungsart, durch seine strenge Objektivität [...] bei
den Klienten das Gefühl des Vertrauens hervorgerufen und
den Glauben an ein gerechtes Urteil.« Rechtsanwalt Dr.
Kapp schrieb, Bohn habe sich »stets durch eine besonders
klare, sachliche und unparteiische Verhandlungsführung
und gerechte Urteilsfällung ausgezeichnet«. Rechtsanwalt
Dr. Wacker erinnerte sich an keinen einzigen Fall, in dem
sich der Angeklagte »ungerecht behandelt fühlte«. Laut
Rechtsanwalt Frey hatte Bohn die Strafverfahren »mit vor-
bildlicher Sachlichkeit und Gewissenhaftigkeit durchgeführt«. Bohn habe sich bemüht, so Rechtsanwalt Herter,
»den Angeklagten und die Zeugen in ruhiger Form anzu-
hören und die zur Entscheidung stehenden Fälle gerecht
und unparteiisch zu entscheiden«. Rechtsanwalt Dr. Bischel: »Den Angeklagten behandelte er anständig und war
stets bemüht, gerecht und streng unparteiisch zu sein.«

Honi soit qui mal y pense? Liest man die von Bohn be-
stellten Referenzen der Anwälte in einem Zuge, verlieren
die formelhaft vorgetragenen Beteuerungen rasch ihre

Überzeugungskraft, die sie für sich genommen durchaus haben mögen. Bei der Vielzahl der ähnlich oder gleich lautenden Wendungen entsteht, ungeachtet ihres Wahrheitsgehalts, schier zwangsläufig der Verdacht, dass sie vom Fließband einer großen Weißwäscherfabrik gekommen sein könnten.

Nach all den aufgebotenen Zeugnissen beantragte Bohn – wie er versicherte: »mit gutem Gewissen« –, ihn »für nichtbelastet zu erklären oder sonstwie freizusprechen«.[6] In der mündlichen Verhandlung, die über drei Tage hinweg geführt wurde, kamen auch die Todesurteile zur Sprache, an denen Bohn beteiligt gewesen war. Er habe in seiner Zeit als Richter am Sondergericht »nicht mehr als 14 Todesurteile krimineller Art gefällt«, beteuerte er. »Ich kann nur sagen, dass vom Sondergericht nicht ein einziges politisches Todesurteil gefällt worden ist.« Diese Einschätzung wurde auch von den beiden als Zeugen gehörten Sonderrichterkollegen Alfred Payer und Werner Azesdorfer ausdrücklich bestätigt[7] – also von zufällig jenen Richtern, die am Urteil gegen Theodor Roller mitgewirkt hatten.

Am 25. September 1948, nach dem Ende der Beweisaufnahme und dem Plädoyer seines Verteidigers, trug Bohn sein letztes Wort in der Spruchkammerverhandlung vor. Laut Protokoll der Sitzung behauptete er, dass »das Sondergericht keine nazistische Einrichtung gewesen« sei, »es habe auch schon früher solche gegeben«. Denn: »Jeder Staat sorge für Ordnung und schaffe Einrichtungen, wenn es notwendig ist, gegen Angriffe von der Strasse her.« Es sei besser gewesen, nahm Bohn für sich in Anspruch, dass statt irgendeines Scharfmachers wie etwa Freisler vom Volksgerichtshof er »in gemässigter und anständiger Weise seine Stellung ausgeübt« habe. Da er erfahren habe, dass

sein Fall der letzte sei, den die für ihn zuständige Spruchkammer zu verhandeln habe, bitte er, dass sich das Sprich-
wort bewahrheiten solle: »Ende gut, alles gut!«

Nach geheimer Beratung verkündete der Vorsitzende
der Kammer den Urteilsspruch: »Der Betroffene ist nicht
belastet.«[8] In der schriftlichen Urteilsbegründung hieß es
unter anderem: Bohn »verdankte« seine »Berufung zum
Sondergericht […] lediglich dem Umstand, dass in das Sondergericht nur die befähigtsten und erfahrensten Richter
berufen zu werden pflegten. […] Der Betr. hat die Gewaltherrschaft der NSDAP in keiner Weise gefördert, sich auch
nicht als Anhänger dieser Gewaltherrschaft erwiesen.«[9]
Das Spruchkammerurteil wurde am 4. November 1948
rechtskräftig.

Im September 1947 hatte Bohn eine Stellung als Mitarbeiter bei Rechtsanwalt Dr. Guido Bischel angetreten, der
ihn auch im Spruchkammerverfahren verteidigte. Diese
Tätigkeit behielt er bis Ende 1949 bei. Am 1. Februar 1950
wurde er als »Juristischer Hilfsarbeiter« in den Justizdienst
übernommen, am 27. Juli 1950 zum Justizassessor, am
1. August 1950 zum »titul. Staatsanwalt« und am 1. November 1950 zum Staatsanwalt ernannt. Am 9. September 1950
bewarb sich Bohn um eine im Staatsanzeiger ausgeschrie-
bene Stelle als Landgerichtsdirektor, am 19. September
ersatzweise um einen Landgerichtsratsposten, beide in
Stuttgart. Die erste Bewerbung führte zum ersehnten beruflichen Wiederaufstieg: Am 19. Februar 1951 ernannte
ihn Reinhold Maier, Ministerpräsident von Württemberg-
Baden[10], zum Landgerichtsdirektor. Am 30. April 1953 trat
Bohn in den Ruhestand, den er noch dreizehn Jahre genießen konnte.

Alfred Bohn starb am 15. Oktober 1966 in Stuttgart.

Ende gut, alles gut?

Der stellvertretende Vorsitzende am Sondergericht Stuttgart überstand also seine Entnazifizierung »unbelastet«. Seine Karriere wurde lediglich unterbrochen, was nahezu allen Berufstätigen widerfuhr, die eine höhere Position im NS-Staat innegehabt hatten. Bohn ging als Landgerichtsdirektor in Pension, galt damit auch beruflich als voll rehabilitiert und konnte, ganz seinem letzten Wort vor der Spruchkammer entsprechend, zufrieden und ungeachtet des Wahrheitsgehaltes bilanzieren: »Ende gut, alles gut.«

Auch Theodor Roller blieb das Entnazifizierungsverfahren nicht erspart. Er hatte sich nie der NSDAP angeschlossen. Als Jugendlicher war er Mitglied in der Hitlerjugend geworden und aus politischen und religiösen Gründen 1935 ausgetreten. 1937 hatte er, ohne innere Überzeugung, für einige Monate der SA angehört. Er verweigerte den Eid auf Adolf Hitler und nahm dafür die Entlassung aus der Wehrmacht in Kauf. Schließlich hatte er an höchstmöglicher Stelle weltanschauliche Gegensätze zur herrschenden Ideologie bekundet, war deswegen vor dem Sondergericht angeklagt und wegen der Gefährlichkeit seiner Überzeugungen in die Psychiatrie weggesperrt worden. Und für all das wurde er in seinem Entnazifizierungsverfahren als »Mitläufer« eingestuft!

Roller akzeptierte diesen Spruch nicht und betrieb mit ganzer Kraft seine Rehabilitierung. Wieder musste er kämpfen. Diesmal war ihm zwar Erfolg beschieden, aber der Erfolg ließ lange auf sich warten. Erst am 25. August 1949 beschloss auf seinen Einspruch hin die Spruchkammer des württembergisch-hohenzollerischen Staatssekretariats: »Theodor Roller ist entlastet.«

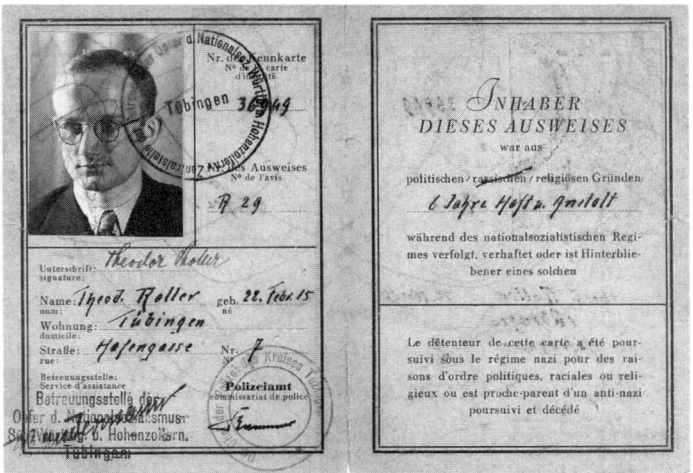

Seit 1949 konnte sich Theodor Roller offiziell als Verfolgter des
NS-Regimes ausweisen.

Am 27. April 1949 hob die Strafkammer des Tübinger
Landgerichts das Urteil des Stuttgarter Sondergerichts
vom 14. Februar 1940 auf. Am nächsten Tag stellte Theodor
Roller einen Antrag auf Wiedergutmachung. In einer Ak-
tennotiz vermerkte der Sachbearbeiter Dr. Straeßle am
21. Juli 1951: »Der Antragsteller macht bei seinen wiederholten Besuchen bei dem Amt für Wiedergutmachung
keinen ungünstigen Eindruck. Die mit ihm geführten Unter-
haltungen verliefen normal und auch bei den in Frage kommenden Fragen war eine ausführliche und klare Einstellung zu den verschiedenen Begebenheiten, die mit seiner
Verhaftung in Zusammenhang standen, erkennbar.«[11] Noch
einmal war in diesem Verfahren die Einschätzung des Psychiaters Ederle gefragt, der inzwischen in der Weissenau
als Leiter der Heil- und Pflegeanstalt amtierte. Er trug vor:

Herr R. hatte seiner Zt. aus seiner religiösen Haltung heraus mehrere Briefe aggressiven Inhalts an Hitler selbst gerichtet. Da er keine befriedigende Antwort und von Hitler überhaupt keine Stellungnahme erhielt, geriet er in noch grösseren Gegensatz zu der damaligen nationalsozialistischen Führung und brachte dies auch zum Ausdruck. Darauf wurde das Verfahren von dem Sondergericht Stuttgart gegen ihn eingeleitet. Vom Standpunkt des psychiatrischen Gutachters aus war zu prüfen, ob R. für seine Handlungsweise zurechnungsfähig war oder nicht, d. h. ob eine seelische Störung bei ihm festzustellen war, die seine antinationalsozialistische Haltung und sein Verhalten erklärte. Es war in einem früheren Gutachten angenommen worden, dass Herr R. an einer Schizophrenie leide. Ich selbst kam aufgrund der Begutachtung zu der Ansicht, dass eine geistige Störung bei Herrn R. nicht bestehe und dass seine, damals unter Strafe gestellte Verhaltensweise zurückzuführen war auf seine unbeirrbare religiöse Überzeugung.

Ederle fügt an: »Die Diagnose einer Schizophrenie konnte auch im Verlauf des langjährigen Anstaltsaufenthaltes nicht gesichert werden.« Und er schloss mit einem Zitat aus dem letzten Eintrag über Theodor Roller im Weissenauer Krankenblatt: »Auch Wesen und Ausdrucksweise sind nicht absonderlich. Er ist gewandt, überlegt, ganz klug.«

Nachwort

Theodor Roller ist am 30. Oktober 2008 gestorben, dreizehn Tage nachdem er das fertige Manuskript gelesen und mit einigen handschriftlichen Anmerkungen versehen hatte.

»Machen Sie keinen Helden aus mir«, hatte er mich gebeten, als ich ihm nach einem ersten Interview den Wunsch unterbreitete, seine Verfolgungsgeschichte als Buch zu veröffentlichen. Überreden musste ich ihn jedoch nicht. Es schien sogar, als habe er so alt werden wollen, weil seine Geschichte noch nicht bekannt geworden war. Dass sie einmal an die Öffentlichkeit kommen sollte, war ihm durchaus ein Herzensanliegen.

Mit großem Interesse hat er die Neuigkeiten entgegengenommen, die ich ihm nach und nach aus den Archiven berichtete. Er hat mich uneingeschränkt autorisiert, Dokumente zu sichten, die ihn betreffen. Dadurch erfuhr er Einzelheiten, die er noch gar nicht kannte. Das hat ihn beeindruckt und zur Kooperation angespornt. Es hat sich gut gefügt, dass Theodor Roller die Recherchen bis zuletzt begleiten konnte und am Ende den Text im Vertrauen aus den Händen gab, dass die ihm bekannte Fassung auf den Weg kommen würde.

Roller besaß eine mechanische Schreibmaschine, auf der er unzählige Reflexionen, Gedichte, Briefe und Leserbriefe tippte. Für das Schlusskapitel, das zu seinen Lebzeiten noch nicht angepackt war, gab er mir nach unserem letzten Treffen am 17. Oktober 2008 einen Text, den er im September 1988 verfasst und in dem er folgende Passage für mich angestrichen hatte: »Hitlers Weltanschauung musste zwangsläufig einerseits zum Größenwahn der sie Vertretenden, andererseits zu einem wohl in der bisherigen Weltgeschichte noch nie da gewesenen, abgrundtiefen, blinden und fanatischen Haß gegen die Juden führen. Dieser Haß tobte sich denn dann auch entsetzlich und grauenhaft am jüdischen Volke aus. Dieses in der Weltgeschichte wohl einmalige Geschehen kann, menschlich gesehen, nie wieder ausgelöscht oder wiedergutgemacht werden. Es wird von Generation zu Generation als für unser Volk unbegreifliches Heiden- und Barbarentum den wohl dunkelsten Schatten in unserer deutschen Geschichte darstellen, und die Schuld, die wir als Erwachsene, welche im Dritten Reich lebten, durch Tun oder Nichttun auf uns luden, hängt wie ein Damoklesschwert über Deutschland, soweit sie nicht durch Buße und Umkehr im Glauben an Gottes Sohn, den Juden Jesus Christus, am Kreuz abgeladen wurde. Selbst die nicht beteiligten Generationen unseres Volkes stehen unter dem tragischen göttlichen Gesetz: Die Sünden der Väter werden heimgesucht bis ins dritte und vierte Glied. Auch hier kann Gericht nur durch Buße und Umkehr zu Gott verhindert werden!«

Theodor Roller akzeptierte, dass er sich, als er mir seine Geschichte zu erzählen begann, auf einen Historiker einließ und nicht auf jemanden, der seinen Glauben teilt. Mich hat aber sein Mut beeindruckt, mit dem er die Konsequenzen auf sich genommen hat, dass er dem »Führer« nicht bedingungslos folgen wollte, den Eid auf ihn verweigerte und sich schließlich als Gegner des Nationalsozialismus bekannte. Sein Gottvertrauen, das zuletzt auch an keine Kirche mehr gebunden war, stärkte ihn bis zu seinem letzten Atemzug. Roller gehörte zu den Anhängern der Hahnschen Gemeinschaft, einer aus dem schwäbischen Pietismus hervorgegangenen Gruppe protestantischer Christen, die sich zusätzlich zum Sonntagsgottesdienst einmal in der Woche zur »Stunde« trifft, in der religiöse Lieder gesungen und Bibeltexte gelesen und ausgelegt werden. In der Tübinger Salemskirche, dem Treffpunkt der örtlichen Hahnschen Gemeinschaft, fand sich Theodor Roller am Donnerstag, dem 30. Oktober 2008, nachmittags zu seiner – im doppelten Sinne – letzten Stunde ein. Gleich während des Eingangsliedes, das seine Frau auf dem Harmonium begleitete, glitt ihm das Gesangbuch aus der Hand. »Christus, der ist mein Leben, und Sterben ist mein Gewinn«, hatte er im Ohr, als er sanft entschlief.

Theodor Roller hatte mit seinem Aufbegehren gegen Hitler, das zunächst noch kein Aufbegehren gegen den Nationalsozialismus war, Zivilcourage gezeigt. Man versuche nur einmal, sich auszumalen, wie es um die Legitimation des NS-Staates bestellt gewesen wäre, wenn der bedingungslose Eid auf Hitler massenhaft verweigert worden wäre! Und wenn in wahrnehmbarer Zahl Christen rechtzeitig anhand ihrer biblisch fundierten Werteordnung die rassisch begründete politische Ideologie der Nazis geprüft hätten! Daraus allein hätte sich gewiss noch kein Rezept ergeben, die Politik der Ausgrenzung biologisch definierter Minderheiten und – in der radikalsten, letzten Phase – die Mordaktionen zu verhindern. Es ist hinreichend bekannt, dass die Wurzeln des NS-Genozids tiefer reichen und dass gerade auch die christlichen Kirchen allen Anlass zum kritischen Überdenken ihrer Geschichte haben. Aus dieser Richtung waren von Theodor Roller keine Antworten zu erwarten. Aber er hat Fragen gestellt, er blieb nie gleichgültig. Wie sehr seine Fragen verstörten, zeigt die Vehemenz, mit der er isoliert wurde. Er sollte, so der Tenor der »Parteikanzlei des Führers« und der Justiz, »auf Dauer unschädlich gemacht werden«.

Das Exempel, das der nationalsozialistische Staat an dem Tübinger Bankangestellten statuierte, weist weit über den Einzelfall hinaus. Quellen sind noch in ausreichender Zahl vorhanden, an denen sich das destruktive Walten einer kalten Bürokratie studieren lässt. Wie gutgeölte Zahnräder griffen Justiz und Partei, staatliche Gesundheitsverwaltung und Polizei ineinander, wenn es darum ging, Außenseiter zu brandmarken, zu isolieren und – gegebenenfalls auch mit mörderischer Konsequenz – zu beseitigen.

Wohl vor dem Hintergrund des grenzenlosen Vernichtungspotenzials des NS-Apparats werde ich oft, wenn ich von Rollers Fall erzähle, mit dem Kommentar konfrontiert, der Mann sei doch vergleichsweise glimpflich davongekommen. Meist wird dieses Schnellurteil in Kombination mit der Vermutung vorgebracht, das Sondergericht habe ihn durch die Einweisung in eine Heil- und Pflegeanstalt vor schlimmeren Konsequenzen bewahren wollen. Aufgrund der günstigen Quellenlage kann dagegengehalten werden, dass Roller nur dank einiger glücklicher Fügungen den gerichtlich angeordneten Maßregelvollzug überlebt hat. Er ist am 11. März 1940 in die Heil- und Pflegeanstalt Weissenau eingeliefert worden, zweieinhalb Monate vor dem ersten Patiententransport in die Vernichtungsanstalt Grafeneck. Jeder Dritte der dort auf gerichtliche Anordnung untergebrachten Personen wurde 1940/41 ermordet. 1943 wurden die Anstalten vom Reichsinnenministerium angewiesen, die im Maßregelvollzug befindlichen Insassen, soweit sie arbeitsfähig und für den Anstaltsbetrieb entbehrlich waren, der Polizei zu melden. Der Druck, diesem Ansinnen zu folgen, wurde mit weiteren Erlassen 1944 und 1945 noch verschärft. Im Gegensatz zu Schussenried, Weinsberg, Winnenden und Zwiefalten übermittelte Weissenau der Polizei keine Namen. Aus württembergischen Anstalten sind vermutlich einundfünfzig Angehörige des betreffenden Personenkreises in Konzentrationslager verschleppt worden, die Männer nach Mauthausen und die Frauen nach Auschwitz. Wie viele dort überleben konnten, ist nicht bekannt. Daran – wie überhaupt zu Fragen des Maßregelvollzugs unter den Bedingungen des NS-Systems – könnten sich weitere Forschungen anschließen. Erstaunlich ist auch, dass noch immer keine systematische Untersuchung zum Sondergericht Stuttgart vorliegt. Der stereotype Hinweis auf die Kriegsschäden in einschlägigen Aktenregistraturen kann auf Dauer nicht befriedigen.

Dieses Buch hätte ohne die Unterstützung durch Theodor Roller nicht geschrieben werden können. Ich bin ihm – nun posthum – zu Dank verpflichtet, dass er mir ohne jede Einschränkung Zugang zu den Quellen ermöglichte und mit mir aus seinem Album Bilder auswählte, die ich veröffentlichen durfte. Der Stuttgarter Generalstaatsanwalt a. D. Helmut Waller, der ohnehin zu den Ersten zählt, die sich mit der Geschichte des Stuttgarter Sondergerichts beschäftigten, ermutigte mich in einem frühen Stadium, mein Forschungsprojekt auszuweiten. Sympathische Offenheit erlebte ich im Zentrum für Psychiatrie Weissenau, wo nicht nur mit einem Denkmal an die Patientenmorde erinnert wird, sondern auch ein aufgeschlossenes Interesse für die politischen Zusammenhänge gegenwärtig ist. Dr. Thomas Müller hat es an fachlicher Hilfe nicht fehlen lassen. Prof. Klaus Foerster, Leiter der Sektion für Forensische Psychiatrie und Psychotherapie am Tübinger Universitätsklinikum, veranstaltete im Herbst 2000 ein Symposium, das mich auch aus historischer Sicht für die Problemkreise des Maßregelvollzugs sensibilisierte. Er gewährte nun Akteneinsicht. Desgleichen unterstützte mich Prof. Norbert Möller, Leitender Oberarzt an der Klinik und Poliklinik für Psychiatrie und Psychotherapie der Universität München. Danken möchte ich Friederike Haller und Jens Petersen vom Lektorat des Verlags Hoffmann und Campe, die mit freundlicher Genauigkeit und nützlichem Rat das Manuskript zur Druckreife brachten.

Zu guter Letzt danke ich meinem Freund Willi Hans Braun und meiner Frau, Susanne Wiedmann. Sie gaben mir durch Lektüre, konstruktive Anregungen und Widersprüche, manchmal auch durch Ablenkung, in allen Phasen des Projekts Rückhalt und Auftrieb.

Anmerkungen

Einleitung

1 Theodor Roller am 11. Februar 1939 an Adolf Hitler. Zitiert nach der Urteilsbegründung des Sondergerichts Stuttgart. Das Original des Briefs wurde im Krieg vernichtet – Bundesarchiv (BA) Berlin, R 3001, Nr. 122066

2 Mit dem am 20. Dezember 1934 rechtskräftig gewordenen nationalsozialistischen »Heimtückegesetz« wurden kritische Äußerungen gegen Staat und Partei unter Strafe gestellt.

3 Staatsarchiv Sigmaringen (StA Sigmaringen), Wü 13, T 2, Nr. 2104.

4 Passierschein für Theodor Roller vom 30. Juli 1945. – StA Sigmaringen, Wü 33, T 1, Nr. 3512.

5 Die in allen vier Besatzungszonen verbindliche Klassifizierung kannte fünf Stufen: 1. Hauptschuldige, 2. Belastete (Aktivisten), 3. Minderbelastete, 4. Mitläufer, 5. Entlastete.

Theodor Roller in Tübingen

1 StA Tübingen, A 599 Einwohnermeldekartei (Emma Roller).

2 Eine Gemeinde zehn Kilometer südlich von Tübingen.

3 Sein Bruder Louis Heinrich folgte im Juni 1881. Aus Dokumenten geht hervor, dass er es in den Vereinigten Staaten angeblich zu einigem Wohlstand gebracht hat (Stadtarchiv Tübingen, A 70/420). Die Teilnahme an einem Rotarier-Kongress in Wien im Sommer 1931 nutzte er zu einem Besuch in der alten Heimat. Darüber berichtete die »Tübinger Chronik« am 16. Juli 1931. Behauptet wird in dem Artikel, er lebe in Palaska/Florida, besitze eine Konservenfabrik mit hundertfünfzig Beschäftigten und sei bis 1929 »Präsident« von Florida gewesen. Selbst wenn man unterstellt, es habe sich um die Position des Gouverneurs gehan-

delt, hält diese Angabe der Überprüfung nicht stand. Ein weiterer Bruder, der in die USA auswanderte, war Wilhelm Kalbfell. Er kam laut Passagierliste des Schiffs »Maasdam« am 25. Januar 1893 in Ellis Island an.

4   http://www.gonschoir.de/weimar/php/ausgabe_gebietphp? gebiet=3359 (1. Oktober 2008).

5   »Liedrig« im Schwäbischen bedeutet »schlimm«.

6   Es befand sich nun in einer Tübinger Parallelstraße.

7   Ernst Graf zu Reventlow sprach als Reichstagsabgeordneter der NSDAP.

8   Lisbeth Burger: 40 Jahre Storchentante. Tagebuch einer Hebamme. Breslau 1929. – Das in vielen Auflagen erschienene Buch beschreibt soziale Zustände in der Arbeiterbevölkerung zu Beginn des 20. Jahrhunderts. Es schildert zerrüttete Familienverhältnisse und berichtet über die Lebensumstände unehelicher und sitzengelassener Mütter.

9   Ein Kind aus Emma Rollers Ehe starb kurz nach der Geburt.

10   Die Evangelische Kirche Spaniens, eine kleine Minderheit auf der Iberischen Halbinsel, war auf Unterstützung angewiesen.

11   BA Berlin, R 3001, Nr. 122066, S. 6.

12   Theodor Roller am 12. Juni 1949 an den (Entnazifizierungs-) Spruchhof. – StA Sigmaringen, Wü 13, T 2, Nr. 2104.

13   Fragebogen im Entnazifizierungsverfahren vom 17. April 1949. – StA Sigmaringen, a. a. O.

14   Adam, S. 38.

15   Ephorus ist der offizielle Titel für den Leiter des Evangelischen Stifts. In der Regel ist er zugleich evangelischer Theologieprofessor.

16   Hermle, S. 9.

17   Nationalsozialistischer Deutscher Studentenbund.

18   Martin Elwert am 12. Dezember 1936 an den Tübinger Studentenführer. Zitiert nach Lächele, S. 157.

19   Lächele, S. 175.

20   Ebd., S. 177.

21   An den Brief selbst erinnerte sich Theodor Roller bei unseren Gesprächen nicht mehr. Erwähnt wird er in dem Gutachten des Tübinger Psychiaters Wilhelm Ederle und, etwas ausführlicher,

in der Urteilsbegründung des Sondergerichts vom 14. Februar 1940, S. 3 f. – BA Berlin, R 3001, Nr. 122066, S. 32 f.

22 Markus 12, 13 –17.

23 Entnazifizierungsfragebogen von Theodor Roller vom 14. Juli 1949. – StA Sigmaringen, Wü 13, T 2, Nr. 2104.

24 Am Rande des Nordschwarzwalds gelegen, heute Ortsteil von Bad Liebenzell.

25 In einem Gutachten für das Standortlazarett München vom 23. November 1937 stützt sich Dr. Konrad Ernst auf die Notizen, die er sich während der Exploration gemacht hat. – Archiv der Psychiatrischen Klinik der Universität (PKA) München, Nr. 08/0730.

26 Ebd.

27 Laut Anklageschrift im Mai 1937. – BA Berlin, R 3001, Nr. 122066, S. 21.

28 Gutachten Dr. Konrad Ernst vom 23. November 1937. – PKA München, Nr. 08/0730.

Kein Eid auf den »Führer«

1 Abschrift des Gutachtens des Tübinger Psychiaters Dr. Konrad Ernst, die im Wiedergutmachungsverfahren vorlag. – StA Sigmaringen, Wü 33, T 1, Nr. 3512.

2 Roller am 14. Mai 1951 an das Amt für Wiedergutmachung. – StA Sigmaringen, Wü 33, T 1, Nr. 3512.

3 Darauf beruft sich das Sondergericht in der Urteilsbegründung. Das Protokoll selbst wurde nicht gefunden. – BA Berlin, R 3001, Nr. 122066.

4 Zitiert nach dem Gutachten des Münchner Psychiaters Helmut Eisele, S. 7. – PKA München, Nr. 08/0730.

5 Ebd.

6 Verfügung Nr. 22/37 des Militärgerichts des VII. Armeekorps in München vom 3. Dezember 1937 (Abschrift) – PKA München, Nr. 08/0730.

7 Gutachten Dr. Wilhelm Ederle vom 24. März 1938. – StA Sigmaringen, Wü 33, T 1, Nr. 3512.

8 Fortan, soweit die damalige Klinik gemeint ist, abkürzend nur Nervenklinik genannt. Ihre heutige Bezeichnung lautet: Klinik für Psychiatrie und Psychotherapie der Ludwig-Maximilians-Universität München.

9 Standortlazarett München I, Krankenabteilung VI am 6. Dezember 1937 an die Nervenklinik München. – PKA München, Nr. 08/0730.

10 Laut Auskunft des Universitätsarchivs München vom 12. August 2008 an den Verfasser war Helmut Eisele 1938 außerplanmäßiger Assistent an der Nervenklinik. An weiteren Daten ist nur bekannt, dass Eisele aus Eßlingen stammte, im Sommersemester 1927 sein Medizinstudium an der Ludwig-Maximilians-Universität München begonnen hatte und dort bis zum Wintersemester 1933/34 immatrikuliert war. – UA München, Stud.-Kart. I (Helmut Eisele).

11 Roller in einem Schreiben vom 14. Mai 1951 an das Landesamt für Wiedergutmachung. – StA Sigmaringen, Wü 33, T 1, Nr. 3512.

12 Gesundheitsamt München am 17. Dezember 1937 an die Universitäts-Nervenklinik München – PKA München, Nr. 08/0730.

13 Helmut Eisele am 18. Januar 1938 an das Gericht der Gebirgs-Brigade, München. – PKA München, Nr. 08/0730.

14 Gutachten von Helmut Eisele vom 24. März 1938. – StA Sigmaringen, Wü 33, T 1, Nr. 3512.

15 Die Quellen verwenden manchmal RStGB und manchmal StGB, auch wenn stets das Reichsstrafgesetzbuch gemeint ist. Zur besseren Unterscheidung vom Strafgesetzbuch der Bundesrepublik Deutschland wird hier durchweg, also ausnahmsweise auch von der Quelle abweichend, RStGB geschrieben, wenn das in der NS-Zeit gültige Strafgesetzbuch gemeint ist.

16 Robert Roller am 22. Januar 1938 an die Psychiatrische Klinik München. – PKA München, Nr. 08/0730.

17 Helmut Eisele am 9. Februar 1938 an Robert Roller. – PKA München, Nr. 08/0730.

18 Nach Darstellung von Theodor Roller war die Scheidung bereits kurz vor dem Ende des Ersten Weltkriegs.

19 Robert Roller am 17. Februar 1938 an die Nervenklinik München – PKA München, Nr. 08/0730.

20 Robert Roller am 1. März 1938 an die Leitung der Nervenklinik München. – PKA München, Nr. 08/0730.

21 Robert Roller am 1. März 1938 an das Wehrkreiskommando Tübingen. – PKA München, Nr. 08/0730.

22 Robert Roller am 2. März an Theodor Roller. – PKA München, Nr. 08/0730.

23 Robert Roller am 1. März 1938 an das Wehrkreiskommando Tübingen. – PKA München, Nr. 08/0730.

24 Erbgesundheitsgerichte wurden am 14. Juli 1933 eingerichtet. Den Vorsitz hatte ein Amtsrichter, Beisitzer waren ein Amtsarzt und ein weiterer approbierter Arzt. Diese Gerichte entschieden in äußerlich rechtsförmig gestalteten Verfahren über Zwangssterilisationen.

25 Das Gesundheitsamt der »Hauptstadt der Bewegung« am 18. März 1938 an die Universitäts-Nervenklinik München. – PKA München, Nr. 08/0730.

26 Robert Roller am 28. März 1938 an die Nervenklinik der Universität München. – PKA München, Nr. 08/0730.

27 Helmut Eisele am 14. April 1938 an Robert Roller. – PKA München, Nr. 08/0730.

28 Siehe dazu die Gutachten von Dr. Wilhelm Ederle vom 19. Januar 1940 und vom 10. September 1945 sowie Dr. Hans Wilhelm Gruhle am 13. Juli 1945 und Dr. Manfred Kretschmer in seiner zusammenfassenden Würdigung des Falls. Kretschmer, 2004, S. 8.

29 Helmut Eisele am 30. April 1938 an die Kreissparkasse Tübingen. – PKA München, Nr. 08/0730.

30 Gutachten Helmut Eisele vom 24. März 1938. – StA Sigmaringen, Wü 33, T 1, Nr. 3512.

31 Der Brief ist nicht mehr erhalten. In der Urteilsbegründung des Sondergerichts wird die Länge des Briefs erwähnt und in drei Sätzen dessen Inhalt zusammengefasst. – BA Berlin, R 3001, Nr. 122066, S. 34 f.

Briefe an Hitler

1 BA Berlin, R 3001, Nr. 122066.

2 Zitiert nach Rollers Eingabe in seinem Entnazifizierungsverfahren. – StA Sigmaringen, Wü 13, T 2, Nr. 2104.

233

3   Theodor Roller am 26. Dezember 2007 in einem Brief an den
    Verfasser. Er bezieht sich dabei auf Hermann Rauschnings Buch
    »Gespräche mit Hitler«. Die Authentizität dieser Protokolle,
    falls die Gespräche denn stattgefunden haben, ist unter Histo-
    rikern allerdings umstritten.

4   Alfred Bohn am 31. Juli 1945 an den Landesdirektor für Justiz in
    Württemberg, Josef Beyerle. – HStA Stuttgart, EA 4/151, Nr. 24.

5   Nun beginnt der Wortlaut aus dem Brief Rollers, die Auslassun-
    gen entsprechen denen des Sondergerichts.

6   Urteilsbegründung S. 6–9. – BA Berlin, R 3001, Nr. 122066.

7   Urteilsbegründung, S. 10. – BA Berlin, R 3001, Nr. 122066.

8   Wurm, S. 148.

9   Schäfer, Bd. 6, S. 113 ff.

10 Zitiert nach Hermle/Thierfelder, S. 487.

11 Röhm/Thierfelder, Bd. 3/I, S. 90.

12 Diese Bestimmung des Reichsstrafgesetzbuchs wurde bereits
    am 10. Dezember 1871 als Waffe im Kulturkampf in Form des
    Paragraphen 130a ins Reichsstrafgesetzbuch eingefügt und lau-
    tete: »Ein Geistlicher oder anderer Religionsdiener, welcher in
    Ausübung oder in Veranlassung der Ausübung seines Berufes
    öffentlich vor einer Menschenmenge, oder welcher in einer
    Kirche oder an einem anderen zu religiösen Versammlungen
    bestimmten Orte vor Mehreren Angelegenheiten des Staates in
    einer den öffentlichen Frieden gefährdenden Weise zum Ge-
    genstande einer Verkündigung oder Erörterung macht, wird
    mit Gefängniß oder Festungshaft bis zu zwei Jahren bestraft.«

13 StA Sigmaringen, Wü 33, T 1, Nr. 3512.

14 Im Original ist der Haftbefehl nicht erhalten geblieben. Er
    wird in dem Bericht des Oberstaatsanwalts an das Reichsjustiz-
    ministerium vom 15. August 1939 erwähnt. – BA Berlin, R 3001,
    Nr. 122066, S. 5.

15 Der Wortlaut des Gutachtens ist nicht überliefert. Die Schluss-
    folgerungen seines Stuttgarter Kollegen hat der Tübinger Psy-
    chiater Dr. Wilhelm Ederle in seinem fachärztlichen Gutachten
    vom 19. Januar 1940 aufgegriffen. – UA Tübingen, 669/18567.
    Auch der Oberstaatsanwalt nahm in seinem Bericht vom 15. Au-
    gust 1939 an den Generalstaatsanwalt in Stuttgart darauf Be-
    zug: »Bei der abschliessenden Begutachtung vom 12.7.39 blieb
    der Gerichtsarzt dabei, dass § 51 Abs. 1 und Abs. 2 RStGB. abzu-

lehnen sei. Es handle sich um einen vielleicht schizoiden Menschen von psychopathischer Konstitution, jedoch mit guter Intelligenz.« – BA Berlin, R 3001, Nr. 122066, S. 7.

16 Entnazifizierungsfragebogen von Theodor Roller. – StA Sigmaringen, Wü 13, T 2, Nr. 2104.

17 So der zweite Satz im zweiten Absatz dieser Rechtsvorschrift.

18 Bäuchlen zitiert aus der 1945 vernichteten Ermittlungsakte. – BA Berlin, R 3001, Nr. 122066.

19 Ebd.

20 Ebd.

21 Ebd.

22 Ebd.

23 Universitätsarchiv (UA) Tübingen, 669/18567, Nr. 1581.

Vor dem Sondergericht

1 Für die Staatsanwälte war am 18. Dezember 1934 in einer Reichsverordnung bestimmt worden, dass »nur besonders tüchtige und zuverlässig auf dem Boden der nationalsozialistischen Weltanschauung stehende Beamte« auszuwählen seien. Zitiert nach Schwarz, S. 63.

2 In einer Untersuchung über das Sondergericht Berlin heißt es: »Bei dem vorhandenen Personal handelte es sich wohl überwiegend um dienstältere Richter, die zwar dem autoritären Staatsgedanken aufgeschlossen gegenüberstanden, aber kaum als fanatische Nationalsozialisten angesprochen werden können.« Diese Beobachtung deckt sich, bei aller Vorsicht, mit einer Behauptung des Stuttgarter Sonderrichters Alfred Bohn in seiner Verteidigungsschrift von 1947. – Schwarz, S. 65, und, Bohn betreffend, StA Ludwigsburg, EL 902/20, Bü 98059.

3 Zitiert nach Paragraph 12 der »Sondergerichtsverordnung«.

4 Laut Paragraph 16 Absatz 2 der Verordnung über die Bildung von Sondergerichten konnten die Urteile von Sondergerichten im Zuge einer Wiederaufnahme aufgehoben werden. Eine solche Revision konnte allerdings nur die Staatsanwaltschaft beantragen. Ohnehin war der weisungsgebundene Oberreichsanwalt befugt, gegen jedes rechtskräftige Urteil in Strafsachen innerhalb eines Jahres nach Eintritt der Rechtskraft Einspruch

einzulegen, »wenn er wegen schwerwiegender Bedenken gegen die Richtigkeit eines Urteils eine neue Verhandlung und Entscheidung für richtig« hielt (Gesetz zur Änderung der Vorschriften des allgemeinen Strafverfahrens, des Wehrmachtsstrafverfahrens und des Strafgesetzbuches vom 16. September 1939, Reichsgesetzblatt I, S. 1841, Artikel 2, Paragraph 3, Absatz 1). Nach dem 21. Februar 1940 stand es im Ermessen des Oberreichsanwalts, per Nichtigkeitsbeschwerde Entscheidungen der Sondergerichte innerhalb eines Jahres nach deren Rechtskraft anzufechten, »wenn das Urteil wegen eines Fehlers bei der Anwendung des Rechts auf die festgestellten Tatsachen ungerecht« war (Paragraph 34 der Verordnung über die Zuständigkeit der Strafgerichte, die Sondergerichte und sonstige strafverfahrensrechtliche Vorschriften, Reichsgesetzblatt I, S. 405). Vollends willkürlich konnte der Oberreichsanwalt jederzeit mit einer »Vereinfachungsverordnung« vom 13. August 1942 eine Korrektur erwirken, sobald er »erhebliche Bedenken« gegen das Urteil hatte (Reichsgesetzblatt I, S. 508).

5   Zeidler, S. 26.

6   Hüttenberger, S. 437.

7   In der Praxis unterschied sich der Gerichtsalltag dennoch von solchen Forderungen. Immer wieder kam es deswegen zu Beschwerden, beispielsweise durch das Reichsjustizministerium. Auch zu Sonderbestimmungen, wie etwa Paragraph 23 der Sondergerichtsverordnung vom Februar 1940, der eine sofortige Aburteilung in Fällen vorschrieb, in denen »der Täter auf frischer Tat betroffen wurde oder seine Schuld sonst offen zutage« lag.

8   Crohne, S. 384.

9   Paragraph 51, Abs. 1: »Eine strafbare Handlung ist nicht vorhanden, wenn der Täter zur Zeit der Tat wegen Bewußtseinsstörung, wegen krankhafter Störung der Geistestätigkeit oder wegen Geistesschwäche unfähig ist, das Unerlaubte der Tat einzusehen oder nach dieser Einsicht zu handeln.«
Abs. 2: »War die Fähigkeit, das Unerlaubte der Tat einzusehen oder nach dieser Einsicht zu handeln, zur Zeit der Tat aus einem dieser Gründe erheblich vermindert, so kann die Strafe nach den Vorschriften über die Bestrafung des Versuchs gemildert werden.«

10   In diesem Sinne Zeidler, S. 22.

11 Reichsgesetzblatt 1939 I, S. 1658.

12 Beschlossen wurde sie sogar schon am 17. August 1938. Hensle, S. 34.

13 Auf diese Gesetzeskonkurrenz und deren Folgen wird in zahlreichen Veröffentlichungen zur Sondergerichtsbarkeit eingegangen. Hensle, S. 35.

14 Zeidler, S. 14.

15 Dörner, Justizterror, S. 18.

16 Ebd., S. 19.

17 Ermittelt auf Grundlage von 500 einschlägigen »Heimtücke«-Verfahren in Berlin. – Schwarz, S. 67.

18 Dienstliche Beurteilung vom 6. Februar 1939. – BA Berlin, R 3001, Nr. 52246.

19 Zeugnis von Gauleiter Wilhelm Murr vom 9. Januar 1936. – Ebd.

20 Verteidigungsschrift des Dr. Alfred Bohn, S. 25. – StA Ludwigsburg, EL 902/20, Bü 98059.

21 Die angebliche Höchststrafe von zwei Jahren betraf nur Paragraph 1, nicht jedoch die Paragraphen 2 und 3 des »Heimtückegesetzes«.

22 Alle Zitate aus Bohns Verteidigungsschrift, S. 25 f. – StA Ludwigsburg, EL 902/20, Bü 93059.

23 »Hier ist Rücksichtnahme nicht am Platz«. Von Oberlandesgerichtsrat Dr. Bohn, stellvertretender Vorsitzender des Sondergerichts Stuttgart, in: NS-Kurier, Stuttgart, 23. Januar 1940, S. 5.

24 Er habe das Angebot »aus nicht überzeugenden Gründen abgelehnt«, heißt es in der Personalakte. – BA Berlin, R 3001, Nr. 52246.

25 Mit der sogenannten Vereinfachungsverordnung wurde 1939 der Grundsatz aufgegeben, dass Angeklagte von Sondergerichten verteidigt werden mussten. Laut Paragraph 21 dieser Verordnung musste ein Verteidiger nur dann bestellt werden, »wenn wegen der Schwere der Tat oder wegen der Schwierigkeit der Sach- oder Rechtslage die Mitwirkung eines Verteidigers dringend erforderlich« war. – Verordnung über Maßnahmen auf dem Gebiet der Gerichtsverfassung und der Rechtspflege vom 1. September 1939, Reichsgesetzblatt I, S. 1658.

26 Eidesstattliche Erklärung von Emma Roller am 8. Oktober 1951. – StA Sigmaringen, Wü 33, T 1, Nr. 3512.

27 Eidesstattliche Erklärung von Wilhelm Ederle am 11. April 1951. – StA Sigmaringen, Wü 33, T 1, Nr. 3512.

28 Urteilsbegründung, S. 11. – BA Berlin, R 3001, Nr. 122066.

29 Theodor Roller am 11. Januar 1951 an Wilhelm Ederle. – StA Sigmaringen, Wü 33, T 1, Nr. 3512.

30 Deren Quote lag wohl deutlich unter zehn Prozent. – Dörner, 2007, S. 25 f.

31 Streim, S. 249.

32 Bezogen auf die Jahre 1938 und 1939. Zeidler, S. 58.

33 Weckbecker, S. 142.

34 Ebd., S. 147.

35 Ebd., S. 148.

36 Die strafverschärfenden Haftbedingungen von Zuchthäusern bestanden im Zwang zu harter körperlicher Arbeit. Die Bundesrepublik Deutschland hat die Zuchthausstrafe durch die Strafrechtsreform von 1969 abgeschafft.

37 Dörner, 2007, S. 27.

38 Ebd., S. 28.

39 Urteilsbegründung, S. 1. – BA Berlin, R 3001, Nr. 122066.

40 Ebd., S. 11.

41 In einer wissenschaftlichen Untersuchung wurden 3513 Strafverfahren des Sondergerichts Köln ausgewertet. Demnach endeten lediglich 17 mit einer Unterbringung. Gegen 105 Angeklagte wurde das Verfahren eingestellt, 358 Angeklagte wurden freigesprochen. – Bremer, S. 106.

42 Die Maßregel der Entmannung wurde abgeschafft.

43 Zitiert nach Morlock, 1996, S. 52.

44 Witzgall, S. 5.

45 Ebd., S. 33.

46 Zitiert nach Morlock, 1999, S. 58.

47 Auflistung nach Morlock, 1996, S. 54 f.

48 Morlock, 1996, S. 55.

49 Das Gesetz schrieb zwar keine bestimmte Dauer vor, doch blieben die Freiheitsstrafen bei Verstößen gegen Paragraph 2 in der Regel unter zwei Jahren.

50 Der in der Literatur diskutierten Konkurrenzbeziehung von Sicherungsverwahrung und polizeilicher Vorbeugungshaft kann an dieser Stelle nicht nachgegangen werden, zumal es an wissenschaftlichen Untersuchungen zur Praxis in Württemberg fehlt. Siehe hierzu auch Müller, S. 57 f.

51 Kanzlei des Führers der NSDAP am 10. Oktober 1939 an das Reichsjustizministerium. – BA Berlin, R 3001, Nr. 122066.

52 Zitiert nach Klee, 1985 II, S. 85.

53 In Württemberg gehörte dazu beispielsweise die Beschlagnahmung des, so die damalige Bezeichnung, Krüppelheims Grafeneck. Die entsprechende Verfügung vom 14. Oktober 1939 wird dokumentiert in Morlok, S. 17.

54 Der Name beinhaltet die Adresse der im April 1940 in der Berliner Tiergartenstraße 4 eingerichteten Organisationszentrale der Patientenmorde.

55 Diese fünfundzwanzig Patienten waren die ersten psychisch kranken Menschen, die Opfer der Krankenmorde im Rahmen der »T4-Aktion« wurden. Weitere zweitausend Personen folgten ihnen allein aus Eglfing-Haar. Siehe auch: Stockdreher, S. 436.

56 Es handelt sich streng genommen um den zweiten Transport aus Zwiefalten. Da Zwiefalten oft auch Zwischenstation von Opfern anderer Anstalten auf dem Weg nach Grafeneck war, kam es dazu, dass im ersten von Zwiefalten abgehenden Transport Patienten aus Rastatt waren.

57 Die Zwiefaltener Zahlen sind durch die Untersuchung von Morlock belegt. Morlock 1999, S. 41f.

58 In dieser Arbeit wird, wenn nicht durch ein Zitat anders vorgegeben, die Schreibweise »Weissenau« bevorzugt.

59 HStA Stuttgart, E 151/53, Bü 500.

60 Diese Zahl ergibt sich aus den Akten im Bundesarchiv Berlin, R 179. Grund für die Einweisungen waren in sieben Fällen Sexualdelikte, in einem Fall eine Serie von Kleindiebstählen und in einem Fall ein Verstoß gegen das »Heimtückegesetz«.

61 In Anlehnung an Schmidt, S. 64. Schmidt berichtet von »zwanzig oder einundzwanzig« Untergebrachten, die im Oktober 1940 aus der Heilanstalt Eglfing-Haar in die Tötungsanstalt Hartheim abtransportiert wurden.

62 Dr. Wilhelm Weskott am 12. Juli 1940 an Ministerialrat Eugen Stähle. Zitiert nach Klee, 1985 I, S. 123.

63 StA Sigmaringen, Wü 29/3, Nr. 1756, Bl. 42.

In der Weissenau

1 Geschäftsbericht für das Jahr 1940. – HStA Stuttgart, E 151/53, Bü 620.

2 StA Sigmaringen, Wü 68/2, Z. 1998/2, Nr. 4486 (Paket 191).

3 Ebd.

4 Ebd.

5 Ebd.

6 Die beiden Nachnamen wurden vom Verfasser anonymisiert.

7 Am 23. April 1940: »Einen Herrn Schuhmachermeister E., dessen Frau in der Haaggasse, dort, wohnt gegenüber dem Haus der Frau Seibold, sowie einen Herrn Zimmermeister S., welcher am Hagellocherweg gewohnt hat, habe ich auch hier getroffen. Ich soll Dich von Beiden grüßen; sie kennen Dich.« – 29. September 1940: »Wir Tübinger sind jetzt alle auf der Abteilung, wo ich bin.« [Namen vom Verfasser anonymisiert.]

8 6. April 1940. Wenn nicht anders vermerkt, bezeichnen die Datumsangaben Briefe Theodor Rollers an seine Mutter.

9 1. Juni 1940.

10 23. April 1940.

11 13. Mai 1940.

12 23. Juni 1940.

13 StA Sigmaringen, Wü 68/2, Z. 1998/2, Nr. 4486 (Paket 191).

14 Rahlen ist ein Hofgut, fünfzehn Gehminuten von der Anstalt entfernt, und wird von dieser landwirtschaftlich genutzt.

15 4. August 1940.

16 Schwäbisch für: Wiesen mähen.

17 27. Oktober 1940.

18 1. Juni 1940.

19 4. August 1940.

20 6. April 1940.

21 Marmelade.

22 8. September 1940.

23 29. September 1940.

24 *Völkischer Beobachter.*

25 1. Juni 1940.

26 *Tübinger Chronik.*

27 6. April 1940.

28 1. Juni 1940.

29 23. Juni 1940.

30 8. September 1940.

31 19. Januar 1941.

32 Kretschmer, 1997, S. 370.

33 Ebd.

34 Steinert, S. 182.

35 Paragraph 12 des Gesetzes zur Verhütung erbkranken Nach-
    wuchses vom 14. Juli 1933.

36 Kretschmer, 1997, S. 367.

37 Ähnlich wird auch in anderen württembergischen Anstalten
    verfahren. Siehe Steinert, S. 180.

38 Kretschmer, 1997, S. 367.

39 Kretschmer, 1997, S. 369.

40 HStA Stuttgart, E 151/53, Bü 620.

41 In einem Schreiben an das württembergische Innenministe-
    rium teilt am 9. Februar 1939 die Weissenauer Anstaltsleitung
    mit: »In hiesiger Anstalt wird die Correspondenz der nach § 42b
    R.Str.GB eingewiesenen Personen genau so überwacht wie bei
    allen übrigen Anstaltsinsassen. [...] Ein Unterschied in der Be-
    handlung [...] kann nicht gemacht werden.« – HStA Stuttgart,
    E 151/53, Bü 500.

42 Die Von Bodelschwinghschen Anstalten Bethel mit Sitz in Bie-
    lefeld sind eine diakonische Einrichtung. Im Mittelpunkt der
    Arbeit Bethels stehen als Ideal die Vergessenen und Ausge-

grenzten der Gesellschaft, insbesondere auch Behinderte. Was Roller, als er am 19. Januar 1941 den Brief schreibt, offenbar nicht weiß: Als englische Flugzeuge Bethel bombardierten, instrumentalisierten NS-Propagandisten scheinheilig Mitleidsgefühle für Behinderte gegen den Kriegsgegner. Die *Tübinger Chronik* veröffentlichte damals ebenfalls einen einschlägigen Artikel. Siehe auch Lang, S. 55 f.

43 19. Januar 1941.

44 15. Februar 1941.

45 21. April 1941.

46 30. Juni 1941.

47 2. November 1941.

48 23. April 1941.

49 19. Januar 1941.

50 9. März 1941.

51 20. April 1941.

52 6. Mai 1941.

53 Ein Patient aus Tübingen. Der Name wurde vom Verfasser anonymisiert.

54 18. Mai 1941.

55 1. September 1941.

56 2. November 1941.

57 HStA Stuttgart, E 151/53, Bü 620.

58 9. März 1941.

59 20. April 1941.

60 6. Mai 1941.

61 18. Mai 1941.

62 11. Februar 1942.

63 11. Oktober 1941.

64 21. September 1941.

65 20. Oktober 1941.

66 Erwähnt in den Briefen vom 9. und 18. August sowie vom 1. September 1941.

67 30. Juni 1941.

68 6. Mai 1941.

69 18. Mai 1941.

70 26. Mai 1941.

71 20. Juni 1941.

72 21. September 1941.

73 11. Oktober 1941.

74 Ebd.

75 August Probst, Landwirt in Torkenweiler bei Ravensburg.

76 9. November 1941.

77 6. April 1940.

78 Das Wort »beliebig« ist dreimal unterstrichen. Wie im vorderen Teil dieser Arbeit beschrieben, entsprach die Spanne von einem halben bis einem Jahr dem Großteil der Strafen bei Verstößen gegen das »Heimtückegesetz«.

79 16. Februar 1941.

80 Ebd.

81 StA Sigmaringen, Wü 68/2, Z. 1998/2, Nr. 4486 (Paket 191).

82 16. Februar 1941.

83 Ebd.

84 9. März 1941.

85 1. September 1941.

86 22. Januar 1942.

87 21. März 1939.

88 21. März 1940.

89 9. März 1941.

90 11. Dezember 1942.

91 22. Dezember 1942.

92 23. Dezember 1943.

93 26. Dezember 1941.

94 StA Sigmaringen, Wü 68/2, Z. 1998/2, Nr. 4486 (Paket 191).

95 8. Januar 1942.

96 22. Januar 1942.

97 6. März 1942.

98 26. Dezember 1941.

99 23. März 1942.

100 23. März 1942.

101 21. März 1942.

102 23. März 1942. '

103 Ebd.

104 10. April 1942.

105 Ebd.

106 11. Februar 1942.

107 19. Januar 1941. Den ersten Ausgang hatte Roller anlässlich des erstmaligen Besuchs seiner Mutter zugesagt bekommen, »selbstverständlich gegen das Versprechen, nicht durchzubrennen«. Brief vom 15. November 1940 an die Mutter.

108 27. Oktober 1942.

109 Der Spitzberg ist ein markanter Tübinger Hügel, der seit dem 19. Jahrhundert wegen seiner Naturschönheit gerade auch von Spaziergängern geschätzt wird.

110 30. April 1942.

111 Krankenblatt vom 16. Mai 1942. – StA Sigmaringen, Wü 68/2, Z. 1998/2, Nr. 4486 (Paket 191).

112 Zitiert nach einer Abschrift, die Theodor Roller seinem Entnazifizierungsfragebogen beifügte. – StA Sigmaringen, Wü 13, T 1, Nr. 3512.

113 Krankenblatt vom 25. September 1942.

114 20. August 1942.

115 Zitiert nach einer Abschrift, die Roller als Dokument für sein Entnazifizierungsverfahren eingereicht hat. – StA Sigmaringen, Wü 13, T 2, Nr. 2104.

116 22. Januar 1942.

117 18. September 1942.

118 19. Oktober 1942.

119 29. November 1942.

120 20. Februar 1943.

121 20. Januar 1943.

122 28. Januar 1943.

123 9. Februar 1943.

124 23. Februar 1943.

125   15. März 1943.

126   Abschrift als Anlage im Fragebogen des Entnazifizierungsverfahrens. – StA Sigmaringen, Wü 13, T 2, Nr. 2104.

127   StA Sigmaringen, Wü 13, T 2, Nr. 2104.

128   StA Sigmaringen, Wü 68/2, Z. 1998/2, Nr. 4486 (Paket 191).

129   Brief von Theodor Roller am 6. November 2007 an den Verfasser.

130   26. April 1943.

131   11. Juli 1943.

132   21. Juli 1943.

133   20. Januar 1943. Gemeint war Familie Schmid.

134   15. Juni 1943.

135   Ebd.

136   11. Juli 1943.

137   27. Juni 1943.

138   Dazu ausführlich das nächste Kapitel.

139   12. Dezember 1943.

140   17. Oktober 1943.

141   12. Dezember 1943.

142   22. August 1943.

143   In seinem Brief vom 12. Dezember 1943 bezieht sich Roller auf
einen (verschollenen) Brief seiner Mutter vom 5. Dezember 1943.

144   12. Dezember 1943.

145   22. August 1943.

146   29. August 1943.

147   27. September 1943.

148   »Herr Gams ging 9 Tage in Urlaub. Seither arbeite ich an seinem (meinem alten) Platz mit einem Sekretär zusammen, der
mir ein angenehmer Mensch ist.« – 28. Mai 1943.

149   1. August 1943.

150   5. September 1943.

151   Eintrag vom 15. September 1943 in die Patientenakte. – StA Sigmaringen, Wü 68/2, Z. 1998/2, Nr. 4486 (Paket 191).

152   Roller meint damit, dass bei der Volkszählung von 1939 über 90
Prozent der Bevölkerung angab, an eine der großen christlichen
Kirchen gebunden zu sein.

153 18. November 1943.

154 Ebd.

155 28. November 1943.

156 12. Dezember 1943.

157 Gutachten vom 28. Februar 1944 an den Oberstaatsanwalt in Stuttgart. – StA Ludwigsburg, E 311, Bü 293. Theodor Roller, Handakten zur Strafvollstreckung – Oberstaatsanwalt bei dem LG Stuttgart.

158 Schreiben vom 10. März 1944. Ebd.

159 Wü 68/2 Z.1998/2 Nr. 4486 (Paket 191).

160 11. August 1944.

161 Kretschmer, 1997, S. 376.

162 Steinert, S. 186.

163 May, S. 69. – Wegen der Überbelegung wurden am 6. Juli 1940 fünfundsiebzig Patienten nach Weissenau gebracht. In knapp drei Jahren starb dort ein Drittel, von den Verbleibenden kamen die meisten bei einer Teilräumung Weissenaus am 26. Februar 1943 nach Zwiefalten zurück.

164 Rüdenburg, S. 46.

165 Zitiert nach der entsprechenden Anordnung an die Stuttgarter Generalstaatsanwaltschaft. – HStA Stuttgart, E 151/53, Bü 500.

166 Ebd.

167 Der SS-Hauptsturmführer wirkte von Dezember 1940 in der Tötungsanstalt Sonnenstein und im Frühjahr 1941 in der Tötungsanstalt Bernburg. Im März 1942 wurde er Mitarbeiter in der »T4«-Zentrale. Ernst Klee, Personenlexikon, S. 65.

168 Ernst Klee: »Ab 1.9.1941 Betriebsarzt, Gutachter und Selektionsarzt (Selektion von nach § 42b untergebrachten Patienten ins KZ) der Euthanasie-Zentrale.« – Klee, Personenlexikon, S. 515.

169 HStA Stuttgart, E 151/53 Bü 500.

170 Zitiert nach einem Exemplar, das Klaus Ulrich Morlock im Archiv der Psychiatrischen Klinik Schussenried gefunden hat. – Morlock, S. 139, Anmerkung 385.

171 HStA Stuttgart, E 151/53, Bü 500.

172 Ebd.

173 Ebd.

174 HStA Stuttgart, E 151/53, Bü 500.

175 Siemen, S. 454.

176 21. Juli 1944.

177 30. Juli 1944.

178 Rüben wurden früher direkt nach der Ernte in langen Reihen am Ackerrand angehäuft und mit Erde überdeckt. In solchen sogenannten Mieten blieben sie einige Monate haltbar.

179 Martha Fauser (1889–1975) wurde im Grafeneck-Prozess 1949 vor dem Tübinger Landgericht wegen ihrer Beteiligung an den Krankenmorden in Württemberg zu 18 Monaten Gefängnis verurteilt. Die überzeugte Nationalsozialistin arbeitete als Ärztin von 1931 bis 1940 in der Weissenau, danach bis 1945 als Leiterin der Heilanstalt Zwiefalten, die in dieser Zeit auch als Sammellager (in der Literatur meist »Zwischenanstalt« genannt) für die Tötungsanstalt Grafeneck diente. Fauser tötete mehrere Patienten mit der Spritze. Nachgewiesen werden konnten drei Fälle, die Staatsanwaltschaft war von wesentlich mehr Fällen ausgegangen. Breucker, S. 124 ff.

180 Martha Fauser am 9. März 1944 an die Generalstaatsanwaltschaft Stuttgart. – HStA Stuttgart, E 151/53, Bü 500.

181 HStA Stuttgart, E 151/53, Bü 500.

182 Ebd.

183 Ebd.

184 29. August 1944.

185 25. September 1944.

186 27. September 1944.

187 Krankenblatt vom 7. September 1944. – StA Sigmaringen, Wü 68/2, Z. 1998/2, Nr. 4486 (Paket 191).

188 17. September 1944.

189 Krankenblatt vom 7. September 1944. – StA Sigmaringen, Wü 68/2, Z. 1998/2, Nr. 4486 (Paket 191).

190 23. März 1942.

191 26. Dezember 1941.

192 21. Juli 1943.

193 23. März 1942.

194 30. April 1942.

195 Krankenblatt vom 12. Dezember 1941. – StA Sigmaringen, Wü 68/2, Z. 1998/2, Nr. 4486 (Paket 191).

196 19. August 1944 und 11. Januar 1945.

197 Schoren bedeutet in Süddeutschland: umgraben. Beispielsweise im Garten.

198 1. April 1945.

199 15. April 1945.

200 8. Februar 1945.

201 Gutachten vom 9. Februar 1945. – StA Ludwigsburg, E 311, Bü 293.

202 Krankenblatt vom 9. Februar 1945. – StA Sigmaringen, Wü 68/2 Z. 1998/2 Nr. 4486 (Paket 191).

203 StA Ludwigsburg, E 311, Bü 293.

204 25. März 1944.

205 4. April 1944.

206 Dem Wortlaut nach heißt es bei Luther: »Die Liebe ist ein solcher Gottesdienst, des alle Menschen bedürfen, und alle Menschen können ihn leisten, wenn sie nur wollen. Magd und Knecht im Haus sind in einem sehr geringen Beruf oder Stand, aber eine Magd mit dem Kochen, Waschen und anderem, ein Knecht mit seiner Arbeit können die Liebe beweisen und ihrem Nächsten nur wohl dienen. Und könnte also alles alle Stunden an allen Orten und gegen jedermann als Gottesdienst hergehen.«

207 HStA Stuttgart, E 151/53, Bü 620.

208 StA Sigmaringen, Wü 33, T 1, Nr. 3512.

209 21. Juli 1944. – Vers 14–16 von Psalm 103: »Denn er kennet, was für ein Gemächte wir sind; er gedenket daran, dass wir Staub sind. / Ein Mensch ist in seinem Leben wie Gras; er blüht wie eine Blume auf dem Felde. / Wenn der Wind darüber geht, so ist sie nimmer da, und ihre Stätte kennet sie nicht mehr.«

210 Kretschmer, 1997, S. 376.

211 1. Dezember 1944.

212 18. März 1945.

213 Ebd.

214 Kretschmer, 1997, S. 377.

215 Roller, Manuskript vom 26. April 2002, S. 10.

216 Wü 68/2 Z.1998/2 Nr. 4486 (Paket 191).

217 Hauptmann Steiner, Chef der Militärregierung Ravensburg, am 16. Juli 1945 an den Landrat des Kreises Ravensburg. – StA Sigmaringen, Wü 68/2, Z.1998/2, Nr. 4486 (Paket 191).

218 Mit Öhmd wird in Süddeutschland der letzte Wiesenschnitt im Jahr bezeichnet.

219 StA Sigmaringen, Wü 33, T 1, Nr. 3512.

220 UA Tübingen, 669/18567, Nr. 1581.

Nach der Befreiung

1 Verteidigungsschrift, S. 29. – StA Ludwigsburg, EL 902/20, Bü 98059.

2 HStA Stuttgart, EA 4/151, Nr. 24.

3 Ebd.

4 HStA Stuttgart, EA 4/151, Nr. 24.

5 Verteidigungsschrift, S. 30. – A.a.O.

6 Verteidigungsschrift, S. 31. – A.a.O.

7 StA Ludwigsburg, EL 902/20, Bü 98059.

8 Ebd.

9 Ebd.

10 Nach der Länderneugliederung von 1952 gingen die Bundesländer Württemberg-Baden (Hauptstadt: Stuttgart), Württemberg-Hohenzollern (Tübingen) und Baden (Karlsruhe) in das neue Bundesland Baden-Württemberg auf.

11 StA Sigmaringen, Wü 33, T 1, Nr. 3512.

Quellen

Bundesarchiv (Ba) Berlin

R 179, Nr. 23989 (Franz Xaver G.), 23995 (Gottlieb N.), 23998 (Eugen K.), 24288 (Josef Feu.), 24357 (Josef Fei.), 24539 (Julius G.), 24748 (Wilhelm R.), 24806 (Richard Alfred S.), 25085 (Wilhelm B.).

R 3001, Nr. 122066 (Verfahren gegen Theodor Roller vor dem Sondergericht Stuttgart).

R 3001, Nr. 52246 (Personalakte Alfred Bohn).

Hauptstaatsarchiv (HStA) Stuttgart

EA 4/151, Nr. 24 (Personalakte Alfred Bohn).

E 151/52, Bü 535/536 (Innenministerium, Abteilung X: Gesundheitswesen).

E 151/53, Bü 500, 620, 621 (Innenministerium, Abteilung X: Gesundheitswesen).

Staatsarchiv (StA) Ludwigsburg

EL 902/20, Bü 98059 (Spruchkammerverfahren Alfred Bohn).

E 236, Bü 4206 (Personalakte Alfred Bohn).

E 311, Bü 293 (Sondergericht Stuttgart, Handakten zur Strafvollstreckung, Theodor Roller).

Staatsarchiv (StA) Sigmaringen

Wü 29/3, Nr. 1756 (Grafeneck-Prozess vor dem Tübinger Landgericht).

Wü 13, T 2, Nr. 2104 (Entnazifizierungsverfahren von Theodor Roller).

Wü 33, T 1, Nr. 3512 (Wiedergutmachungsverfahren von Theodor Roller).

Wü 68/2, Z.1998/2, Nr. 4486 (Paket 191).

Universitätsarchiv (UA) München
Studenten-Kartei I (Helmut Eisele).

Universitätsarchiv (UA) Tübingen
669/18567 (Patientenakte Theodor Roller).

Psychiatrische Klinik, Archiv (PKA), der Universität München
08/0730 (Patientenakte Theodor Roller).

Stadtarchiv Tübingen
A 070/0420 Bürgerliste von 1866.
A 573 Einwohnermeldekartei (Emma Roller).
A 599 Einwohnermeldekartei (Emma Roller).

Nachlass Theodor Roller
− 13 Briefe von Theodor Roller an seine Mutter aus den Haftanstalten Stuttgart, Bad Cannstatt und Tübingen (1939/40)
− 146 Briefe von Theodor Roller an seine Mutter aus der Heil- und Pflegeanstalt Weissenau (1940−1945).
− Tagebuchaufzeichnungen von Emma Roller (Januar−Juli 1931).
− Theodor Roller: Gedanken eines christlichen Deutschen über Adolf Hitlers Drittes Reich. Typoskript vom 20. September 1988, 5 Seiten.
− Theodor Roller: [Biographischer Abriss ohne Titel]. Typoskript vom 26. April 2002, 10 Seiten.

Archiv des Verfassers
− Interviews mit Theodor Roller (9. Juli 2007; 13. Februar 2008).
− Korrespondenz mit Theodor Roller (2007−2008).

Literatur

Adam, Uwe Dietrich: Hochschule und Nationalsozialismus. Die Universität Tübingen im Dritten Reich. Tübingen 1977.

Baumann, Imanuel: Sicherungsverwahrung in Baden-Württemberg 1959 bis 1980. Eine historisch-soziologische Analyse zur Bedeutung von sozialpathologischen Deutungsmustern in der Strafrechtspraxis. Freiburg 2005.

Bremer, Stephanie Sophia: Die Rechtsprechungspraxis des Sondergerichts Köln. Erste Erkenntnisse einer empirischen Studie. In: Justizministerium des Landes NRW (Hg.), 2007, S. 73–108.

Breucker, Dorothee: Dr. Martha Fauser. Eine Ärztin im Nationalsozialismus. In: Hermann J. Pretsch, S. 115–127.

Cranach, Michael von / Hans-Ludwig Siemen (Hg.): Psychiatrie im Nationalsozialismus. Die Bayerischen Heil- und Pflegeanstalten zwischen 1933 und 1945. München 1999.

Crohne, Wilhelm: Bedeutung und Aufgabe der Sondergerichtsbarkeit. In: Deutsche Justiz 95, 1933, S. 384–385.

Dörner, Bernward: Heimtücke: Das Gesetz als Waffe, Kontrolle, Abschreckung und Verfolgung in Deutschland 1933–1945, Paderborn 1998.

Dörner, Bernward: Justizterror bei weitgehender Wahrung der Form. In: Justizministerium des Landes NRW (Hg.), 2007, S. 8–32.

Eitel, Peter (Hg.): Ravensburg im Dritten Reich. Beiträge zur Geschichte der Stadt. Ravensburg 1998.

Eser, Albin: Zur Entwicklung von Maßregeln der Besserung und Sicherung als zweite Spur im Strafrecht. In: Guido Britz (Hg.): Grundfragen staatlichen Strafens. Festschrift für Heinz Müller-Dietz zum 70. Geburtstag. München 2001, S. 213–236.

Handbuch der Justizverwaltung. Bearbeitet im Büro des Reichsjustizministeriums. Berlin, Wien 1942.

Hensle, Michael P.: Strafrecht zum Schutz der »Inneren Front«. In: Justizministerium des Landes NRW (Hg.), 2007, S. 33–46.

Hermle, Siegfried (Hg.): Im Dienst an Volk und Kirche: Theologiestudium im Nationalsozialismus; Erinnerungen, Darstellungen, Dokumente und Reflexionen zum Tübinger Stift 1930 bis 1950. Stuttgart 1988.

Hermle, Siegfried / Jörg Thierfelder (Hg.): Herausgefordert. Dokumente zur Geschichte der Evangelischen Kirche in der Zeit des Nationalsozialismus. Stuttgart 2008.

Hippius, Hanns / Hans-Jürgen Möller / Norbert Müller / Gabriele Neundörfer: Die Psychiatrische Klinik der Universität München 1904–2004, Heidelberg 2005.

Hirschinger, Frank: Zur Ausmerzung freigegeben. Halle und die Landesheilanstalt Altscherbitz, Köln 2001.

Hüttenberger, Peter: Heimtückefälle vor dem Sondergericht München 1933–1939. In: Martin Broszat, Elke Fröhlich, Anton Grossmann (Hg.): Bayern in der NS-Zeit, Band IV. München, Wien 1981, S. 435–526.

Jung, Norbert und Bernhard Hügler (Red.): Forensik-Fibel. Kleines ABC des Maßregelvollzugs. Bad Schussenried 2003 (2. Auflage).

Justizministerium Baden-Württemberg / Landeszentrale für politische Bildung Baden-Württemberg (Hg.): Recht im Nationalsozialismus. Heilbronn 1993.

Justizministerium des Landes NRW (Hg.): »… eifrigster Diener und Schützer des Rechts, des nationalsozialistischen Rechts …« Nationalsozialistische Sondergerichtsbarkeit. Ein Tagungsband. Düsseldorf 2007.

Klee, Ernst: »Euthanasie« im NS-Staat. Die »Vernichtung lebensunwerten Lebens«. Frankfurt/M. 1985 (= Klee, 1985 I).

Klee, Ernst: Dokumente zur »Euthanasie«. Frankfurt/M. 1985 (= Klee, 1985 II).

Klee, Ernst: Das Personenlexikon zum Dritten Reich. Wer war was vor und nach 1945? Frankfurt/Main 2003.

Kretschmer, Manfred: Die Heilanstalt Weißenau 1933–1945. In: Eitel, Peter (Hg.): Ravensburg im Dritten Reich. Beiträge zur Geschichte der Stadt, Ravensburg 1997, S. 361–378.

Kretschmer, Manfred: Justiz und Psychiatrie im 3. Reich. Ein Lebensschicksal aus der Heilanstalt Weissenau. Vortrag vom 4. Februar 2004 in einer Veranstaltungsreihe des Zentrums für Psychiatrie »Die Weissenau« zum Gedenktag für die Opfer des Nationalsozialismus. Sonderdruck [Weissenau 2004].

Lächele, Rainer: Hitlerjugend und Kampfbund gegen den Faschismus: Politisches Engagement im Tübinger Stift am Ende der Weimarer Republik. In: Siegfried Hermle, Rainer Lächele und Albrecht Nuding (Hg.): Im Dienst an Volk und Kirche, Theologiestudium im Nationalsozialismus, Erinnerungen, Darstellungen, Dokumente und Reflexionen zum Tübinger Stift 1930 bis 1950. Stuttgart 1988. S. 157–178.

Lang, Hans-Joachim: »Ich erstatte Anzeige von einem außergewöhnlichen Verbrechen, das an mir verübt wird.« Wie Kolomann K. aus Tübingen ein Opfer der Euthanasie wurde. In: Hermann J. Pretsch, 1996, S. 128–134.

Lang, Hans-Joachim: Weggeworfen wie ein angebissener Apfel. Von einem Psychiater, der seinen Bruder dem Krankenmordprogramm auslieferte. In: Roland Müller (Hg.): Krankenmord im Nationalsozialismus. Grafeneck und die »Euthanasie« in Südwestdeutschland. Stuttgart 2001, S. 55–67.

May, Johannes: Die Staatliche Heilanstalt Schussenried in den Jahren 1933 bis 1945. In: Hermann J. Pretsch, 1996, S. 74–83.

Morlock, Klaus Ulrich: Die forensischen Patienten der Heil- und Pflegeanstalt Zwiefalten im Nationalsozialismus. In: Hermann J. Pretsch, 1996, S. 51–66.

Morlock, Klaus Ulrich: Die forensischen Patientinnen und Patienten der Heil- und Pflegeanstalt Zwiefalten 1933–1945. Med. Diss. Tübingen 1999.

Morlok, Karl: Wo bringt ihr uns hin? »Geheime Reichssache« Grafeneck. Stuttgart 1985.

Müller, Christian: Das Gewohnheitsverbrechergesetz vom 24. November 1933. Kriminalpolitik als Rassenpolitik. Baden-Baden 1997.

Poitrot, Robert: Die Ermordeten waren schuldig? Amtliche Dokumente der Direction de la Santé Publique der Französischen Militärregierung, Baden-Baden 1947.

Pretsch, Hermann J. (Hg.): Euthanasie. Krankenmorde in Südwestdeutschland. Zwiefalten 1996.

Rauschning, Hermann: Gespräche mit Hitler. Zürich 2005.

Röhm, Eberhard / Jörg Thierfelder: Juden – Christen – Deutsche. Vier Bände, Stuttgart 1995.

Rüdenburg, Bodo: Die »Aktion T4« in Zwiefalten. In: Hermann J. Pretsch, 1996, S. 37–46.

Schäfer, Gerhard: Die Evangelische Landeskirche in Württemberg

und der Nationalsozialismus. Eine Dokumentation zum Kirchen-
kampf. Sieben Bände, Stuttgart 1971–1986.

Schlüter, Holger: »… für die Menschlichkeit im Strafmaß bekannt …«
Das Sondergericht Litzmannstadt und sein Vorsitzender Richter.
Düsseldorf 2006.

Schmauder, Andreas / Paul-Otto Schmidt Michel / Franz Schwarz-
bauer (Hg.): Erinnern und Gedenken. Das Mahnmal Weißenau
und die Erinnerungskultur in Ravensburg. Konstanz 2007.

Schmidt, Gerhard: Selektion in der Heilanstalt 1939–1945. Geleit-
wort von Karl Jaspers. Stuttgart 1965.

Schwarz, Alfons: Rechtsprechung durch Sondergerichte. Zur Theo-
rie und Praxis im Nationalsozialismus am Beispiel des Sondergerichts Berlin. Berlin 1992.

Siemen, Hans-Ludwig: Die Bayerischen Heil- und Pflegeanstalten
während des Nationalsozialismus. In: Michael von Cranach /
Hans-Ludwig Siemen, 1999, S. 417–474.

Staudinger, Roland: Politische Justiz. Die Tiroler Sondergerichtsbarkeit im Dritten Reich am Beispiel des Gesetzes gegen heimtückische Angriffe auf Partei und Staat. Innsbruck / Wien 1994.

Steinert, Tilman: Die Geschichte des Psychiatrischen Landeskran-
kenhauses Weissenau. Darstellung der Anstaltsgeschichte von
1888–1945 im ideengeschichtlichen und sozio-ökonomischen
Kontext, Weinsberg 1985.

Stockdreher, Petra: Heil- und Pflegeanstalt Eglfing-Haar. In: Michael
von Cranach / Hans-Ludwig Siemen: Psychiatrie im Nationalsozialismus, S. 327–362.

Streim, Alfred: Zur Bildung und Tätigkeit der Sondergerichte, in:
Thomas Schnabel (Hg.): Formen des Widerstands im Südwesten
1933–1945. Ulm 1994, S. 237–258.

Weckbecker, Gerd: Zwischen Freispruch und Todesstrafe. Die Rechtsprechung der nationalsozialistischen Sondergerichte Frankfurt/
Main und Bromberg. Baden-Baden 1998.

Witzgall, Josef: Die Unterbringung in einer Heil- oder Pflegeanstalt
bei verminderter Zurechnungsfähigkeit. Jur. Diss. Erlangen 1936.

Wurm, Theophil: Erinnerungen aus meinem Leben. Stuttgart 1953.

Zeidler, Manfred: Das Sondergericht Freiberg. Zu Justiz und Repres-
sion in Sachsen 1933–1940. Dresden 1998.

»Hier ist Rücksichtnahme nicht am Platz«. Von Oberlandesgerichtsrat Dr. Bohn, stellvertretender Vorsitzender des Sondergerichts
Stuttgart, in: Stuttgarter NS-Kurier vom 23. Januar 1940.